广西历史地理研究丛书

范玉春——著

明代广西卫所体制与地方社会

家社科基金一般项目“明代广西军事移民与
方社会研究”（16BZS050）最终成果

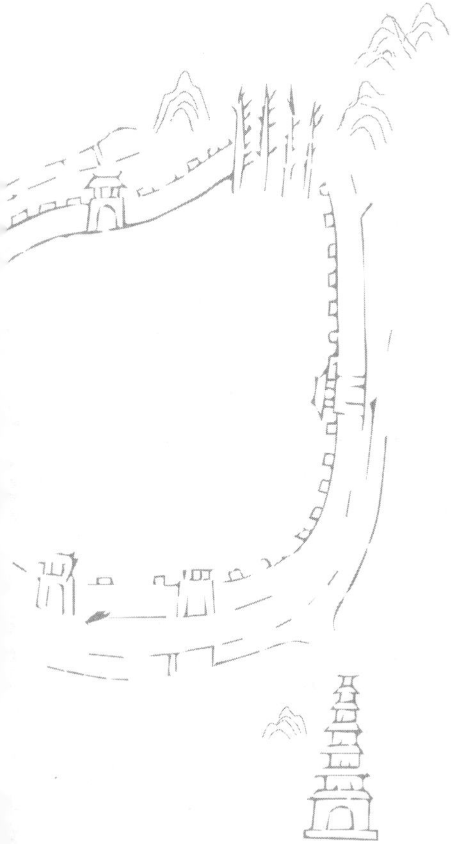

图书在版编目（CIP）数据

明代广西卫所体制与地方社会 / 范玉春著 . — 南宁：广西人民出版社，2023.12（2024.6 重印）
（广西历史地理研究丛书）
ISBN 978-7-219-11680-7

Ⅰ. ①明… Ⅱ. ①范… Ⅲ. ①卫所制（明兵制）—研究—广西—明代 Ⅳ. ① E294.8

中国国家版本馆 CIP 数据核字（2023）第 234954 号

MINGDAI GUANGXI WEISUO TIZHI YU DIFANG SHEHUI

明代广西卫所体制与地方社会

范玉春 著

总 策 划 赵彦红　　责任校对 韦振泽
执行策划 李亚伟　　封面设计 王程媛
责任编辑 廖 献　　版式设计 李彦媛

出版发行 广西人民出版社
社　　址 广西南宁市桂春路 6 号
邮　　编 530021
印　　刷 广西昭泰子隆彩印有限责任公司
开　　本 889mm × 1240mm　1 / 32
印　　张 11.75
字　　数 235 千字
版　　次 2023 年 12 月　第 1 版
印　　次 2024 年 6 月　第 2 次印刷
书　　号 ISBN 978-7-219-11680-7
定　　价 78.00 元

作者简介

范玉春，广西灌阳人，广西师范大学历史文化与旅游学院教授，主要从事中国历史文化地理、明史、南方区域史、移民史研究。著有《移民与中国文化》、《广西通史》（明代卷），参与撰写《广西大百科全书》（历史卷）、《中原文化在广西的传播与影响》、《广西历史地图集》、《南宁通史》等图书，发表学术论文40余篇，主持完成国家社会科学基金项目1项，主持完成或参与省部级、地厅级课题多项。曾获广西优秀社科成果一等奖、广西高等教育自治区级教学成果一等奖等多个奖项。

总　序

历史地理学是研究历史时期地理状况的一门学问，历史地理反映历史时期地球表层自然和人文要素的空间分布及其演变的过程与规律。人类文明的起源和发展、人类历史的进程都离不开当时的地理环境，通过研究历史地理了解这一环境的重要意义不言而喻。中国历史地理学的研究对象是中国历史时期的自然地理和人文地理，是中华文明赖以起源和发展的物质基础，是中华民族形成和壮大的共同家园，是了解和理解中国历史进程的关键所在。

20世纪80年代以来，中国历史地理学的研究取得长足进步，不仅产生了像《中国历史地图集》那样里程碑式的巨著，也完成了一系列历史自然地理、历史人文地理和综合性的论著，填补了在目前条件下可能填补的空白，已基本形成中国历史地理学的体系。但中国历史地理涉及一千多万平方千米的空间和三千多年有文字记载以来的时间，没有区域性的历史地理研究成果，全国性的研究必然会存在诸多空间和时间上的空白。此外，全国性、整体性的研究，往往只能择其大端，述其概要，无法全面顾及区域性的、局部性的现象或演变过程，即使它们对于某一区域而言是关键性的、决定性的。一种产生在某一区域的地理现象或景观，一种发生在某一区域的演变过程，在全国性的研究成果中，或许只能显示其中某个片断，或者仅仅是其中某一阶段。

文献考证是中国历史地理研究的主要手段。限于体例和篇幅，全国性的文献记载只能着眼全局，以记载全国性的内容为主，对区域性的内容不能不有所省略，甚至完全不予记录。但在区域性文献中，不仅会有更详细的记载，而且还可能提供可资考证的不同记录，有的甚至是相关内容的唯一出处。对于近百年来的人文地理现象，当地还可能保留着未曾搜集整理的口碑资料，足以弥补文献的缺漏。就田野调查而言，一些局部的、较小的自然地理演变往往不为全国性的、综合性的自然地理考察所注意，却是区域历史自然地理的重要证据。一些未被记录的历史人文地理的遗址、遗迹、遗物，也可能在现场被发掘或发现。

中国历史地理是由各区域的历史地理构成的，所以有些区域历史地理问题的研究就是中国历史地理研究的一部分，有的甚至是全国性的、整体性的研究中唯一的、独特的部分。这些问题的研究如能深入，如能找到正确的答案，就是中国历史地理研究的重大突破和进展，有助于中国历史地理学的进一步优化和完善。

就广西壮族自治区的范围而言，秦朝疆域的界线划在哪里，就取决于象郡郡治的位置定在哪里。由于两条最早的史料说法不一，象郡郡治的位置一直有在广西境内或今越南境内两种意见。先师谭其骧先生在主编《中国历史地图集》时，采用了广西境内说，将象郡郡治临尘定在今广西崇左，因而秦朝边界的最南端就划在今越南海防附近。《中国历史地图集》正式出版不久，《历史地理》编辑部就收到持不同观点的论文，作为刊物主编的谭先生立即予以发表。在谈及此事时，谭先生说："关于象郡郡治的两种说法都有史料依据，虽相互矛盾，但不能相互否定。我取广西说只是认为相对比较合理，图上这样画比较稳妥，也不是有十分把握。如果将来找到更可靠的根据，完全可以改。"

这条界线不仅是广西的界线，也是历史上中国的重要界线，因为它曾经是中原王朝内部政区间的界线，以后又成了中原王朝的边界。在南越政权期间，或许它是南越不同政区间的界线，或许并不存在这条界线。到汉武帝统一南越后，它大致是交趾刺史部内部郁林郡、合浦郡与交趾郡之间的界线。到唐朝，这条界线大致还是岭南道内部不同政区间即安南都护府与其他州之间的界线。但到公元10世纪吴权脱离中国，这条界线就成为南汉政权与越南的界线，也是以后宋、元、明、清王朝的南部边界。但随着明初永乐五年（1407年）至宣德二年（1427年）设置交趾布政使司，这条界线又曾成为明朝不同政区之间即广西与交趾两个省级政区间的界线。

所以研究清楚这条界线在不同历史时期的具体走向，不仅是广西历史地理研究的重要题目，而且是中国历史地理研究不可或缺的重要环节。这也有利于解决历来有争议的重大问题。

《汉书·地理志》附刘向《域分》和朱赣《风俗》：“自合浦徐闻南入海，得大州，东西南北方千里。”这是从广西到海南岛的海上交通路线的最早明确记载。又称：“自日南障塞、徐闻、合浦船行可五月，有都元国；又船行可四月，有邑卢没国；又船行可二十余日，有谌离国；步行可十余日，有夫甘都卢国。自夫甘都卢国船行可二月余，有黄支国……自黄支国船行可八月，到皮宗；船行可二月，到日南、象林界云。黄支之南，有已程不国，汉之译使自此还矣。”这是迄今为止史料所载最早、最具体的对外海上交通路线。《后汉书·循吏列传·孟尝》也提到，孟尝任合浦太守时，“且南海多珍，财产易积，掌握之内，价盈兼金”。证明在东汉后期，还有大量珍贵的商品从海上输入中国，所以合浦的地方官掌管着巨大的财税收入。尽管今人对其中一些古地名的现今属地有不同的判断，但这条路线的存在确定无疑，并且已经得到大量考古发掘和研究成果的支持。但是这条海上交通路线究竟是何时形成的？是为了满足汉武帝的好大喜功、王莽“欲耀威德”的需要，还是起着经常性的作用？合浦、徐闻这两个海港的腹地有多大，有什么输入的产品和可供输出的产品？西汉以后的情况如何？诸如此类，如果广西的历史地理研究能够取得成果，自然也是对中国历史研究的新贡献。

秦始皇命史禄开凿沟通湘江和漓江的灵渠是中国运河史

上的大事，早已列入历史课本，可谓尽人皆知。由于原始史料极其有限，也由于对相关的历史地理问题从未做过深入研究，大多数人包括一些历史学者和历史地理学者，都想当然地认为，从此就有了一条连接南北的水路通道。国家提出“一带一路”倡议后，就有人提出恢复灵渠，作为重开海上丝绸之路的延伸，并希望以此推动广西的“一带一路”建设。其实，《后汉书·郑弘传》说得很明白：“建初八年，（郑弘）代郑众为大司农，旧交阯（趾）七郡贡献转运，皆从东冶泛海而至，风波艰阻，沉溺相系。弘奏开零陵、桂阳峤道，于是夷通，至今遂为常路。”直到建初八年（83年），包括今广西在内的岭南交趾七郡与中原的交通运输主要还是靠海运，即从南海沿海岸经过福建、浙江，进入杭州湾或长江口，再转陆路运输。而在郑弘建议开通桂北、湘南翻越南岭的山路后，才以这条陆路交通为主。所以即使有良好的愿望，有为现实服务的热忱，但如果不了解历史地理的实际，想当然地“复原”“重构”，就难免事与愿违，甚至适得其反。

1987年冬，先师谭其骧先生应邀至南宁、崇左及中越边境考察，与相关专家座谈交流，还作了学术报告，我有幸随行。在此期间，谭先生经常与当地学者、耆旧探讨一些长期得不到解决的历史地理问题。他寄希望于当地学者的深入研究，也寄希望于新史料、新证据的发现。

多年来，广西和全国其他地方的专家学者对广西历史地理的研究已经取得了显著的成果，发表出版了一批有全国性影响的论著，如《广西历史民族地理》等。现在，广西壮族自治区党委宣传部高度重视贯彻落实习近平总书记的系列重要指示精神，决定启动广西优秀传统文化出版工程，并委托广西人民出版社策划、出版“广西历史地理研究丛书”。这套丛书规模大、门类全、品种多，不仅有综述性的广西历史地理著作，而且有自然、政治、经济、文化、军事、交通、城市、人口、旅游等历史地理各个分支，还有诸如《中国南方历史地理考论》等专题性著作。在此基础上，还将及时进行学术成果通俗化的转化，编著一批普及性的读物，讲好广西的历史故事。这套丛书的问世，将使广西历史地理研究形成一个完整的体系，也将使中国历史地理学研究更加全面、完善。

全国历史地理学界和我热切地期待着！

葛剑雄

2023年12月

（复旦大学文科特聘资深教授，教育部社会科学委员会历史学部委员，中央文史研究馆馆员）

目录

CONTENTS

前　言

近年来，地方社会历史是史学界关注的重要领域，而卫所是理解和认识明清时期地方社会变迁的重要切入点。本书聚焦明代广西卫所体制变迁及其对地方社会的深刻影响，所涉及的内容不仅包括明代军事体制的地方化实践，还涵盖明代武官世袭与家族世系、移民数量与籍贯构成、族群结构与族群关系、地方经济开发和文化传播发展等，对研究明清时期广西地方社会史、民族史、文化史、移民史、家族史等具有重要意义。

一、问题提出与研究对象

本书以明代广西卫所体制与地方社会为研究对象，一方面是基于对明清以来包括军事移民在内的外来移民深刻影响广西地方社会变迁的直观体认，另一方面是通过对目前学术界相关研究动态进行仔细梳理，把握学术界有关地方社会研究的前沿动态，由此引发一些学术思考。

有关明代军事体制的研究是本书的学术史基础。自20世纪30年代以来，学术界对明代兵制的研究主要围绕卫所、民兵制度等问题展开，成果非常丰富，赵明《明代兵制研究六十年之回顾》、张金奎《二十年来明代军制研究回顾》、杜志明《20世纪以来明代民兵研究综述》、邓庆平《明清卫所制度研究述评》和于志嘉《明代军制史研究的回顾与展望》等文章均对此有详细介绍。概而言之，这一领域学术趋向的变化有3个方面值得关注：一是对明代军事体制研究的深度和广度不断扩展，对明代卫所体制和民兵制度的历史渊源、建置沿革、地理分布、军户来源，武官世袭制度，军屯、军役与地方防御体系建构等进行制度史梳理和实证考察，将传统兵制史研究推向了新的高度。二是立足于将国家制度的地方化实践及其对区域社会的影响作为考察的重点，将卫所体制研究与特定区域的社会史研究相结合，超越了以往单纯的制度史、军事史研究，使明代兵制研究呈现出一种新的格局。三是史料来源的多元化。近年来，学术界在利用正史、政书、实录、地方志、文集等传统史料之外，还大量利用《明代武官选簿》《明代辽东档案汇编》，以及散布各地的家谱、族谱、碑刻等地方性文献进行研究，不仅极大地拓展了明代卫所体制研究的领域，也使得研究成果的书写更加生动和细致。

广西是一个多民族聚居地区，民族问题对广西具有牵一发而动全身的重要性。民族问题确实是了解广西历史发展的一个切入点，但民族历史研究绝对不能代替地方历史研究。基于这种认识，20世纪80年代以降，学术界对广西地方历史展开了深入、系统的探讨，先后推出了3卷本《广西通史》和10卷本《广西通史》。与此同时，围绕明代广西卫所体制以及相关问题的专题性研究也取得了丰硕成果，但仍存在诸多薄弱之处，有待进一步研究和探讨。

本书主要围绕明代广西卫所建置沿革、卫所军官的来源、卫所移民的籍贯构成与地理分布、佷兵东调与明代广西壮族分布格局的再调整及其族群性变化、卫所屯田的扩张及民田化与明代广西地方社会变迁、卫所移民与明代广西文化发展等问题，层层推进，逐渐展开讨论，梳理明清时期广西各民族交往交流交融的历史轨迹，为铸牢中华民族共同体意识提供切实而具体的案例。

二、研究方法与史料来源

本书所探讨的问题属于历史学范畴，这决定了历史学科最常用的文献分析方法是笔者所要采用的最基本研究方法。卫所体制属于军事史范畴，我们首先需要对这一体制的变迁过程进行梳理，所依赖的主要史料除了《明史》《明实录》《明会典》以及各种地方志、奏议、文集等基本文献之外，还包括近年出版的《明代武官选簿》等档案。在现存《明代武官选簿》中，涉及广西的只有《桂林右卫武官选簿》《柳州卫武官选簿》《南丹卫武官选簿》3种，记载了数百名从指挥使、指挥同知、指挥佥事、千户、副千户、镇抚到百户、试百户等各级武官的祖军姓名、从军经历、籍贯、世系传承、军功、升降等详细信息，其成为研究广西明代卫所体制不可或缺的资料来源。通过对这些资料进行梳理、分析和解读，大致可以勾勒出明代广西卫所官军的来源、籍贯构成、世系传承及其落籍的经过。

明代卫所体制对广西的影响首先体现在由此而形成的大规模军事移民上。广西是一个多民族聚居地区，广西的12个世居民族中，包括了大量因不同原因、来自不同历史时期和不同区域的外来移民后裔。明代是广西人口和族群结构发生重大变化的时期，这一时期，来自江淮、江浙、湖广等地的卫所官军以及来自西北、东北地区的达官及其家属以卫所驻地和屯田点为依托，世代传承，生根发芽，发展壮大。对此，官修史书只能为我们提供一个粗略的框架，详细而生动的史料往往散见于保存至今的各种家谱族谱、碑刻和民间传说中。对此，笔者采用人类学的田野调查方法，通过对口述历史、碑刻、地名志、家谱族谱等资料进行搜集，加以分析，以揭示明代军事移民的迁移过程与族群关系变化。笔者曾多次前往柳州市、桂林市灌阳县、来宾市合山市、北海市合浦县永安村等军事移民分布较集中的地区进行实地调研，访寻碑刻、族谱。在笔者搜集到的灌阳县数十个姓氏族谱中，很多提到了其祖先于明代“从军来灌”这一事件。我们知道，族谱作为家族历史记忆的载体，其中难免有将祖先攀附于某一著名人物或重大事件的缺陷，但通过将碑刻、族谱等田野调查资料与《桂林右卫武官选簿》相对照可以发现，这些记载并非空穴来风，而是有确切的历史依据的。2018年6月、2021年3月，笔者两次前往柳州市调研，孙宝忠先生出示了重修于2015年的柳州河表《孙氏族谱》，其中提到，河表孙氏始祖孙成于永乐年间由凤阳来到广西征讨并留守柳州，其家族合葬墓位于柳州市跃进路的原柳州床单厂附近，名为孙家坟。20世纪90年代以后，这里出土了3通墓碑。其中2通立碑于天顺七年（1463年）三月，分别是“参将右军都督孙麒”为“大明赠骠骑将军都指挥使祖考孙成”和祖妣赵氏、“大明赠骠骑将军都指挥使先考孙彬”及先妣渤海吴氏所立；另1通则是署名“孝男柳州卫指挥使孙［瑜］”为“大明左参将都督同知孙公麒”所立，立碑时间为成化四年（1468年）五月二十五日[①]。《柳州卫武官选簿》中记载了2个孙氏家族，其中一个来自怀远县，一个出自荥阳县。根据家谱所载世系，结合选簿所记载孙氏武官世系传承可以断定，河表孙氏应该是出自荥阳，而非如其族谱所言来自凤阳；迁柳始祖是孙彬而非孙成。档案与家谱、文献和文物或相互印证，或相互补充修正，充分体现了田野调查方法对于历史研究的重要性。

---

① 刘汉忠：《明武职世家孙氏》，载《域史考镜辑存》，云南民族出版社，2019年，第268–273页。

任何研究方法的使用都不是固定的、单一的，本书尽量根据所讨论的问题，综合运用各种官、私文献和碑刻等史料，灵活运用不同的研究方法，对研究对象进行综合、深入、系统的探讨，揭示明代卫所体制在广西的地方化实践及其对广西地方社会变迁所产生的深刻影响。

第一章

明代广西卫所的建置沿革与官军人数变化

明初，朱元璋在吸收前代尤其是唐、元两朝制度的基础上，逐步建立了一套系统的世袭军户制度，“自京师达于郡县，皆立卫所，外统之都司，内统于五军都督府”[①]。明代洪武至永乐年间，经过不断增置和调整，卫所最多时达到内、外卫493个，千户所359个，总兵力达315万人[②]。广西地处边疆，因明朝时各种社会矛盾错综复杂，成为明朝廷重点关注的地区。有明一代，今广西先后设置了11个卫、11个千户所，其中由广西都指挥使司（简称广西都司）管辖的有桂林右卫、桂林中卫、南宁卫、柳州卫、驯象卫、浔州卫、庆远卫、南丹卫、奉议卫等9个卫以及灌阳、全州、平乐、富川、梧州、五屯、迁江、古田、贺

① 张廷玉等撰《明史》卷八十九《兵志一》，中华书局，1974年，第2175页。

② 申时行等重修《明会典》卷一百二十四《兵部七》，商务印书馆，1936年，第2540页。

县、郁林、容县等11个千户所，另有怀集千户所在今广东怀集县[1]。位于桂林城的广西护卫是靖江王府护卫。位于今合浦县的廉州卫时属广东都司管辖。明代广西卫所设置过程漫长，治地多经变化，而相关史料记载又存在颇多讹误，目前相关研究对此问题的探讨远远不够。

第一节　明代广西卫所的建置沿革与地理分布

作为明王朝控制广西的主要手段，广西卫所的设置及其布局变化反映了明王朝对广西统治政策的调整过程及其变化趋势。总的来看，明代广西卫所的设立可以分为3个阶段。

一、洪武前中期的大规模设立

洪武元年（1368年）春夏间，明朝军队对广西的军事行动进展顺利，除了驻守静江府城的元军进行过大规模抵抗外，

① 关于明代广西卫所的数量，范植清《明代广西卫所的设置与迁徙》（《中南民族学院学报》1993年第2期）认为是10卫、22千户所，其中10卫未含时属广东都司、在今广西合浦县的廉州卫。为了揭示广西历史发展和变迁的轨迹，本书的研究对象包含了时属广东都司所辖的廉州卫，剔除了今属广东的怀集千户所。本文所统计的千户所只指由广西都司直辖的千户所，不包括各卫所辖千户所。特此说明。

其余各地元军纷纷归降。到七月，自全州率众南逃至象州的元平章阿思兰向明征南将军廖永忠投降，“献其银印三、铜印三十七、金牌五，广西悉平”[①]。明军军事行动的顺利推进，对依然处于观望状态的左右江地区少数民族首领造成直接威慑，太平土官黄英衍、田州土官岑伯颜等率先“遣使赍印章诣平章杨璟降”[②]。年底，明太祖朱元璋派遣中书省照磨兰以权“赍诏往谕广西左、右两江溪峒官民”。一方面对桂西土官“不烦师旅，奉印来归”表示嘉赏，希望土官“克慎乃心，益懋厥职”；另一方面则命广西卫镇抚彭宗等人以兵相随，宣示武力[③]。洪武二年（1369年）正月，湖广行省上奏：庆远“安抚使莫天护首来款附，宜如宋、元制，录用以统其民，则蛮情易服，守兵可减”[④]。同年七月，“广西右江田州府土官岑伯颜、来安府岑汉忠、向武州黄世铁，左江太平府黄英衍、思明府黄忽都、龙州赵帖坚各遣使奉表贡马及方物。诏以伯颜为田州府知府，汉忠为来安府知府，世铁为向武州知州，英衍为太平府知府，忽都为思明府知府，帖坚为龙州知州兼

① 《明太祖实录》卷三十二，洪武元年七月戊子条，台湾“中央研究院”历史语言研究所，1962年，校印本，第572页。

② 《明太祖实录》卷三十二，洪武元年七月己巳条，台湾“中央研究院”历史语言研究所，1962年，校印本，第571页。

③ 《明太祖实录》卷三十六，洪武元年十一月丙午条，台湾“中央研究院”历史语言研究所，1962年，校印本，第668页。

④ 《明太祖实录》卷三十八，洪武二年正月壬戌条，台湾“中央研究院”历史语言研究所，1962年，校印本，第779页。

万户，皆许以世袭”[①]。

随着明军军事行动的顺利推进，如何处理明朝廷与左右江地区少数民族的关系摆上了议事日程。洪武二年（1369年）六月，中书省奏议宜将桂西少数民族迁往内地以减少边患，遭到朱元璋的反对，他提出：“溪峒徭獠杂处，其人不知礼义，顺之则服，逆之则变，未可轻动。今惟以兵分守要害，以镇服之，俾之日渐教化，则自不为非，数年之后，皆为良民，何必迁也。”[②]因此，在洪武前期，明朝廷对广西少数民族聚居地区的统治策略是继续维持左右江流域以及桂西北等地区传统土官统治的既有格局，并无向少数民族聚居地区渗透的意图。明朝廷的上述政治考量也体现在广西卫所设置的地域分布上。

桂林府毗邻湖广，是明王朝控制广西乃至整个西南地区的重要门户，也是首先需要确保的地区，朝廷在此设置了广西布政使司、提刑按察使司。洪武元年（1368年）九月，设置广西卫指挥使司，后改为广西都卫。洪武八年（1375年）十月，“以在外各处所设都卫并改为都指挥使司”，改广西都

---

① 《明太祖实录》卷四十三，洪武二年七月丁未条，台湾“中央研究院”历史语言研究所，1962年，校印本，第852–853页。

② 《明太祖实录》卷四十三，洪武二年六月丁未条，台湾“中央研究院”历史语言研究所，1962年，校印本，第853页。关于少数民族名称，本书正式行文中一律采用“壮、瑶、伭”等族称，但在引用原始文献时，为保存历史原貌，则仍沿用旧称，保留“獞、猺、狼”等文字。此外，由于历史和阶级的局限性，原始文献中还出现“獠、夷”等文字，为保存历史原貌，引用时不做改动。特此说明。

卫为广西都指挥使司，“置桂林左、右二卫指挥使司”[1]。洪武十二年（1379年）六月，改桂林左卫为桂林中卫，下辖左千户所、中千户所、右千户所、前千户所、后千户所、中左千户所和中右千户所等7个千户所。桂林右卫下辖左千户所、右千户所、中千户所、前千户所、后千户所、中左千户所等6个千户所。

洪武三年（1370年），朱元璋封侄孙朱守谦为靖江王，驻守桂林。洪武五年（1372年）正月，朱元璋下令“置西安、太原、广西三护卫”[2]，设广西护卫作为靖江王府护卫。洪武十二年（1379年），靖江王朱守谦因事被召回京师，广西护卫被改为桂林左卫。洪武二十六年（1393年），朱守谦长子朱赞仪袭封为靖江王，五月，“复改桂林左卫为广西护卫”[3]。广西护卫是明代比较少见的延续到明末的王府护卫。

桂林府地处广西东北部，对少数民族人口众多的广西腹地和边远地区有鞭长莫及之憾。洪武三年（1370年），广西地方官上疏“言便宜三事”，称“近南宁盗谭布邢、宾州盗黄郎观等肆掠其民，已遣兵讨之。然府卫之兵远在靖江数百里外，卒有警急，难相为援，乞于南宁、柳州立卫置兵以镇之，庶

① 《明太祖实录》卷一百零一，洪武八年十月癸丑条，台湾“中央研究院”历史语言研究所，1962年，校印本，第1711-1712页。

② 《明太祖实录》卷七十一，洪武五年正月戊寅条，台湾“中央研究院”历史语言研究所，1962年，校印本，第1323页。

③ 《明太祖实录》卷二百二十七，洪武二十六年五月癸酉条，台湾“中央研究院”历史语言研究所，1962年，校印本，第3318页。

几苗僚有所惮，而不敢窃发于其间，其民有所恃以安其生，而无奔窜失业之患”。“奏至，诏俱从之，遂设南宁、柳州二卫，益兵守御。”[①]南宁卫卫址在南宁府治西，建卫初期，下辖8个千户所，分别驻守南宁府城、武缘县、宾州以及太平府城。洪武十二年（1379年），宾州千户所改隶柳州卫，改称宾州守御千户所。

在一些地处交通要道或人口较多的东部府、州、县，明朝政府设置千户所，由广西都司直接管辖。全州地处从湖湘进入广西的前沿，洪武二年（1369年）正月，朝廷在全州城西“置全州守御千户所，命都督佥事吴良领北方将校精锐者二百九十余人往守之”[②]，隶湖广永州卫，至洪武二十八年（1395年），全州守御千户所改隶广西都司。

洪武四年（1371年）四月，朝廷下令设立梧州守御千户所。洪武十二年（1379年），调集桂林左卫前所正千户李兴，副千户葛聚、陈源等带领麾下旗军戍守梧州府城。梧州地处两广交界之地，又是府江水道必经之路，战略地位非常重要，但让人难以理解的是，明代前期在此驻军人数并不多，根本无法与其地位相匹配，因此才有成化以后设置两广总督驻扎梧州、从广东等地征调卫所官军轮班戍守等补救措施。位于

① 《明太祖实录》卷五十，洪武三年三月辛亥条，台湾“中央研究院”历史语言研究所，1962年，校印本，第981页。

② 《明太祖实录》卷三十八，洪武二年正月辛酉条，台湾“中央研究院”历史语言研究所，1962年，校印本，第779页。

府江中段的平乐府城也是卫所分布地之一。洪武十三年（1380年）十月，置平乐守御千户所。

洪武三年（1370年），调广西卫百户刘备、郭福等人领军守备郁林；洪武十四年（1381年），又调桂林右卫百户杨遇、刘洪守备郁林。洪武十九年（1386年）五月，“置郁林守御千户所。时前军都督府都督佥事何福奏郁林州宜置千户所，令浔、梧二州分兵守御，以防寇盗窃发。诏从之”[①]。以桂林右卫右千户所千户费忠出任郁林守御千户所首任千户，“掌所事”。

洪武八年（1375年），在浔州府城设立百户所，洪武十五年（1382年）改为守御千户所，洪武二十九年（1396年）十月升为浔州卫，卫址在浔州府治东。

至此，明朝政府在直接控制的广西北部、东部、中部地区的军事部署大致完成。由于军力的局限，这一时期明王朝在广西设置的卫所主要分布在桂林、南宁、柳州、梧州、郁林等政治中心和交通枢纽。而在桂西、桂西南以及少数民族聚居的边远地区，朝廷的政治、军事力量暂时无力渗透，卫所的设置基本上还是空白，从而在桂西土官统治区和桂东流官管辖地区边缘，形成若干范围大小不一、游离于朝廷之外或朝廷力量相对薄弱的“地理缝隙”[②]。

---

① 《明太祖实录》卷一百七十八，洪武十九年五月壬寅条，台湾“中央研究院”历史语言研究所，1962年，校印本，第2695页。

② “地理缝隙”概念是指由于疆域内部的非均质化，存在某些与中央或区域行政中心关系非常疏离的地区。见赵世瑜：《卫所军户制度与明代中国社会——社会史的视角》，《清华大学学报（哲学社会科学版）》2015年第3期，第117页。

二、洪武后期的重新布局

洪武后期，广西局势发生较大转变。一方面，五岭南北地区瑶族的反抗斗争日趋激烈；另一方面，桂西土官蠢蠢欲动，严重危及明王朝对广西的控制。对此，明朝廷除了采取军事镇压手段进行征剿外，还在桂西地区广泛设置卫所，力图实现对桂西土官统治地区的直接控制，同时将朝廷军事力量渗透到统治相对薄弱的广西东部边缘地区。南丹卫、庆远卫、奉议卫以及富川、灌阳、贺县、武宣等千户所的设置就是洪武后期战略调整的具体举措。

五岭山区自宋代以来就是瑶族的聚居地。元末明初，聚居在五岭南北地区的瑶族民众频频起事。洪武七年（1374年），地处湖广南部的“永、道、桂阳诸川蛮窃发”；洪武二十二年（1389年）十二月，富川县逃吏首赐纠合贼人盘大孝等为乱，杀知县徐元善等，往来富川、永明、江华三县劫掠。广西都指挥使韩观遣千户廖春等讨平之，擒杀盘大孝等200余人。韩观上奏：“富川灵亭乡乃瑶蛮出没之地，虽征剿累年，未尽殄灭，恐复有构乱者，宜以桂林等卫羸余军士置千户所镇之。”[①]诏从其请。洪武二十三年（1390年），置富川守御千户所；洪武二十八年（1395年）十一月，设灌阳守御千

① 《明太祖实录》卷一百九十八，洪武二十二年十二月戊午条，台湾“中央研究院”历史语言研究所，1962年，校印本，第2976页。

户所。灌阳县原属湖广永州府管辖，并无卫所驻军，洪武二十七年（1394年），全州、灌阳等县平川诸源瑶族农民起义，“攻劫县治”，“诏宝庆卫指挥孙宗总兵讨平之”，至洪武二十八年（1395年），灌阳县丞李原庆“因奏灌阳去湖广远，隶广西为近，遂以灌阳隶桂林府”，同时“调拨广西所辖，就于本年十一月二十四日开设守御千户所”，“命广西都指挥同知陶瑾领兵筑城守之”[①]，隶广西都指挥使司。

在此期间，明朝廷对桂东、桂中地区的军事部署也作了调整。从明初开始，桂东南地区“诸瑶寇扰”。洪武二十三年（1390年），容县“老人牛文显赴阙下奏，下部臣议，调广西桂林中卫中左所官军驻容守御”[②]；六月，命桂林中卫左千户所副千户龚宝率军移驻容县，置广西容县守御千户所，以龚宝为正千户，所址在容县县治西北，隶广西都指挥使司。

洪武二十四年（1391年）二月，从南宁卫调拨1400名官兵戍守武缘；洪武二十五年（1392年），又从南宁卫调拨1600名官兵分戍贵县，设立守御贵县中前千户所；与此同时，又从南宁卫析兵设立太平守御千户所（驻守太平府城）。因此，驻守南宁府城的南宁卫实际只剩下左、中、右、中左等4

---

① 《明太祖实录》卷二百四十三，洪武二十八年十一月甲申条，台湾“中央研究院”历史语言研究所，1962年，校印本，第3531页。

② 谢君惠修，王尚贤、马神征纂《梧州府志》卷十二《兵防志·戎署》，广西人民出版社，2013年据崇祯四年刻本影印，第648页。

个千户所。洪武二十五年（1392年）九月，在迁江县治东设迁江屯田千户所，隶广西都指挥使司。与同一时期设立的其他卫所不同，迁江屯田千户所是一个以当地人为主体、耕守结合的特殊卫所。迁江屯田千户所所领军士包括两部分，一是由本地人组成的甲兵，二是由外地派驻此地的旗军，“间以谪卒隶焉”[①]，“官兵俱不支俸粮，惟领剿过蛮贼田耕种当差”[②]。到嘉靖初期，迁江屯田千户所辖8个百户所，“皆土官指挥、千百户等职”，“旧有狼兵数千，以分制八寨”。嘉靖时期，“八所土兵虽比旧衰耗，然亦尚有四千余众”[③]，兵力不可谓不强。柳州卫位于柳州府治东北，原辖中、左、右、前等4个千户所，除了将原属南宁卫的宾州守御千户所改隶柳州卫并改称为柳州卫后千户所外，又于洪武二十四年（1391年）二月增置柳州卫中左、中前、中右3个千户所。以中左千户所守御融县，中前千户所守御来宾，中右千户所守御象州。武宣守御千户所原名武仙守御千户所，始建于洪武二十八年（1395年）闰十月，隶柳州卫。宣德六年（1431年），武仙县改为武宣县，武仙守御千户所也随之改为武宣守御千户所，所治与县治同时迁至高立，即今武宣县城。至此，

① 郭棐纂修《宾州志》卷十《兵防志》，书目文献出版社，1990年据万历十五年刻本影印，第93页。

② 汪森辑《粤西文载》卷十二：苏濬《附都司直隶千户所二》，载《景印文渊阁四库全书》第1465册，台湾商务印书馆，1983年，第662页。

③ 王守仁：《处置八寨以图永安疏》，载金鉷修、钱元昌等纂《广西通志》卷一百《艺文》，广西人民出版社，2009年据雍正十一年刻本影印，第1625页。

明代柳州卫实际上管辖的千户所增至9个[①]。

洪武后期，桂西土官力量逐渐强大，对朝廷的离心倾向不断增强。洪武二十八年（1395年），龙州土官赵宗寿和奉议、南丹等州土官“不循治化，负固殃民”，朱元璋以五军都督府左都督杨文为征南将军、总兵官，以广西都指挥使韩观为左副将军，以右军都督府都督佥事宋晟为右副将军，以刘真为参将，“率京卫精壮马、步官军三万人至广西，会各处军马讨龙州土官赵宗寿及奉议、南丹、向武等州叛蛮”[②]。同年八月，龙州土官赵宗寿“伏罪来朝，乞罢兵勿征。诏征南将军、左都督杨文移兵奉议等处”[③]，朝廷得以腾出双手，兵锋转向奉议州、向武州，用军事手段解决土官问题。为了加强对该地的管理和控制，“诏置南丹、奉议、庆远三卫指挥使司”[④]。同年十月，随军南征的致仕兵部尚书、参议军事唐铎“以朝廷尝命征进毕日，置卫守之，乃会诸将相度山川形势，置奉议等卫并向武、河池、怀集、武仙、贺县等处守御千户

---

① 其中前、左、中、右4个千户所驻守柳州府城，后千户所驻守宾州，中左千户所驻守融县，中右千户所驻守象州，中前千户所驻守来宾，武宣守御千户所驻守武宣。另据《明宣宗实录》卷四十五，宣德三年七月壬戌条：五月淫雨，两江涨，柳州卫城坏五十九丈，守御融县［中］左千户所城坏二百八十七丈，城门、城楼亦皆摧。

② 《明太祖实录》卷二百四十，洪武二十八年八月丁卯条，台湾“中央研究院”历史语言研究所，1962年，校印本，第3485–3486页。

③ 《明太祖实录》卷二百四十，洪武二十八年八月辛巳条，台湾“中央研究院”历史语言研究所，1962年，校印本，第3495页。

④ 《明太祖实录》卷二百四十二，洪武二十八年八月癸未条，台湾“中央研究院”历史语言研究所，1962年，校印本，第3495页。

所，设官军镇之。事闻，诏从其言”[①]。于是设立庆远卫、奉议卫、南丹卫、浔州卫和向武、河池、武仙、贺县等处守御千户所，其中河池守御千户所隶庆远卫，武仙守御千户所属柳州卫，向武守御千户所属奉议卫，贺县守御千户所则直属于广西都司。洪武二十九年（1396年）五月，“诏分调驯象卫军士五千人隶奉议卫，寻增设中左、中右、中前、中后四千户所”[②]。加上同时设立的向武守御千户所，奉议卫实际上管辖5个千户所，“原额旗军一万八百二十人”[③]。奉议卫和向武守御千户所都是实土卫所。奉议州明初直隶广西布政使司，洪武二十八年（1395年），置奉议卫，州废，以奉议卫管理当地民政。不久又恢复奉议州，仍直隶广西布政使司，至嘉靖六年（1527年），改属思恩府。向武州，宋代始置，属横山寨，元属田州路，明洪武七年（1374年）七月，土官黄志威归附，授世袭知州，属田州府。洪武二十八年（1395年），官军平定向武州土官黄世铁叛乱，置向武守御千户所，到洪武三十年（1397年）改为军民千户所，州废，以向武军民千户所管理民政。建文二年（1400年），罢军民千户所，复置向武州，直隶广西布政使司。

---

① 《明太祖实录》卷二百四十二，洪武二十八年十月癸卯条，台湾“中央研究院”历史语言研究所，1962年，校印本，第3522页。

② 《明太祖实录》卷二百四十六，洪武二十九年五月乙酉条，台湾“中央研究院”历史语言研究所，1962年，校印本，第3569页。

③ 戴耀修、苏濬纂《广西通志》卷二十一《兵防志一·卫所军》，广西人民出版社，2013年据天启二年补刻本影印，第396页。

朝廷在桂西地区设置卫所的初衷很明显，就是加强对土官统治地区的控制。时人称："论者以奉议弹丸地，三面交迫田州，独南界镇安，其势甚蹙。明初置卫铨官，如宋、元故事，盖欲中断田、镇，以伐其谋云。"[①]由此可见，在奉议州设立奉议卫，目的在于借内地军力以离间田州府和镇安府两大土府，完善朝廷在桂西地区的军事布局。

明朝政府对桂西北地区的统治策略有一个不断调整的过程。洪武元年（1368年）底，庆远南丹溪峒等处军民安抚司土官莫天护归顺降明，明朝政府改置庆远府。洪武二年（1369年）正月，湖广行省官员上疏朝廷称"庆远府地接八番溪峒，所辖南丹、宜山等处，宋、元皆用其土酋为安抚使以统之。天兵下广西，安抚使莫天护首来款附，宜如宋、元制，录用以统其民，则蛮情易服，守兵可减"，朱元璋下诏"从之，诏改庆远府为庆远南丹军民安抚司，置安抚使、同知、副使、经历、知事各一员，以天护为同知"[②]。由此可见，朝廷考虑到当地少数民族众多，认为利用土官进行统治，可以减轻朝廷的压力，但实际效果并不好。庆远南丹军民安抚司"虽统地十有七州，然其地皆深山广野，其民多安抚同知莫天护之族。天护素庸弱，不能御众，而宗族强者动肆跋扈，至

① 张廷玉等撰《明史》卷三百一十九《广西土司三》，中华书局，1974年，第8270页。

② 《明太祖实录》卷三十八，洪武二年正月壬戌条，台湾"中央研究院"历史语言研究所，1962年，校印本，第779页。

于杀河池县丞盖让，与诸蛮相煽为乱”。朝廷只得调整策略，于洪武三年（1370年）三月“复设庆远府，置军卫，以守其地，庶几其民知有府之治而不敢自恣，诸蛮知有兵之重而不敢为乱”[①]。另立南丹州，以土官莫金为世袭知州。

桂西北地区是广西设置卫所较早的地区。洪武元年（1368年），于庆远建右千户所，以官军1000名守御府城，洪武二十七年（1394年）改为庆远卫；洪武二十九年（1396年）正月，改庆远卫为军民指挥使司，庆远卫成为实土卫所；稍后又去“军民”名号，恢复庆远卫旧称，下辖左、右、中、前、后以及河池守御千户所等6个千户所。但庆远卫的存在似乎并没有对南丹州土官构成应有的威慑。洪武二十八年（1395年），南丹州土官知州莫金起兵反明，朝廷命杨文等率领来自湖广、江西和广西的官兵前往征讨；同年十一月，“参将刘真等攻破南丹州，执土官知州莫金，并俘其众”[②]。随即废除南丹州，设立南丹卫。南丹卫驻地初设于南丹州，隶属于广西都指挥使司，洪武二十九年（1396年）正月，改南丹卫为军民指挥使司，南丹卫成为实土卫所，以军事机构代管当地民政。“寻罢军民，止为卫。”[③]

---

① 《明太祖实录》卷五十，洪武三年三月辛亥条，台湾“中央研究院”历史语言研究所，1962年，校印本，第982页。

② 《明太祖实录》卷二百四十三，洪武二十八年十一月乙亥条，台湾“中央研究院”历史语言研究所，1962年，校印本，第3530页。

③ 张廷玉等撰《明史》卷四十五《地理志六》，中华书局，1974年，第1156页。

南丹、奉议、庆远等卫和向武守御千户所的设置，在一定程度上改变了桂西南、桂西北地区的地缘政治格局。迫于明军的强大压力，左江流域土官纷纷来京朝贡，与朝廷的关系得到修复。洪武二十九年（1396年）十二月，龙州知州薛继贤遣弟薛忠等进京谢恩贡马；养利州土官赵芳、思陵州土官黄善政、太平州土官李圆泰等“各遣使来朝，贡方物”[①]。洪武三十年（1397年）正月，思恩府土官知府黄广成等“来朝贡马，赐袭衣、金带、文绮、钞锭各有差”[②]。

驯象卫是明代卫所中较为特殊的类型，专为捕象、驯象而设[③]。“时朝廷大辂用象挽之，凡朝会亦用象陈列殿陛两墀及阙门之外。”为了满足朝廷对大象的需求，洪武十九年（1386年）八月，朱元璋命营阳侯杨通（杨璟之子）、靖宁侯叶昇领兵捕象于广西左江之十万山，随即在思明府上思州设立驯象卫，“令谪戍之人充卫卒捕象，每象以一奴畜之，俟其驯扰，始入贡”[④]。随着大象分布地的南移和朝廷礼仪所需大象来源的多样化，驯象卫曾一度被废，洪武二十一年（1388

---

① 《明太祖实录》卷二百四十八，洪武二十九年十二月庚子条，台湾“中央研究院”历史语言研究所，1962年，校印本，第3601页。

② 《明太祖实录》卷二百四十九，洪武三十年正月辛未条，台湾“中央研究院”历史语言研究所，1962年，校印本，第3610页。

③ 驯象卫的具体设立时间，史籍上无明确记载，综合各种文献，应该在洪武十二年至十九年（1379年至1386年）之间。参见刘祥学：《明代驯象卫考论》，《历史研究》2011年第1期。

④ 戴耀修、苏濬纂《广西通志》卷二十一《兵防志一·卫所军》，广西人民出版社，2013年据天启二年补刻本影印，第397页。

年）正月，“复置驯象卫指挥使司于广西龙州之左江”[①]。驯象卫专司捕象的功能逐渐淡化，镇戍地方的职能逐渐强化。洪武二十一年（1388年）七月，“敕广西都指挥使：凡百夷战象之夫，悉放还，其驯象卫军士令于南宁屯种”[②]。洪武二十二年（1389年），驯象卫迁至横州城中。驯象卫隶广西都指挥使司，辖左、右、中、前、后等5个千户所。

此外，时属广东、今属广西的钦州、廉州一带自元代以来深受海盗侵扰，也是明朝政府重点军事防御地区之一。明初，“征南将军廖永忠兵次横州，钦州土民黄谷瑞率众来降，遣还，抚安其众，寻调雷州卫百户昌秀领兵守御”。洪武五年（1372年）三月，“命百户陈让、杨玉即其地立（钦州）百户所，昌秀还雷州”[③]。洪武二年（1369年）三月，朝廷在廉州府城“置廉州百户所，调雷州卫百户欧阳永昌领兵守之”[④]。洪武十四年（1381年）三月，廉州百户所升格为廉州守御千户所，属雷州卫。洪武二十七年（1394年）五月，“改广东廉

---

① 《明太祖实录》卷一百八十八，洪武二十一年正月己亥条，台湾“中央研究院”历史语言研究所，1962年，校印本，第2816页。

② 《明太祖实录》卷一百九十二，洪武二十一年七月丙子条，台湾“中央研究院”历史语言研究所，1962年，校印本，第2885页。

③ 《明太祖实录》卷七十三，洪武五年三月癸酉条，台湾“中央研究院”历史语言研究所，1962年，校印本，第1340页。

④ 《明太祖实录》卷四十，洪武二年三月庚子条，台湾“中央研究院”历史语言研究所，1962年，校印本，第807页。

州千户所为廉州卫，钦州百户所为千户所”[①]，钦州千户所隶属于廉州卫。洪武十七年（1384年），“以岛夷之患，设沿海诸卫所，筑墩台”[②]，永安千户所应该是在此时设置，初治石康县安仁里。洪武二十七年（1394年），“为海寇出没，奏迁于合浦县海岸乡”[③]，即今合浦县山口镇永安村，隶廉州卫。

经过洪武后期的进一步调整，明朝廷在广西的军事部署发生了较大变化，卫所的分布由桂东流官统治地区进一步向少数民族聚居的桂西地区以及桂东北边缘地区扩展，甚至在个别地方出现由卫所代行民政的趋势，明王朝向广西边缘地区扩张的意图非常明显。

三、明代中后期的局部调整

明朝统治者试图通过设立卫所实现向桂西地区逐步渗透的策略并未取得预期的效果。一方面，驻扎在桂西地区的外来军士由于无法适应当地恶劣的自然条件，死亡率极高，当地落后的农业发展水平和由于交通不便造成的粮草供应不足问题也一直无法解决；另一方面，从永乐初年开始，桂中地

---

① 《明太祖实录》卷二百三十三，洪武二十七年五月丙寅条，台湾“中央研究院”历史语言研究所，1962年，校印本，第3402页。

② 戴璟修、张岳纂《广东通志初稿》卷三十二《军制》，嘉靖十四年刻本，第4页。

③ 张国经修、郑抱素纂《廉州府志》卷六《经武志·军卫》，崇祯十年刻本，第2页。

区的少数民族利用朝廷调集广西卫所官军远征安南造成军力削弱的时机，纷纷起事，原有卫所根本不能应对，迫使明朝统治者对广西卫所布局再次进行调整。天顺七年（1463年）正月，两广巡抚叶盛针对当时广西各地州县治所相继失陷的严峻形势，提出：

照得广西递年以来，所属藤县、北流、阳朔、柳城、平南、永淳等县，累被蛮贼攻破，杀掳官民，烧毁仓库。盖因前项县分原无设立军所，不曾筑砌砖城，惟是旷野土墙，有警无凭保障，以此被贼窥伺，乘虚失陷……俱无官军守御，城池空虚，诚恐遇警不能固守……今藤县、平南、永淳三县必须各立一所，官军职专守御，无事则防镇地方，以消奸宄，有警则督军战守，以保万全，亦可节省每年拨去哨守官军行粮，利益实多。乞敕该部计议，合无以就近将向武千户所移入平南县城内，并于奉议卫摘调一所，移之藤县，南丹卫摘调一所，移之永淳，官印俱各仍旧，永久守御保障，实为地方幸甚。[①]

其重点就是通过采取在无卫所官军驻守州县增设卫所的手段，以加强对地方的控制。

---

① 叶盛撰《叶文庄公奏议·两广奏草》卷十三《题为保障地方城池事》，载《续修四库全书》第473册，上海古籍出版社，2002年据崇祯四年叶氏赐书楼刻本影印，第471页。

总的来看，永乐以后，随着卫所体制的变迁和广西形势的变化，明朝政府再也无力在广西大规模新增卫所，更多的是对原有卫所进行调整，其具体措施就是先后将南丹卫、奉议卫、向武千户所迁至桂中地区。

明朝廷对广西卫所的调整首先是在桂西北地区进行的。河池守御千户所创建于洪武二十八年（1395年），最初位于河池县城内，隶庆远卫。河池地处“五岭之南，风气与中土殊，历岁之间，疫疠时作，率以为常，人多物故，而河池所治尤甚”。自然条件的恶劣导致大量卫所士卒死亡，“常岁阅练，补卒搜乘，仅存十二”。而距其数里之遥的宜山县德胜镇则“水甘土厚，草木丰畅，居民乂安，视河池旧地为佳胜”。永乐六年（1408年），“以其地多卑湿，有疫疠”，将河池守御千户所徙至宜山县德胜镇以西一公里，筑土城。永乐七年（1409年）四月，“城成，高一丈五尺，阔七尺，周围三百八十丈；为门四，曰迎恩，曰定远，曰镇远，曰归仁”[①]。河池守御千户所的东迁固然与河池治所环境恶劣、旗军不服水土有关，但不可否认，此举也有加强拱卫庆远府城的意图。

正统初年，广西总兵官柳溥奏称：“广西所属南丹、奉议二卫，向武千户所城池俱在烟瘴之地，气候不正，官军相继死亡者不知其数，而存者百有二三，亦多疲病，不堪备御。

① 林富修、黄佐纂《广西通志》卷三十二《兵防志六·城池》，书目文献出版社，1998年据嘉靖刻本影印，第403–404页。

乞迁南亢地方，以免其患。章下行在兵部，左侍郎邝野等请令溥等择其地以闻。”正统六年（1441年）五月，“溥上所拟地方”，于是朝廷下令将南丹卫迁至宾州，奉议卫迁至平南，向武州迁至贵县。正统十一年（1446年），奉议卫再徙至贵县县城西街。向武州旧治在今天等县向都镇东，正统六年（1441年）迁至贵县北门外，万历二十三年（1595年）又迁至贵县西北谢村镇。因此，谢村镇又被称为向武城。贵县地处桂中河谷平原，自然条件较好，介于大藤峡与八寨之间，属于桂中军事要害地区。洪武年间曾在此设立千户所，但兵力不足。将奉议卫和向武州迁至贵县，一方面可以加强在以大藤峡为核心的桂中地区的军事力量，另一方面也可以解决卫所官军的屯田问题。

南丹卫地处桂西北地区，耕地较少，无法开展屯田，交通也不便利，难以从外地运入粮食解决大量卫所旗军的供应。再加上卫所旗军大都来自北方和江南地区，不适应当地的气候条件，死亡率很高。永乐二年（1404年）十二月，将南丹卫迁至柳州府上林县东二里屯，屯种当地绝户的荒田，“因哨守其地”[①]。正统初年，广西按察司佥事黄润玉上疏，以“南丹处万山中，瘴甚，戍卒多死，奏徙平旷地”[②]。广西按察使

① 《明太宗实录》卷三十七，永乐二年十二月乙酉条，台湾“中央研究院”历史语言研究所，1962年，校印本，第634页。其他史料载为永乐三年。

② 金鉷修、钱元昌等纂《广西通志》卷六十六《名宦》，广西人民出版社，2009年据雍正十一年刻本影印，第1175页。

章聪也“奏徙南丹卫于宾州、奉议卫于贵县，士卒免烟瘴苦”[①]。思恩土官知府岑瑛、指挥潘鉴也上书广西总兵官柳溥，再次指出南丹卫军士“于水土复不相能”[②]。于是柳溥上疏朝廷，将南丹卫再迁至宾州城内东北角，“与宾州千户所同治”。嘉靖七年（1528年），两广总督王守仁平定八寨起义后曾建议将南丹卫徙至周安城（在今忻城县），王守仁去任后，继任者林富则主张将南丹卫迁至上林县，均无果。万历八年（1580年），两广总督刘尧诲大征八寨后，与广西巡抚张任等人就善后事宜提出7条建议，其中之一就是“迁卫所以振武威”，将南丹卫从宾州城内徙至上林县三里镇，“创建城池，设立卫所衙门，驻扎军兵，屯种防守，给各指挥、千百户安家银两”[③]。万历九年（1581年）十月，“兵部覆两广总督刘尧诲等会题修举十寨善后事宜”，同意“徙南丹卫”至上林县三里镇[④]。

从前文所述可以看出，永乐以后明朝廷对广西卫所的调整无一例外地将桂中地区作为外迁卫所的安置之地。这与桂中地区土地较多、便于开展屯田有关，但更深层次的背景应该是大

---

① 金鉷修、钱元昌等纂《广西通志》卷六十六《名宦》，广西人民出版社，2009年据雍正十一年刻本影印，第1175页。

② 林富修、黄佐纂《广西通志》卷二十七《兵防志一》，书目文献出版社，1998年据嘉靖刻本影印，第358页。

③ 郭棐纂修《宾州志》卷十《兵防志》，书目文献出版社，1990年据万历十五年刻本影印，第92页。

④ 《明神宗实录》卷一百一十七，万历九年十月戊戌条，台湾“中央研究院”历史语言研究所，1962年，校印本，第2201页。

藤峡和八寨地区各族群众连续不绝的斗争活动导致桂中地区战略地位的提升，将南丹卫、奉议卫以及向武州迁徙至桂中地区已经成为朝廷的一种共识。时人谓“奉议卫设于贵县、驯象卫设于横州、南丹卫设于宾州，皆在左右两江之中，要使控制蛮夷，声息援接，五屯以备藤峡，昭平以续江道，建置俱不为无意”[①]，道出了明朝廷在桂中地区强化军事控制的明显意图。

明代中后期，广西新增设的卫所只有3个。

一是灵山千户所。灵山县地处廉州府西北，与横州交界，各种瑶、壮反抗势力曾经多次攻入灵山县。正统五年（1440年），广东“副使甘泽以瑶贼故，奏调南海后卫千户所官军守镇灵山”；次年，设立灵山千户所，所址在灵山县治东，隶广东都司廉州卫。

二是五屯屯田千户所。五屯屯田千户所所在的古赠又称古瓯，地处藤县县城西北50公里，“当风门、佛子诸巢，西通府江，北接荔浦，乃断藤（峡）左臂”[②]，具有重要的战略地位。洪武四年（1371年），来自南丹的壮族人覃福“率所部俍壮迁居藤州宁风乡，辟荒田以自给，遂为五屯夷民”[③]，屯守结合。洪武八年（1375年），覃福招集864人编充桂林右卫

① 王士性撰《广志绎》卷五《西南诸省·广西》，中华书局，1981年，第114页。

② 谢君惠修，王尚贤、马神征纂《梧州府志》卷一《舆地志·沿革》，广西人民出版社，2013年据崇祯四年刻本影印，第59页。

③ 汪森辑《粤西文载》卷十二：苏濬《附都司直隶千户所二》，载《景印文渊阁四库全书》第1465册，台湾商务印书馆，1983年，第662页。

中左千户所军，覃福升授千户职，职事管领。覃福病故后，所领军无人管束，逃亡事故、不服清勾者尚多，有在卫当军者50余人。成化二年（1466年），韩雍率军镇压大藤峡瑶族农民起义。为了加强对大藤峡出口的控制，韩雍令桂林右卫正千户李庆“赍文前去抚谕，着令把截断藤峡贼奔要路，各獞随即自首，出该补伍军丁一百六十五名，亦就留在彼守把”[①]。考虑到“獞人虽已向化，出力把截道路，若非设土官衙门管束，终非经久之计”，韩雍建议“合照迁江屯田千户所事例”，在古赠“开设五屯屯田千户所衙门”，以正千户李庆掌印事，以覃福之孙覃仲英为世袭吏目，“协同李庆管事，着落各官将该管见在成丁獞民尽数编作土兵，其见已投首在官并其余逃亡等项军丁照名清理出官，俱就在本所带管，与同土兵相兼操备，无事守把本处与断藤峡相连白石寨、十二矶、蒙江口地方，有警听调各处杀贼”[②]。五屯屯田千户所由广西都指挥使司直辖。

三是古田守御千户所。古田县位于桂林府西南，自明初以来，当地瑶、壮等族农民的起义连绵不绝，起义军长期占领县城，波及桂林、柳州等地，声势特别浩大，官军多次征剿均未成功。隆庆四年（1570年），两广总督李迁、广西巡抚

---

① 断藤峡即大藤峡。

② 韩雍：《处置地方经久大计疏》，载应槚初辑、凌云翼嗣作、刘尧诲重修《苍梧总督军门志》卷二十三《奏议一》，全国图书馆文献缩微复制中心，1991年，第245页。

殷正茂发兵平定古田韦银豹起义。官府的善后措施主要包括3个方面：第一是将桐木、富禄、常安等3个镇改设土巡检司，以土官“选带目兵住守其地”；第二是改古田县为永宁州；第三是根据殷正茂等人的奏请，“立守御千户所，请给印信，改拨桂林中卫千户一员、百户二员，住军哨守”[①]。万历时期，古田守御千户所有旗军500人[②]。

值得注意的是，上述新设卫所均是从其他原有卫所分拨一部分兵力进行驻守，不能按照额定数量配置足额的兵力，这反映了明代中后期卫所体制走向衰落的整体趋势。

从以上所述可以看出，明代广西卫所的设置主要经历了3个阶段，其中洪武前中期完成初步布局，洪武后期属于进一步完善时期，永乐以后则是局部调整时期。卫所的地理分布也不平衡，主要分布在广西东部的桂林、南宁、柳州、梧州等政治中心和府江、黔江、郁江等水上交通要道沿线。大藤峡地区、八寨地区是明代广西少数民族起义军的活动中心，也是明朝政府实行重点军事防范的地区，浔州卫、柳州卫的建立就是为了控制大藤峡地区。永乐以后，增设或迁入卫所，也是出于明朝政府防范大藤峡和八寨地区瑶、壮等族农民起

---

① 申时行等重修《明会典》卷一百三十一《兵部十四》，商务印书馆，1936年，第2684页。

② 应槚初辑、凌云翼嗣作、刘尧诲重修《苍梧总督军门志》卷七《兵防三》，全国图书馆文献缩微复制中心，1991年，第103页。另据高日华、联丰修，刘汉镇纂《永宁州志》卷十一《兵防志》，民国石印本，第11页：古田守御千户所有旗军267人。

义军东山再起、全面控制大藤峡右翼和郁江水道的目的。而在广大的桂西地区，仍以土官统治为主，朝廷的军事力量未能深入。洪武后期，明朝政府曾在桂西土官地区设置南丹卫、奉议卫和向武千户所，由卫所代行行政管理职责，具有实土卫所的性质，但终因各种原因逐渐外迁，左右江流域成为明代卫所分布的空白区，地方防务甚至对安南的防御只得依靠土官，导致了朝廷对土官的依赖。这也是明代广西土官制度得以存在和强化的重要因素。因此，明代广西卫所的时空分布明显体现出明王朝对广西实行土流并治的二元化统治策略，也在一定程度上反映了明代广西局势的演变历程。

第二节　明代广西卫所官军的来源

卫所体制是一种世袭兵役制，其士兵来源主要“有从征，有归附，有谪发。从征者，诸将所部兵，既定其地，因以留戍；归附，则胜国及僭伪诸降卒；谪发，以罪迁隶为兵者”[①]。此外，还有数量庞大的垛集军。张金奎认为，明初卫所的主力是归附军，从征军基本进入军官群体，垛集军和谪充军主要起补不足的作用[②]。从史料记载可以看出，明代广西

① 张廷玉等撰《明史》卷九十《兵志二》，中华书局，1974年，第2193页。

② 张金奎：《明代卫所军户研究》，线装书局，2007年，第51页。

卫所官军的构成可以印证张金奎等人的观点。但有一点特别之处，永乐年间征安南导致广西卫所官军严重减员，从永乐年间开始，明朝廷不断从外地卫所调集兵力充实广西卫所，这些“调补”而来的卫所官军中包括了数量不小的在靖难之役和南宫复辟中立下战功者。

一、从征军

所谓从征军，主要是指早年跟随朱元璋起事的徐达、汤和等将领所统率的旧部，他们是朱元璋建立明朝的基本依靠力量，长期征战，劳苦功高。明朝建立前，朱元璋就说：“予自兴兵十有余年，所将之兵从渡江者皆濠、泗、安丰、汴梁、两淮之人，用以攻取四方，勤劳甚矣，以其为亲兵也，故遣守外郡以佚之。”[①]明朝建立后，这些人成为全国各地新建卫所的各级军官。

桂林中、右二卫和广西护卫的前身是建立于洪武元年（1368年）的广西卫。洪武元年（1368年）二月，朱元璋命杨璟为征南将军，“偕左丞周德兴、参政张彬，率武昌、荆州、益阳、常德、潭、岳、衡、澧等卫军取广西”[②]。六月，

---

① 《明太祖实录》卷十七，乙巳秋七月戊午条，台湾“中央研究院”历史语言研究所，1962年，校印本，第235页。

② 郑采宣、陈虞昭修，崔达纂《灵川县志》卷三《纪事志》，雍正三年刻本，第66页。

从浙江、福建攻入广东的廖永忠、朱亮祖奉命“引兵由肇庆泝江”，进攻广西，驻守梧州、藤州、郁林州等桂东南各地的元朝旧将相继归附，“永忠等遂自郁林会璟围靖江”[①]。这些随杨璟、周德兴、廖永忠等大将南征的官军成为广西早期建立的卫所的骨干。据《明太祖实录》记载，洪武二十八年（1395年），五军都督府左都督杨文率兵征讨龙州、南丹、奉议和向武等州，“兵行十万”，其中3万人来自京师各卫，近4万土兵来自田州府泗城州，2万人来自广西柳州卫、南宁卫，其余来自江西、湖广等地卫所。同年八月，“诏置南丹、奉议、庆远三卫指挥使司，命兵部取罢免武官及辽东捕野人有功者俱送总兵官、左都督杨文，俟征进毕日，选授三卫指挥以下官，每卫指挥五人、所千户三人，百户依缺补选”[②]。同年十月，置奉议等卫并向武、河池、怀集、武仙、贺县等处守御千户所，“设官军镇之”。来自南京、湖广等地卫所的随征武官战后也有多人调任广西都司。“初征广西，上命总兵官、都督杨文待平寇日，于诸将中选其材智可任者署都司事。”洪武二十九年（1396年）四月，以原宝庆卫指挥使孙宗为广西都指挥使，原锦衣卫指挥佥事童胜为广西都指挥同知，原永州卫指挥佥事葛森、原府军卫指挥佥事焦铭为广西都指

① 谢君惠修，王尚贤、马神征纂《梧州府志》，广西人民出版社，2013年据崇祯四年刻本影印，第171、173页。

② 《明太祖实录》卷二百四十，洪武二十八年八月癸卯条，台湾“中央研究院”历史语言研究所，1962年，校印本，第3495页。

挥佥事。牛敩，原为随杨文南征的旗手卫前所世袭所镇抚，洪武二十八年（1395年）十一月，“钦调桂林右卫中所”；传至第五辈牛诚，“功升”副千户。成化元年（1465年），“西延六峒、藤峡、荔浦、修仁、阳朔拔山诸蛮为寇，以浙江参政韩雍擢佥都御史，统京营汉、达官军及江南诸省兵往征之”[①]。随行官军和达军均有人因此留戍，调任广西各卫所。《桂林右卫武官选簿》中记载了多名从征军落籍广西的过程，如戚成，凤阳人，癸巳年（1353年）从军，洪武九年（1376年）除青州护卫前所百户，洪武十七年（1384年）故，子戚谅袭除武德卫右千户所世袭百户，洪武二十三年（1390年）调桂林右卫左千户所等。

二、归附军

归附军是指元末归附朱元璋的地方武装和元军，他们是明朝卫所军户的主要来源，在明初南征广西、贵州、云南的军事行动中发挥了主力作用。广西卫所中的归附军有两类：一类是指跟随杨璟、朱亮祖等人南征广西后留驻新建卫所的归附者，以及明初归附军或其后裔被调补进入广西各卫所者；另一类则是归附的广西卫所军官招集的散在民间的旧部。归

① 郑采宣、陈虞昭修，崔达纂《灵川县志》卷三《纪事志》，雍正三年刻本，第67页。

附军及其后裔进入广西卫所始于洪武时期，延续至天顺年间。

《桂林右卫武官选簿》中记载了多名归附军及其后裔进入广西的过程：

六安州人林四儿，“洪武元年收集”，充小甲，故；其子林义忠“补役，改桂林右卫”，其后裔历升桂林右卫小旗、试百户、实授百户，“注后所”①。

兴国州人陈宗义，癸卯年（1363年）归附，洪武三年（1370年）充总旗，“十七年，敬除桂林右卫左所世袭百户”②。

宣城人舒才，“前充长枪王友仁元帅下千户”，丁酉年（1357年）归附，仍充千户，吴元年（1367年），钦除常德卫百户，“拨管昆山卫新军”，洪武五年（1372年），“征诸洞蛮夷，除桂林右卫左所流官副千户”，洪武二十二年（1389年）故；舒六十“赴京，拨锦衣卫中左所，优给”，洪武二十五年（1392年）病故；同年六月，舒六十的亲侄舒添示袭除桂林右卫左所副千户，世袭；永乐元年（1403年），舒添示“为事犯杖罪，钦发兴州左屯卫中所充军，二年，起复赴京复职，仍回本卫所攒运粮储”③。

---

① 《桂林右卫武官选簿》，载《中国明代档案总汇》第58册，广西师范大学出版社，2001年，第138–139页。

② 《桂林右卫武官选簿》，载《中国明代档案总汇》第58册，广西师范大学出版社，2001年，第159页。

③ 《桂林右卫武官选簿》，载《中国明代档案总汇》第58册，广西师范大学出版社，2001年，第128页。

滁州人甘遇，甲午年（1354年）归附从军，历升河南左护卫指挥佥事，洪武三十一年（1398年），“为事”，将甘遇及其子甘荣、甘英“俱各杀死”，子甘茂“发广西从军”，病故；甘英子甘雨于永乐元年（1403年）袭授河南左护卫世袭指挥佥事，洪熙中，调彭城卫，正统年间，以征甘肃杀敌有功，升指挥同知。后调广西，升任广西都指挥佥事；甘雨病故后，其子甘斌“年幼，照例与伊父原职指挥同知俸优给，注桂林右卫关支”，天顺四年（1460年）八月，出幼袭职[①]。

洪武时期，朝廷相继开设桂林左卫、桂林右卫、南宁卫、柳州卫、郁林守御千户所、容县守御千户所、富川守御千户所等卫所，出现人员短缺的现象。为此，朝廷不得不鼓励在各地卫所任职的归附军官招集旧部充实新设卫所。洪武三年（1370年）三月，“广西卫指挥佥事左君弼奏请收集所部合肥军士赴本卫调用，上从之，凡得一千八百八十七人，置百户一十七人，就令统诣广西守御”[②]。左君弼，庐州（今安徽合肥）人，元末南方红巾军首领彭莹玉的部将，“元季壬辰，群雄倡乱，君弼党于彭祖，聚众数千”[③]。癸巳（1353年）彭莹玉牺牲后，左君弼长期占据庐州，在元军以及刘福通、张士诚、朱元璋等

① 《桂林右卫武官选簿》，载《中国明代档案总汇》第58册，广西师范大学出版社，2001年，第137–138页。

② 《明太祖实录》卷五十，洪武三年三月壬子条，台湾“中央研究院”历史语言研究所，1962年，校印本，第983页。

③ 黄金撰《皇明开国功臣录》卷三十二《左君弼传》，明刻本，第9页，国家图书馆“中华古籍资源库”。

地方武装之间周旋。洪武元年（1368年）二月，左君弼归降，受令出任广西卫指挥佥事。广西卫是明军在取得平定广西战事胜利后以朱亮祖、廖永忠、杨璟等所部为基础建立的，人数有限，加上庆远、南宁、柳州等地卫所相继设立，需要大量兵员，时任广西卫指挥佥事的左君弼趁机提出的召集庐州旧部来广西充实卫所的建议也就得到了朱元璋的首肯。

广西卫所中的归附军还包括少量在明军南征广西过程中归附的元军。

三、垛集军

所谓垛集，是指根据实际需要，以民户人丁数量，按照一定比例抽取数量不等的人丁入伍。垛集军的出现，最早是为了弥补卫所兵员不足而实施的措施。其具体垛集办法在不同地区、不同时期并不完全一致。一般原则是人丁多者（三丁、四丁，甚至五丁）抽一丁为正军，丁少者一户或两户为贴户。嘉靖《广东通志》称："我朝天下卫所有守御之兵，有屯田之兵。兵数不足，则命民户三丁者垛集一兵，其二丁、一丁者凑为正、贴，二户共垛一军。"很多地区是三户共垛一军，所以明人在谈及垛集时常称之为"三户垛充"。被垛充的军丁可能远调外地，也可能在附近卫所驻守。据史料记载，广西都司所辖卫所内有马军，有步军，又有垛充，"垛充之军，惟全州有之"。洪武前期，全州属湖广布政司管辖，洪武二十年（1387年），“全州三户垛充贵州兴隆卫军”，原额800人；洪武二十七年（1394年），全州改隶广西；天顺元年（1457年），全州的垛集军“改解桂林中、右二卫收操”。除了垛充的正军外，贴户也分别被编入左、右军户。随着卫所体制不断走向衰落，这些垛充的正军或贴户因各种原因故绝或逃亡。嘉靖时期，桂林中卫存留的垛集军中“三户见在”的只有27名，“正、左军见在，右军户绝”的有45名，“正、右见在，左军户绝”的有34名，“左、右军见在，正军户绝”的有53名，“右军见在，正、左军户绝”的有53名，“改调别卫”的有6名，“纪录”的有2名，“逃移”的有26名，“三户俱绝”的有80名。桂林右卫“三户见在”的有26名，“正、左见在，右军户绝”的有35名，“左、右见在，正军户绝”的有27名，“正军见在，左、右户绝”的有102名，“左军见在，正、右军户绝”的有49名，“右军见在，正、左军户绝”的有48名，“改调别卫”的有3名，“复还原卫”的有14名，“逃移”的有34名，“三户俱绝”的有68名。“除改调、纪录、逃移、复还原卫兵三户俱绝外，其余军士俱与桂林中、右二卫一体差操。”[①]据此，在桂林中卫操备的垛集单位（每个垛集单位是三户，其中一户正军，两户贴户）原额共有326个，到嘉靖时期只剩下27个完整的垛集单位；在桂林右卫操备的

① 林富修、黄佐纂《广西通志》卷三十一《兵防五·寄操》，书目文献出版社，1998年据嘉靖刻本影印，第386页。

垛集军人数原为406名，嘉靖时期“三户见在”的垛集军只剩下26名。

《桂林右卫武官选簿》中记载了来自全州的这些垛集军后裔：唐付二，全州人，“洪武二十二年充兴隆卫前所”，故，子唐斌“补役”；唐斌死后，其子唐淳补役，“天顺元年拨桂林右卫”；唐淳死后，“唐明补役”，“正德二年征平乐府贺县等处，节次斩首四颗，升小旗；本年征柳州马平县等处，节次斩首四颗，升总旗，调本卫中左所；十二年，征进荔浦县等处，节次斩首三颗；十三年，升本所试百户”，子孙世袭[①]。

广西桂中地区的“土人”被编入卫所，其征集方式与垛集类似。洪武年间，一些元代来到桂东地区从事屯田的桂西壮族也在被招集之列。元成宗大德年间，朝廷“平大峒贼黄德宁等，以其地所遗田续置藤州屯田”[②]，来自南丹的壮族人覃福“率所部俍壮迁居藤州宁风乡，辟荒田以自给，遂为五屯夷民”[③]。洪武八年（1375年），覃福招集壮人864名从军，被编入桂林右卫中左千户所，覃福被授予千户。成化二年（1466年），韩雍镇压大藤峡瑶族起义之后，在五屯地方设立五屯屯田千户所，以桂林右卫正千户李庆“赍文前去抚谕，

---

① 《桂林右卫武官选簿》，载《中国明代档案总汇》第58册，广西师范大学出版社，2001年，第241页。

② 林富修、黄佐纂修《广西通志》卷二十八《兵防三·屯田》，书目文献出版社，1998年据嘉靖刻本影印，第372页。

③ 汪森辑《粤西文载》卷十二：苏濬《附都司直隶千户所二》，载《景印文渊阁四库全书》第1465册，台湾商务印书馆，1983年，第662页。

着令把截断藤峡贼奔要路，各壮随即自首，出该补伍军丁一百六十五名”，朝廷下令“将该管见在壮民尽数编作土兵”[①]，这些土兵成为五屯屯田千户所的主要兵员。尽管迁江屯田千户所和五屯屯田千户所的兵员都是以壮族人为主，但他们与后面将要讨论的“俍兵”“耕兵”在组织方式和管理模式上均不同。

四、谪充军

《大明律》对卫所武官犯罪有详细规定，其惩治方法主要有死刑、降级、罢职不叙和充军等，《兵律·军政》目下共计20条，其中有关充军的条例占了一半，以至于有学者认为，“《大明律》确立的武职惩治体系其实是一个以充军为主体的惩治体系”[②]。按照明代律例，凡军官犯失盗、役占军士等罪，除了降级以外，动辄调往边远卫所；弘治年间，“奏准，各边将领，有遣人入京，夤缘干进者，调云、贵、两广地方安置，所遣人发边卫充军”；正德十六年（1521年），“令军官旷职半年以上，奏调边远卫所，抗拒不行，阻坏法令者，缉捕逮治，仍解原调卫所，带俸差操，如再逃避，调广西边卫，

① 韩雍：《处置地方经久大计疏》，载应槚初辑、凌云翼嗣作、刘尧诲重修《苍梧总督军门志》卷二十三《奏议一》，全国图书馆文献缩微复制中心，1991年，第245页。

② 吴艳红：《明代武职“立功”考论——兼论赎例在明代武职中的行用》，《史学集刊》2002年第4期，第25页。

遇赦不宥”[①]。

广西属于边远卫所，因此接受了数量不少的因犯罪而充军者。谪充军既有来自内地甚至京师各卫所中犯罪的军官，也有因各种原因被发到边远卫所中充军的旗军。有的属于只罚及本身，也有短期、终身之别；有的则是携家人一起，甚至不乏世代谪充为军的。迁江屯田千户所官军的主体是土人，设千户3名，百户14名，“设流官掌印，所统甲丁、族丁共六百四十一名，间以谪卒隶焉”[②]。正统十年（1445年）六月，镇守陕西都御史陈镒上疏称，“陕西发广西等处充军者不服水土，改发肃州”，“庶免逃故”[③]。说明此前曾有不少来自陕西的充军者被安置在广西，但由于充军者不服水土，出现大量逃亡和死亡现象，朝廷不得不将其改充同样地处西北的肃州。同年八月，湖广施州卫指挥佥事陶敏将手下百户“殴之致死，法司论赎杖还职。上曰：敏因细故殴人致死，凶狠如此，不可以常律论，杖之，谪戍广西边卫”[④]。

武官选簿以及地方志中保存了部分资料：

寿州人王中，原为通州卫世袭指挥佥事，“为事，广西征

---

① 申时行等重修《明会典》卷一百一十九《兵部二·降调》，商务印书馆，1936年，第2467–2471页。

② 戴耀修、苏濬纂《广西通志》卷二十一《兵防志一·卫所军》，广西人民出版社，2013年据天启二年补刻本影印，第395页。

③ 《明英宗实录》卷一百三十，正统十年六月庚申条，台湾“中央研究院”历史语言研究所，1962年，校印本，第2591页。

④ 《明英宗实录》卷一百三十二，正统十年八月甲辰条，台湾“中央研究院”历史语言研究所，1962年，校印本，第2620页。

进，复职，调桂林右卫，升指挥同知”，时间应该在洪武末年；建文三年（1401年），王中升任广西都指挥同知[①]。王中属于被罢免武官被重新起用者。

寿州人史良，癸巳年（1353年）从军，洪武十七年（1384年）升至指挥佥事，以老疾致仕，子斌替袭，“为事”，史良、史斌“发云南充军”，史斌故，史良“拨临安卫”；洪武二十五年（1392年），“起取复职”；洪武二十七年（1394年），“为事充军，复职，调桂林右卫”。建文元年（1399年）五月，史良年老，嫡次孙史雄只有12岁，“支俸读书操练，至十五岁出幼”，“替指挥佥事”，“冠带管事”，后升至广西都指挥佥事，病故。正统七年（1442年），史能以庶长男身份“袭父原职指挥佥事，定桂林右卫”[②]。

寿州人张麟，永乐十六年（1418年）袭金吾左卫指挥同知，因功升都指挥使，“为事革职”，其子张安“照例替祖原职指挥同知，注桂林右卫管事差操”[③]，其后裔世袭桂林右卫指挥同知。

合肥人许能，先后担任阳和卫后所世袭副千户、龙骧卫镇抚，“为事充军，病故”，其子许忠“袭授桂林右卫世袭卫

---

① 《桂林右卫武官选簿》，载《中国明代档案总汇》第58册，广西师范大学出版社，2001年，第132页。

② 《桂林右卫武官选簿》，载《中国明代档案总汇》第58册，广西师范大学出版社，2001年，第135页。

③ 《桂林右卫武官选簿》，载《中国明代档案总汇》第58册，广西师范大学出版社，2001年，第123页。

镇抚”[①]。

合肥人张轩，原为云南右卫指挥同知，“因妻与人通奸，将妻打死，问拟绞罪，后奉钦依饶死，发附近卫所充军”，其子张泰“理应减革”，于嘉靖十四年（1535年）六月“袭指挥佥事，照例注调桂林右卫，带俸差操”[②]。

洪武二十五年（1392年）原旗手卫前所世袭副千户权寿“为首与党逆百户赵英干亲”，“钦调桂林右卫中所”[③]。

定远人李兴旺，“甲辰年归附，充总旗；洪武二十三年老疾”，其子李荣代，“仍充总旗”。洪武二十五年（1392年），钦除天策卫后所世袭百户。洪武二十七年（1394年），“为送问事，犯斩罪，宥死，追夺，发辽东充军，拿野人，又调广西征进；二十九年，复职，调桂林右卫右所世袭百户，三十年，故”。其子孙世袭桂林右卫右所百户[④]。

滁州人甘澍，原授济阳卫世袭指挥使，宣德五年（1430年）调留守后卫管事，宣德九年（1434年）“为事降调南丹卫指挥同知”，次年“恩宥复还原职”；甘澍之子甘让于正统二年（1437年）“钦与全俸优给”，因残疾不堪承袭；甘澍亲侄

---

① 《桂林右卫武官选簿》，载《中国明代档案总汇》第58册，广西师范大学出版社，2001年，第145页。

② 《桂林右卫武官选簿》，载《中国明代档案总汇》第58册，广西师范大学出版社，2001年，第148页。

③ 《桂林右卫武官选簿》，载《中国明代档案总汇》第58册，广西师范大学出版社，2001年，第188页。

④ 《桂林右卫武官选簿》，载《中国明代档案总汇》第58册，广西师范大学出版社，2001年，第170页。

甘谱于天顺元年（1457年）优给，“出幼袭职，仍去南丹卫管事”[①]。

黄兴，原苏州卫前所世袭百户，洪武年间，“受赃监问，病故”，其子黄黼于洪武二十四年（1391年）“钦准袭职，授广西柳州卫中右所世袭百户”[②]。

临淮人项忠，洪武二十一年（1388年），替职任九溪卫指挥佥事，世袭，后“受赃犯绞罪，免死，降百户，授奉议卫向武守御所世袭百户”。项忠死后，其嫡长男项谏于永乐二年（1404年）“钦准袭父原职世袭指挥佥事，调柳州卫”[③]。

光山人胡世臣，原职为河州卫世袭指挥佥事，“嘉靖七年，地方失事，参降调副千户，三十七年，为科敛事，参调柳州卫”。胡世臣死后，其子胡承恩“合照例复袭祖职指挥佥事，仍注原调柳州卫”[④]。

五河人蔡玉，癸卯年（1363年）百户，洪武六年（1373年）任和阳卫后所副千户，洪武二十年（1387年）改任镇东卫中所副千户，洪武二十七年（1394年）“犯斩罪，宥死，发辽东充军，二十九年，复除，调柳州卫中所世袭副

① 《南丹卫武官选簿》，载《中国明代档案总汇》第58册，广西师范大学出版社，2001年，第335页。

② 《柳州卫武官选簿》，载《中国明代档案总汇》第58册，广西师范大学出版社，2001年，第322页。

③ 《柳州卫武官选簿》，载《中国明代档案总汇》第58册，广西师范大学出版社，2001年，第266页。

④ 《柳州卫武官选簿》，载《中国明代档案总汇》第58册，广西师范大学出版社，2001年，第268页。

千户”[①]。

洛阳人王成，洪武十七年（1384年）任神策卫世袭百户，洪武二十七年（1394年）“为事发三万卫充军”，洪武二十九年（1396年）调柳州卫中左所[②]。从时间上看，蔡玉、王成二人应该是随官军南征龙州、南丹后留驻广西卫所的。

洪武二十四年（1391年），延平卫右所世袭百户周原“为事钦依免死，发清平等卫充军，征进攻取中峰峒，礌石打死”，其子周毅“合追诰发充军，引至御前，钦准袭职，授柳州卫前所世袭百户”[③]。

洪武二十八年（1395年），征讨龙州、南丹等地的官军中包含了部分来自辽东的充军者，这些人成为南丹卫建立初期官军的重要来源之一。

怀远人王荣原为试百户，洪武二十七年（1394年），“为空隙军役事犯杖罪，免杖，发辽东拿野人，二十八年，取回，广西征进，复职”，调南丹卫，后裔历升南丹卫后所实授百户、副千户、正千户[④]。

仪真人姚玉，袭父职副千户，洪武二十七年（1394年）

---

① 《柳州卫武官选簿》，载《中国明代档案总汇》第58册，广西师范大学出版社，2001年，第294页。

② 《柳州卫武官选簿》，载《中国明代档案总汇》第58册，广西师范大学出版社，2001年，第315页。

③ 《柳州卫武官选簿》，载《中国明代档案总汇》第58册，广西师范大学出版社，2001年，第308页。

④ 《南丹卫武官选簿》，载《中国明代档案总汇》第58册，广西师范大学出版社，2001年，第361–362页。

“为受赃事，发辽东充军”，洪武二十八年（1395年）随征广西南丹、龙州等地，复职，到永乐元年（1403年）“为贼情事问拟斩罪，钦依免死立功”，永乐五年（1407年）复职，宣德二年（1427年）阵亡；宣德五年（1430年），其嫡长男姚琬袭南丹卫后所副千户[①]。

南城人毛清，洪武二十五年（1392年）“钦除留守右卫定淮门千户所世袭百户，调营州前屯卫所，二十七年，为不应卖放军役，发三万卫拿野人”；洪武二十八年（1395年）“取回赴京，调征进奉议等处”，次年，复职，守御庆远卫；永乐二年（1404年）“钦准复职南丹卫中右所世袭百户”，其后裔历升南丹卫右所副千户、正千户[②]。

南丹卫初建时期，很多官军被贬谪或充军而调任此卫。

洪武二十年（1387年），周斌“袭除镇东卫中左所”副千户，洪武二十七年（1394年）“为事充军”，两年后“复职南丹卫左所，调右所”[③]。洪武二十九年（1396年）二月，杭州右卫世袭百户杨春“为分盗仓粮典刑”，其侄杨间“引奏，钦准袭职，领恩军南丹卫守御，授南丹卫左所世袭百户”[④]。洪

① 《南丹卫武官选簿》，载《中国明代档案总汇》第58册，广西师范大学出版社，2001年，第367页。

② 《南丹卫武官选簿》，载《中国明代档案总汇》第58册，广西师范大学出版社，2001年，第370页。

③ 《南丹卫武官选簿》，载《中国明代档案总汇》第58册，广西师范大学出版社，2001年，第348页。

④ 《南丹卫武官选簿》，载《中国明代档案总汇》第58册，广西师范大学出版社，2001年，第351页。

武二十九年（1396年）六月，英武卫前所世袭百户王荣“为奏事不实，钦调领军南丹卫”，升为所镇抚，病故；其子王通“患劳怯病疾，不堪承袭，已与优养，照例告于原卫所关支，于德胜门等处杀贼获功，升副千户”；王通病故后，其子王厚“亦患暗风病疾，不堪承袭，别无应袭之人，照例仍告于原卫所关支，待有男袭职，仍去南丹卫中右所支俸差操”[①]。洪武二十九年（1396年），金齿卫世袭指挥同知方兴“为与党逆干亲，钦调南丹卫”[②]。洪武二十九年（1396年）怀远人刘全袭泗州卫指挥佥事，洪武三十一年（1398年）“为嘱托公事”降任南丹卫中所世袭百户，后病故，其侄刘福“准袭授南丹卫世袭指挥佥事”[③]。洪武二十九年（1396年）骁骑右卫指挥佥事顾彬“为党逆事，钦宥全家死罪，还职”，调庆远卫指挥佥事，建文二年（1400年）年老；次年，嫡长孙顾俊“替庆远卫指挥佥事”，建文四年（1402年）“回南丹卫”[④]；宣德四年（1429年）孙贤袭职，任南京留守后卫指挥佥事，“九年，为

---

① 《南丹卫武官选簿》，载《中国明代档案总汇》第58册，广西师范大学出版社，2001年，第372页。

② 《南丹卫武官选簿》，载《中国明代档案总汇》第58册，广西师范大学出版社，2001年，第337页。

③ 《南丹卫武官选簿》，载《中国明代档案总汇》第58册，广西师范大学出版社，2001年，第341-342页。

④ 《南丹卫武官选簿》，载《中国明代档案总汇》第58册，广西师范大学出版社，2001年，第342页。

事降调南丹卫前所正千户”，次年复职，任南丹卫指挥佥事[①]。明代中期，仍有外地卫所官员被充军南丹卫。花方，原为广州左卫指挥使，后“为事典刑”，正统三年（1438年）十月，其子花琛“袭祖原职指挥使，调南丹卫管事”[②]。海南卫崖州守御千户所世袭百户许旺“为事问发做工，中途病故”，其弟许隆“钦准本人袭职，调南丹卫左千户所”[③]。顺义人张玘，原为锦衣卫右所世袭正千户，“夺（门）有功，升指挥佥事”，天顺三年（1459年）降为正千户，调南丹卫中所[④]。天顺八年（1464年），原羽林前卫指挥同知杨观“降调广西南丹卫左所正千户”[⑤]。南海卫大鹏守御千户所世袭副千户刘善“为人命事典刑”，其子刘韬于成化十四年（1478年）十一月“袭职，照例调南丹卫中所管事差操”[⑥]。傅贵，原为肇庆卫指挥佥事，“为失机事降副千户”，调南丹卫前所，病故，其嫡长子傅悦于成化二十一年（1485年）二月“该袭原职指挥佥事，

---

① 《南丹卫武官选簿》，载《中国明代档案总汇》第58册，广西师范大学出版社，2001年，第343页。

② 《南丹卫武官选簿》，载《中国明代档案总汇》第58册，广西师范大学出版社，2001年，第337页。

③ 《南丹卫武官选簿》，载《中国明代档案总汇》第58册，广西师范大学出版社，2001年，第350页。

④ 《南丹卫武官选簿》，载《中国明代档案总汇》第58册，广西师范大学出版社，2001年，第352页。

⑤ 《南丹卫武官选簿》，载《中国明代档案总汇》第58册，广西师范大学出版社，2001年，第345页。

⑥ 《南丹卫武官选簿》，载《中国明代档案总汇》第58册，广西师范大学出版社，2001年，第358页。

乃住南丹卫"[①]。

除了来自各地卫所的官军，谪充广西卫所的官军中也不乏声名显赫的官员、文人，他们大多属于短期谪充，形势一旦发生变化，其谪充军的身份就随之终止，很多人甚至重新被任用。丁显，字彦伟，建宁府人，"洪武乙丑殿试第一人，以言事谪驯象卫，积十有五年，一时名流咸与为莫逆交"；广东香山人周禹文以及"江西名流"罗时、易大年"一时同谪驯象卫，积十五六年，与丁、周辈讨论性理，商榷古今，凡遇风云雨露、鸟兽虫鱼草木，一寓之于诗，更唱迭和，以发胸中磊落之气。后皆以废置死，士林憾之"[②]。天顺初，曹吉祥、石亨等人以夺门复辟功，"怙宠专权"，十三道御史张鹏、杨瑄等人"弹劾亨、吉祥诸违法事"，曹吉祥、石亨反诬奏张鹏等人"结党排陷"，"下瑄、鹏及诸御史于狱"，张鹏、杨瑄论死，后以天象异常，改戍辽东铁岭卫，"瑄、鹏行半道，适承天门灾，肆赦放还。或谓当诣亨、吉祥谢，二人卒不往，复谪戍南丹[卫]"。宪宗立，"廷臣交荐，召复原官"，后张鹏以右佥都御史巡抚广西，历官至副都御史、兵部尚书；杨瑄官至浙江按察使[③]。马录，河南信阳州人，进士，官监察御史，巡按山西。

① 《南丹卫武官选簿》，载《中国明代档案总汇》第58册，广西师范大学出版社，2001年，第344页。

② 谢钟龄等修、朱秀等纂《横州志》卷十一《人物志·迁寓》，光绪二十五年刻本，第14页。

③ 张廷玉等《明史》卷一百六十二《杨瑄传》、卷一百六十《张鹏传》，中华书局，1974年，第4416–4418、4367–4368页。

时有扶沟人张寅谋乱，“录尽法按之，武定侯郭勋走书求脱其狱，录忿然，具疏连书以闻”，反被郭勋诬告，“上怒，逮录至京师，廷杖一百，谪戍南丹［卫］”。宾州士人蒙大赉、王宾等人“皆师事之”。马录死于宾州。[①]

可见谪戍南丹卫的官员中也有携家眷而来的，有的甚至子孙世代谪居广西卫所。李兴，字伯起，河南嵩县人，“由进士任监察御史，谪戍南丹卫，其子尚以卫籍中广西戊午科乡试，后蒙赦宥，回原籍”[②]。宣城人舒暹，洪武时期“官太医院，戍南丹卫，遂家焉”，其后代均以医为业，第三代舒谧，“能悟医术秘传，活人最多，绝不责报”。天顺初年，侍郎张鹏（号拙庵）以弹劾曹吉祥等人，谪戍南丹卫，“间染瘴疾，谧疗之即愈，药直一无所取。拙庵重之，作《杏林春意图序》以赠”。舒谧之子舒经、舒纲先后在成化丁酉、弘治辛酉年考中举人，开启了舒氏家族在科举上的传奇；其后裔舒应龙、舒宏志先后中进士，其中舒宏志在万历年间高中探花，官至翰林院编修，成为广西科举史上的佼佼者[③]。

此外，广西各卫所的谪充军中也包括一部分来自北方的达军。对此，下面有专节加以讨论，此不赘述。

---

① 郭棐纂修《宾州志》卷六《宦绩志·流寓》，书目文献出版社，1990年据万历十五年刻本影印，第63–64页。

② 郭棐纂修《宾州志》卷六《宦绩志·流寓》，书目文献出版社，1990年据万历十五年刻本影印，第63页。

③ 郭棐纂修《宾州志》卷九《献征志》，书目文献出版社，1990年据万历十五年刻本影印，第85、86、88页。

五、调补军

洪武后期，在对北方的征战以及靖难之役、南宫复辟等事件后，大量因功升为各级军官者充斥内地卫所，很多人有衔无职，朝廷急需对他们加以安置，将他们调补到边地卫所不失为一种选择。朱棣登基之初，即“令在京武职，有愿调除外任者听，其原管事或带俸仍旧”[①]。天顺四年（1460年），“令额外多余武职听于有粮卫所添注”[②]。弘治十三年（1500年），“题准，军官调卫者，子孙袭替，不得还原卫”[③]。嘉靖十年（1531年），朝廷又规定“在京亲军、旗手等卫并府属卫所，将多余见任官员，开具履历揭帖送部，如遇缺官数多卫所，照考选例，将多余人员，量为斟酌调补，子孙袭替之日，有愿回原卫，或愿在今调卫所，俱从其便”；嘉靖十二年（1533年），“题准，腹里卫分指挥，愿改边卫杀贼者听”[④]。史料上将这类官军称为“多余调卫”。这些措施的相继出台，导致大量调卫官军在边远卫所落籍。还有一些内地卫所的军官犯罪后，也被发到各边远卫所戴罪立功，这些人被称为

① 申时行等重修《明会典》卷一百一十九《兵部二·降调》，商务印书馆，1936年，第2470页。

② 申时行等重修《明会典》卷一百一十九《兵部二·降调》，商务印书馆，1936年，第2467–2471页。

③ 申时行等重修《明会典》卷一百二十《兵部三·武职袭替》，商务印书馆，1936年，第2478页。

④ 申时行等重修《明会典》卷一百一十九《兵部二·降调》，商务印书馆，1936年，第2470–2471页。

"调卫立功"。

随着洪武后期新设卫所的不断增多，对旗军的需求越来越大，加上在永乐至宣德年间对安南的战争中，广西很多卫所被全员征调，导致大量人员损失，朝廷不得不从外地卫所抽调官军进行补充。宣德四年（1429年），敕都督、广西总兵官山云"量拨广西近地卫所带管军士赴南宁，都指挥花英量拨广东卫所带管军士赴钦、廉，选指挥、千百户之老成精练者领之，协助戍守。初，工部侍郎罗汝敬等使交趾，还言钦、廉、南宁守备寡弱，故有是命"[①]。天顺三年（1459年），刚刚出任两广巡抚的叶盛针对两广地区卫所官军严重缺员、老弱充斥的局势，提议"于四川、湖广等都司地方宁靖、都指挥数多去处，量调前来广西都司管事"[②]。

揆诸史料，以"多余调卫"或"调卫立功"身份进入广西卫所的官军，既有来自广东等邻近卫所的军余[③]，也有来自北方边境和腹里地区的富余人员。南丹卫是广西卫所中"多余调卫"比较集中的卫所，见诸武官选簿者不乏其人：

萧政，荆州府人，永乐二十一年（1423年）七月，以嫡长男身份袭职，任大宁中卫后所百户，"后因多余"，调南丹

① 《明宣宗实录》卷五十一，宣德四年二月丁亥条，台湾"中央研究院"历史语言研究所，1962年，校印本，第1219-1220页。

② 叶盛撰《叶文庄公奏议两广奏草》卷四《题为地方急缺官员事》，载《续修四库全书》第475册，上海古籍出版社，2002年据崇祯四年叶氏赐书楼刻本影印，第417页。

③ 军余是指居住在卫所驻地的卫所旗军成年子弟。

卫右所世袭百户，病故；萧政无子，堂侄萧源“先因年幼，已与优养，告于原卫所关支”，景泰五年（1454年）六月，“出幼袭职，该去南丹卫右所管事”[①]。

丁贵，黄岩人，原为宽河卫中左所百户，永乐二年（1404年）八月，“因多余”，“遇例改调南丹卫中右所管事”，后病故；其子丁鉴因“患两耳聋疾，不堪承袭，别无应袭之人，钦与全俸优养，就于原卫所关支”，后病故；丁凉以丁鉴嫡长男身份“照例准袭原职，乃注后调南丹卫中右所”；传到第六辈丁俊，因功升南丹卫中右所副千户[②]。

郑翔，长沙人，永乐十七年（1419年），以长男身份袭职武城中卫前所“带俸”正千户，成化年间，“因为多余”，调南丹卫中所，“病故”，无子；郑保儿以郑翔亲侄身份告袭，“先因年幼，照例告于原卫所优给出幼，间患暗风疾，不堪袭职，户内别无承袭之人，照例该与全俸优养”[③]。

由于不断分派人员建立新的卫所，加上远征安南造成的人员减耗，桂林右卫人数逐渐减少，接收了数量不少的调补官军：

方全，寿州人，乙未年（1355年）从军，甲辰年（1364年）充小旗，洪武二年（1369年）充总旗，洪武八年（1375

① 《南丹卫武官选簿》，载《中国明代档案总汇》第58册，广西师范大学出版社，2001年，第355页。

② 《南丹卫武官选簿》，载《中国明代档案总汇》第58册，广西师范大学出版社，2001年，第371页。

③ 《南丹卫武官选簿》，载《中国明代档案总汇》第58册，广西师范大学出版社，2001年，第373页。

年）除百户，“调桂林右卫中所”[①]。

林厚，祖籍萧县；祖军林遇春，系丙午年（1366年）归附军，充小旗，洪武十三年（1380年）故；第二辈林泉补役，积功升河南都指挥同知，后升任都指挥使；宣德六年（1431年）八月，第三辈林福袭指挥使，“授桂林右卫”；之后子孙世袭，长驻桂林[②]；嘉靖三十三年（1554年），第十辈林厚袭桂林右卫都指挥使。

邢胜，黄县人，其父邢斌“原系四川都司宁川卫指挥使”，因功升为右军都督府带俸都督佥事，病故；弘治四年（1491年）七月，邢胜“照例袭伊父原职指挥使，注桂林右卫支俸管事”[③]。

裴敬，固始人，祖父“裴原，吴元年归附从军”，升彭城卫世袭指挥使，后升广西都指挥佥事，病故；裴敬以嫡长孙身份“与本人原职指挥使俸优给，于桂林右卫关支”，正统八年（1443年）八月，“令出幼，钦准袭指挥使，定桂林右卫”[④]。

高贵，乐亭人，建文二年（1400年）因军功升济阳卫前所百户，建文四年（1402年）因渡江攻克南京功升济阳卫指

① 《桂林右卫武官选簿》，载《中国明代档案总汇》第58册，广西师范大学出版社，2001年，第146页。

② 《桂林右卫武官选簿》，载《中国明代档案总汇》第58册，广西师范大学出版社，2001年，第120页。

③ 《桂林右卫武官选簿》，载《中国明代档案总汇》第58册，广西师范大学出版社，2001年，第121页。

④ 《桂林右卫武官选簿》，载《中国明代档案总汇》第58册，广西师范大学出版社，2001年，第122页。

挥同知，“选管队伍”，升除广西都指挥同知，“调本都司管事”，后病故；嫡长男高荣“年幼优给”，宣德七年（1432年），高荣出幼，“袭父原职指挥同知，定桂林右卫”[①]。

霍让，巢县人，建文元年（1399年）袭职，先后出任遵化卫前所世袭副千户、留守前卫指挥同知，后升任广西都指挥佥事，“调本都司管事”，病故；其子霍龄“袭父原职指挥同知，定桂林右卫”[②]。

李智，蓟州人，洪武元年（1368年）军，在靖难之役中屡立战功，历升小旗、总旗，建文四年（1402年）“平定京师，升龙骧卫全椒屯田所正千户”，病故；其子李显袭职，调桂林右卫正千户[③]。

蔡文特，山阳人，洪武十八年（1385年）“为事充锦衣卫”，后“编湖广中护卫小旗，宣德四年，调广西桂林右卫前所”[④]。

王显，夏邑人，永乐年间为济阳卫中所世袭百户，后调桂林右卫右所[⑤]。

---

① 《桂林右卫武官选簿》，载《中国明代档案总汇》第58册，广西师范大学出版社，2001年，第130页。

② 《桂林右卫武官选簿》，载《中国明代档案总汇》第58册，广西师范大学出版社，2001年，第131页。

③ 《桂林右卫武官选簿》，载《中国明代档案总汇》第58册，广西师范大学出版社，2001年，第149–150页。

④ 《桂林右卫武官选簿》，载《中国明代档案总汇》第58册，广西师范大学出版社，2001年，第157页。

⑤ 《桂林右卫武官选簿》，载《中国明代档案总汇》第58册，广西师范大学出版社，2001年，第175页。

陈宏，“原系金州卫世袭卫镇抚，为事做军”，永乐十年（1412年）十月，以立功“钦准复职，调桂林右卫”[①]。

孙智，武邑人，永乐十三年（1415年）袭父职，为汉府中护卫中所世袭百户，后调桂林右卫右所镇抚事世袭百户[②]。

叶清，瑞安人，原袭父职总旗，洪武三十一年（1398年）“以年深升广州右卫右所世袭百户”，后去世；其子叶胜于永乐元年（1403年）“优给”，永乐七年（1409年）“因斗殴，问拟绞罪，发桂林中卫右所充军”，永乐二十二年（1424年）“赦宥”，宣德三年（1428年）八月“钦准袭职，调柳州卫中左所”[③]。

杜文，鱼台人，原为大同左卫指挥佥事，“为事降指挥佥事，调柳州卫，历功升指挥同知，本人替职，钦与世袭”[④]。

郑祥，黄冈人，袭曾祖父郑荣职，为袁州卫世袭百户，“调桂林中卫后所百户”，到万历时期，已传十七辈[⑤]。

设于洪武末年的南丹卫地处南丹州，地理位置偏僻，自然条件恶劣，外地官军不服水土，逃亡、死亡率很高，官军

---

① 《桂林右卫武官选簿》，载《中国明代档案总汇》第58册，广西师范大学出版社，2001年，第157页。

② 《桂林右卫武官选簿》，载《中国明代档案总汇》第58册，广西师范大学出版社，2001年，第182页。

③ 《柳州卫武官选簿》，载《中国明代档案总汇》第58册，广西师范大学出版社，2001年，第319页。

④ 《柳州卫武官选簿》，载《中国明代档案总汇》第58册，广西师范大学出版社，2001年，第261页。

⑤ 《桂林右卫武官选簿》，载《中国明代档案总汇》第58册，广西师范大学出版社，2001年，第219-220页。

减额严重。到永乐以后，南丹卫先后迁至上林、宾州。为了弥补兵额的不足，朝廷源源不断地将外地卫所官军充实进来，其中很多都是在靖难之役中立下战功的军官。

甘原，滁州人，原为济阳卫世袭百户，靖难之役期间，因战功历升副千户、正千户、指挥佥事，后阵亡；甘原之子甘泉袭升济阳卫指挥同知，也阵亡；甘泉的嫡长男甘澍“钦与优袭，授济阳卫世袭指挥使”，宣德五年（1430年），“调留守后卫管事，九年，为事降调南丹卫指挥同知”，次年“宥复还原职”，仍为南京留守卫指挥使；天顺元年（1457年），甘谱以甘澍亲侄身份“全俸优给，就于南京原卫关支……候出幼袭职，仍去南丹卫管事”[1]，子孙世袭。

张七，沧州人在靖难之役期间因功历升总旗、试百户，后阵亡；其子张祥“袭升苏州卫左所世袭正千户”，后调南丹卫右所世袭正千户；其后裔功升南丹卫指挥佥事、指挥同知[2]。

通过上述讨论，我们可以发现，明代广西卫所官军的来源是非常复杂的，他们不仅身份不同，籍贯不一样，而且迁入广西的时间也有先后之别。总体上看，明代前期，迁入广西的主要是从征军和归附军，他们随军南征以后，成为广西新建卫所官军的主体；垛集军主要来自本地，时间集中在明

① 《南丹卫武官选簿》，载《中国明代档案总汇》第58册，广西师范大学出版社，2001年，第335-336页。

② 《南丹卫武官选簿》，载《中国明代档案总汇》第58册，广西师范大学出版社，2001年，第340页。

初至成化年间；调补军则大多在永乐至成化年间进入广西；至于谪充军，则贯穿于有明一代，尤以明代前中期最为集中。

第三节 明代广西卫所官军人数变化

明代卫所官军人数属于军事秘密，较少见于官私文献记载。据《明太祖实录》，洪武二十五年（1392年）十二月，“诏五军都督府谕各都指挥使司以军马、粮储之数及关隘要冲、山川险易、道里远近悉绘图以闻”[①]，“计内外武官并兵马总数，在京武官二千七百四十七员，军二十万六千二百八十八人，马四千七百五十一匹；在外武官万三千七百四十二员，军九十九万二千一百五十四人，马四万三百二十九匹”[②]，合计全国卫所官军人数只有120余万。这个数字应该偏小。弘治十四年（1501年），兵部覆奏户部左侍郎李孟阳所言“实军五事”时称“祖宗时，天下都司卫所原额官军二百七十余万”，不知是何时数据，但兵部同时承认“五军之中，弊端百出，逃亡、病故日以益多”[③]。万历时期重修的《明会

① 《明太祖实录》卷二百二十三，洪武二十五年十二月丙子条，台湾“中央研究院”历史语言研究所，1962年，校印本，第3266页。

② 《明太祖实录》卷二百二十三，洪武二十五年闰十二月丙午条，台湾“中央研究院”历史语言研究所，1962年，校印本，第3270-3271页。

③ 《明孝宗实录》卷一百八十，弘治十四年十月乙丑条，台湾“中央研究院”历史语言研究所，1962年，校印本，第3322页。

典》载有各卫所原额兵马数，合计1586611人。吴晗先生认为《明会典》所称“原额”应该是永乐以后的数据，王毓铨先生则认为“似不如看做弘治原额较妥”[①]。根据上文所引兵部的说法，弘治时期全国卫所旗军人数在160万左右，可见王毓铨先生的说法可能更接近事实。

一、明代广西卫所官军人数及其变化

明朝政府对卫所的编制和人数均有严格的规定。洪武二十六年（1393年）定天下卫所编制，“大率五千六百人为卫，千一百二十人为所”[②]。每个卫包括5个千户所，每个千户所分为10个百户所，每个百户所辖2个总旗、10个小旗，直接统领旗军。由于特殊的地理位置和担负的繁重职责，广西都司下辖各卫所大多超过规定数额，很多卫管辖的千户所在6个以上，柳州卫所辖千户所多达9个，各卫所所辖官军数也远超定制。

关于明代广西卫所官军人数，史料记载不尽一致。嘉靖《广西通志》卷三十一《兵防五》称“广西都司所辖卫所原额一十二万八千八百九十二员名”；万历《广西通志》卷二十一《兵防志一》称“各卫所通共原额旗军十一万六千八百四十六

① 王毓铨：《明代的军屯》，中华书局，2009年，第45页。

② 张廷玉等撰《明史》卷九十《兵志二》，中华书局，1974年，第2193页。

名”；万历《明会典》则称广西“原额官军一十二万一千二百八十九员名”。可见，明代广西卫所的原额应该在12万名以上。很多卫的官军人数超过1万名。庆远卫下辖左千户所、右千户所、中千户所、前千户所、后千户所以及河池守御千户所等6个千户所，原额旗军21795名，其中官175名，旗军21620名[①]，后降至6747名，其中左千户所1268名、右千户所1342名、中千户所1348名、前千户所1412名、后千户所1341名、河池守御千户所36名[②]。南丹卫辖左千户所、右千户所、前千户所、后千户所、中千户所、中左千户所、中右千户所等7个千户所，“原额官军一万八百七十二员名”[③]，其中“官二百二员，旗军一万六百七十名”[④]。驯象卫共辖5个千户所，“原额官军二万二百三十六员名”，其中“官九十员，旗军二万一百四十六名”。奉议卫和向武千户所“原额官军一万九百六十六员名”，其中“官一百三十八员，旗军一万八百二十八名”。[⑤]

① 林富修、黄佐纂《广西通志》卷三十一《兵防志五》，书目文献出版社，1998年据嘉靖刻本影印，第385页。

② 李文琰修、何天祥纂《庆远府志》卷五《武备志·兵制》，乾隆十九年刻本，第6–7页。

③ 林富修、黄佐纂《广西通志》卷二十九《兵防志三》，书目文献出版社，1998年据嘉靖刻本影印，第374页。

④ 林富修、黄佐纂《广西通志》卷三十一《兵防志五》，书目文献出版社，1998年据嘉靖刻本影印，第386页。

⑤ 林富修、黄佐纂《广西通志》卷三十一《兵防志五》，书目文献出版社，1998年据嘉靖刻本影印，第386页。

广西地处边疆，经济发展水平比较落后，很多来自外地的官兵因水土不服，多有亡故。加上广西卫所肩负镇压和防范少数民族起义的重任，战事频繁，死伤惨重。此外，在永乐至宣德年间对安南的战争中，大量广西卫所官军被征作战，减员非常严重。因此，自永乐以后，广西卫所官军人数大幅下降。

正统十年（1445年）七月，广西总兵官、安远侯柳溥等奏："广信猺、獞数多，乞添拨军伍，蓄积粮储，修理城池。"英宗命兵部会同英国公张辅及五府六部、都察院堂上官"参看溥等所奏，计议处置经久方略"。张辅等奏称："广西官军每因瘴疠死亡逃窜，比之国初，十无二三。……及查得江南苏州等处清出广西军丁多畏炎瘴，不肯前去。乞遣官督发补伍。"[①]景泰三年（1452年），"广西都司所属卫所官军、舍余止有四万四千八百余员名"[②]。成化初年，"广西所属二十八卫所实存官军三万余员名"[③]。弘治五年（1492年）八月，吏科给事中叶绅、刑部郎中顾源从广西勘事回到京师，上疏"言军民利病十事"，其中提到"广西钱粮日亏，兵力日寡"，"洪武、永乐年间，广西官军至十二万，今止有万八千人，且

① 《明英宗实录》卷一百三十一，正统十年七月辛巳条，台湾"中央研究院"历史语言研究所，1962年，校印本，第2604–2605页。

② 戴耀修、苏濬纂《广西通志》卷二十一《兵防志一》，广西人民出版社，2013年据天启二年补刻本影印，第404页。

③ 林富修、黄佐纂《广西通志》卷三十一《兵防五》，书目文献出版社，1998年据嘉靖刻本影印，第385页。

官多庸懦，士多老弱，军政不修，兵威不振”[①]。弘治九年（1496年）八月，两广总督邓廷瓒上疏也称：广西“各卫军士十亡八九，凡有征调，全倚土兵”[②]。万历十年（1582年），广西各卫所“见额官军一万三千九十七员名，马军八百二十五员名，步军一万二千二百七十五名”[③]。万历二十五年（1597年），广西卫所旗军更是“见在共军九千八百三十六名”[④]，已不及原额的十分之一，可见广西卫所减员之严重。

驯象卫是减员最严重的卫所。驯象卫设立之初，“令谪戍之人充卫卒，捕交趾象”，“统五所，曰左、右、中、前、后，镇抚司一，原额旗军五千六百名，前后发来二万一百四十六名”。洪武二十八年（1395年），拨5000人，开设奉议卫。该卫“原为捕象而设，少携妻子，故多绝，未全勾补”，加上“宣德丙午随征交趾，失陷大半”，导致人数大减。到成化二十三年（1487年），“仅存六百一十九名”，弘治十八年（1505年），“存五百四十八名”，到嘉靖年间，“见存三百二十四名”，万历年间，“存马步军共三百六十八名”。5名千户、14名百户甚至出现绝户现象，普通旗军的绝户率应该更高。

---

① 《明孝宗实录》卷六十六，弘治五年八月戊申条，台湾“中央研究院”历史语言研究所，1962年，校印本，第1261页。

② 《明孝宗实录》卷一百一十六，弘治九年八月壬寅条，台湾“中央研究院”历史语言研究所，1962年，校印本，第2105页。

③ 申时行等重修《明会典》卷一百三十一《兵部十四·镇戍六·广西》，商务印书馆，1936年，第2684–2685页。

④ 戴耀修、苏濬纂《广西通志》卷二十一《兵防志一·卫所军》，广西人民出版社，2013年据天启二年补刻本影印，第393页。

桂南、桂东南和桂中地区的卫所官军人数也出现大幅减员现象，“十不存二三”，而且战斗力低下，“执戟者犹力不缚鸡”。梧州守御千户所“原额一千五百七十四名，崇祯四年，一百八十四名”。郁林守御千户所“原额一千二百六十五名，万历间一百零二名”，崇祯年间，“见在八十七名”[①]。容县守御千户所“原额一千二百六十三名”，永乐、宣德年间征安南，损失惨重，“陷没九百三十九人”，兵力损失四分之三，“万历间一百五十八名”，崇祯年间，“见在一百三十八名”[②]。五屯屯田千户所“原额八百六十四名，万历间六百五十一名”，到崇祯年间，“见在六百三十四名”[③]。由于五屯屯田千户所中有大量土官、土兵，“困于差徭，日渐躲避于附近土目村寨，官司失于清理，止有五百，其后上司不闻地方之艰难，又于五百之中分调哨守于他所，而所余遂不满二百”。嘉靖初年，“贼乱四起，守御缺乏”，朝廷只好“又取调潮州之兵数百以来协守五屯”[④]。南宁卫原有“旗军四千八百六十九名”，“历年以来，间有功升、绝嗣、更调、降级者”，到嘉靖中后

---

① 谢君惠修，王尚贤、马神征纂《梧州府志》卷十一《兵防志·旗军》，广西人民出版社，2013年据崇祯四年刻本影印，第667、668页。

② 谢君惠修，王尚贤、马神征纂《梧州府志》卷四《郡事志·大明》、卷十一《兵防志·旗军》，广西人民出版社，2013年据崇祯四年刻本影印，第176、668页。

③ 谢君惠修，王尚贤、马神征纂《梧州府志》卷十一《兵防志·旗军》，广西人民出版社，2013年据崇祯四年刻本影印，第667页。

④ 王守仁撰《王阳明全集》上册《处置八寨断藤峡以图永安疏》，吴光、钱明、董平、姚延福编校，上海古籍出版社，2012年，第575–576页。

期，只有468名[①]。武缘守御千户所“原额旗军一千四百名，成化中征安南，止存三百五十名”，到嘉靖中后期，“见存二百二十八名”[②]。迁江屯田千户所所领军士包括两部分：一是由本地人组成的甲兵；二是由外地派驻此地的旗军，“间以谪卒隶焉”。其甲兵、旗军数量在开立之初为1500人以上，其中出征甲兵1200名，守城甲兵300名，原额官27员[③]。嘉靖初年，迁江屯田千户所所辖8个百户所尚有军士、军余4000人，万历时期，裁去掌印的流官千户，仅留土官，所领旗军、甲兵人数也急剧下降，“实在军九名，兵五百四十四名”[④]。武宣守御千户所“设有千户所副千户、试百户诸职，或以有功升调，或因祖父承袭。洪武时，授以印、铁券，马、步旗军一千二百名。至万历间，止存林、武、王、潘四姓，马、步军仅一百三十一名。自后相继逃亡，或改所归流”。清初，裁并武宣守御千户所，但仍保留其部分军事职能，到清嘉庆年间，“其职今亡矣”[⑤]。

---

① 方瑜纂修《南宁府志》卷七《兵防志》，广西人民出版社，2008年据嘉靖四十三年刻本影印，第351–352页。

② 方瑜纂修《南宁府志》卷七《兵防志》，广西人民出版社，2008年据嘉靖四十三年刻本影印，第399页。

③ 郭棐纂修《宾州志》卷十《兵防志》，书目文献出版社，1990年据万历十五年刻本影印，第93页。

④ 戴耀修、苏濬纂《广西通志》卷二十一《兵防志一》，广西人民出版社，2013年据天启二年补刻本影印，第395页。

⑤ 高攀桂修、梁士彦纂《武宣县志》卷九《军政志·民壮》，嘉庆十三年刻本，第4页。

驻守沿海的廉州卫也出现大幅减员。廉州卫辖左、右、中、永安、钦州、灵山等6个千户所，“原额汉、达旗军共七千六百四十九名”[①]。另据康熙《广东通志》记载，廉州卫所辖各千户所“全额旗军六千七百九十九名”。其中“左、右、中三所各一千一百二十名，永安所一千二百二十名，钦州所一千九十九名，灵山所一千一百二十名”[②]。嘉靖十八年（1539年），钦州千户所“实在三百五名，内除老幼军二十三名，实在精壮二百八十二名”；灵山千户所设于正统六年（1441年），到嘉靖时期，“故绝旗军六百八名，逃亡旗军二百四十七名，实在旗军二百六十五名”[③]。到万历二十年（1592年）前后，廉州卫“官二十五员，旗军九百五十二名”；永安千户所“官九员，旗军三百九十名”；钦州千户所“官二员，旗军二百一十七名”；灵山千户所“官四员，旗军二百五十四名”[④]。万历后期，廉州卫官军减员进一步加剧：

---

① 徐成栋纂修《廉州府志》卷六《经武志·军额》，康熙六十一年刻本，第13页。

② 金光祖纂修《广东通志》卷十二《兵防志》，康熙三十六年刻本，第98页。

③ 林希元纂修《钦州志》卷六《兵防·兵制》，嘉靖十八年刻本，第14–15页。

④ 应槚初辑、凌云翼嗣作、刘尧诲重修《苍梧总督军门志》卷七《兵防三》，全国图书馆文献缩微复制中心，1991年，第103页。另据金光祖纂修《广东通志》卷十二《兵防志》，康熙三十六年刻本，第97–98页记载，“万历间，存卫总一千七百一十二名，左所四百六十二名，右所一百九十四名，中所一百六十八名，永安所四百四十八名，钦州所二百四十五名，灵山所一百九十四名”。这应该是万历后期的数额。

廉州卫：指挥使，原三员，万历中缺；指挥同知，原四员，万历中存三；指挥佥事，原九员，万历间存六。

左所：正千户，原一员，万历后无；副千户，原五员，万历中存二；百户，原十五员，万历中存二，试百户一员。

右所：正千户，原二员，万历后无；副千户，原五员，万历间存三；百户，原十四员，万历间存一。

中所：正千户，原二员，万历后无；副千户，原五员，万历间存□；百户，原十一员，万历间存一；试百户，原一员，万历间无。

永安千户所：正千户，一员；副千户，原五员，万历间存四；百户，原八员，万历间存三；镇抚，原二员，万历间存一。

钦州千户所：正千户，原三员，万历后无；副千户，原四员，万历间存二；百户，原十员，万历间存一；镇抚，原二员，万历间无。

灵山千户所：正千户，原一员，万历间无；副千户，原四员，万历间存二；百户，原十员，万历间存四；试百户，一员[①]。

其他卫所的减员情况也大致如此。

① 金光祖纂修《广东通志》卷十二《兵防志》，康熙三十六年刻本，第97页。

二、卫所官军减员原因分析

明代卫所官军严重缺额是一个全国性的普遍现象，其原因非常复杂。就广西而言，卫所官军大幅减员的主要原因有二：一是水土不服导致的士卒高死亡率和高逃亡率；二是连年征战导致的巨大伤亡，尤其是对安南的战争造成广西卫所士兵大量死亡。

由于广西卫所官军大多来自外省，初来乍到，水土不服，病死、逃亡者众多。据史料记载，“五岭之南，风气与中州殊，历岁之间，疫疠时作，率以为常，人多物故”。河池守御千户所地处广西西北部的河池州，“山川岩崄，林木深阻，民夷杂居，在昔号为难治”，而“河池所治尤甚”，“风土硗薄，间岁多疫，人不宁处”，“是以常岁阅练，补卒搜乘，仅存十二”[①]。南丹卫原位于桂西北的南丹州，外来官军不适应当地自然条件，“不乐居”，于永乐二年（1404年）外迁至位于桂中地区的上林县东二里，屯种当地绝户的荒田，正统年间再迁宾州。万历四十七年（1619年），宾州一带发生旱灾、饥荒和瘟疫，宾州守御千户所“兵死于疫者亦且过半”。府江为明代广西交通要道，也是瑶、壮族农民起义的中心之一，朝廷在此设立广运、足滩、昭平3堡，“戍以两广之兵，合千余

---

① 汪森辑《粤西文载》卷二十三：唐耕《河池州千户所记》，载《景印文渊阁四库全书》第1466册，台湾商务印书馆，1983年，第19页。

人。然守无城垣，居无栋宇，披草茅、树竹木以为营，名虽曰营，而上漏旁穿，坐卧无所，一遇炎风寒雨，军士不免仍栖息舟中，岚瘴郁蒸，病死相枕”[①]。正统八年（1443年）九月，广西左布政使揭稽等奏称：广西瘴疠横行，“戍卒染病死亡无算，军民日渐消耗，蛮贼日加猖獗”[②]。正统十年（1445年）七月，英国公张辅奏称：“广西官军每因瘴疠死亡逃窜，比之国初，十无二三”，“江南苏州等处清出广西军丁多畏炎瘴，不肯前去”[③]。与广西邻近的湖广地区，也有旗军因畏惧广西瘴疠而不肯前来。

明代广西战事频繁，官军多有死伤，尤其在永乐、宣德年间对安南持续20多年的战争中，广西卫所官军死伤惨重。在永乐年间对安南的战争中，朝廷先后征调20多万官军进入安南，其中西路军从云南出发，官军、土兵人数为7.9万人；东路军从广西出发，官军、土兵人数将近14万人。永乐六年（1408年）以后，明朝政府在安南设立布政使司，激起安南旧贵族和部分民众的激烈抵抗。为了平定暴乱，明朝不得不继续派遣大军进入安南，增派的援军多达25万人以上。因此，在永乐、宣德年间，朝廷派往安南的军队人数当

---

① 蒋冕：《府江三城记》，载黄大成纂修《平乐县志》卷七《艺文上》，康熙五十六年刻本，第34-35页。

② 《明英宗实录》卷一百八十，正统八年九月乙亥条，台湾“中央研究院”历史语言研究所，1962年，校印本，第2193页。

③ 《明英宗实录》卷一百三十一，正统十年七月辛巳条，台湾“中央研究院”历史语言研究所，1962年，校印本，第2604-2605页。

在47万人左右[1]。这些官兵来自南直隶、浙江、福建、江西、广东、湖广、广西等都司。广西地处对安南的战争的最前沿，不仅“供给多出广西”，而且广西卫所官军也是明朝远征安南大军的主力。残酷的战争和严酷的自然环境，造成当时明朝官军大量死亡。到宣德二年（1427年）十二月，征夷将军、总兵官王通“大集官吏军民出城，立坛与利（安南国王黎利）盟，约退师”[2]，“中官山寿、马骐及三司守令，由水路还钦州，而自帅步骑还广西……凡得还者止八万六千人，为贼所杀及拘留者不可胜计”[3]。可见明朝军队损失之大。对安南的战争结束后，广西各卫所“官军存者十无二三”。驯象卫辖5个千户所，“前后发来共二万一百四十六名，宣德丙午，随征交趾，失陷大半”，到成化二十三年（1487年），驯象卫仅存官军619名[4]。武缘守御千户所原额旗军1400名，由于在对安南的战争中死伤惨重，到成化年间仅存官军350名[5]。南丹卫原辖8个千户所，旗军1万多

---

① 王桃：《明成祖出兵安南人数考述》，《华南师范大学学报（社会科学版）》2004年第5期。

② 张廷玉等撰《明史》卷一百五十四《王通传》，中华书局，1974年，第4241页。

③ 张廷玉等撰《明史》卷三百二十一《外国二·安南》，中华书局，1974年，第8324-8325页。

④ 谢钟龄等修、朱秀等纂《横州志》卷五《兵防志》，光绪二十五刻本，第11页。

⑤ 方瑜纂修《南宁府志》卷七《兵防志》，广西人民出版社，2008年据嘉靖四十三年刻本影印，第399页。

名，“至永乐间，卫军随征交趾，陷没者过半”。容县守御千户所原额官军1263名，在安南之战中，该所“陷没九百三十九人”[①]，损失四分之三兵力。万历时期，容县守御千户所官军只有179名[②]。其他卫所官军死于对安南的战争的也大有人在。

有明一代，以瑶、壮为主体的各族起义层出不穷，朝廷动辄出动官军进行征剿，起义军利用熟悉地理环境的优势，各个击破，沉重地打击了官军，也造成官军的巨大减员。天顺二年（1458年）冬，苗族、瑶族农民在全州和义宁等地与官军作战，杀死都指挥使马瑄，官军伤死数多。嘉靖二十八年（1549年），平乐守御千户所千户黄寅率官军数千前往镇压北陀峒黄公富起义军，遭到起义军顽强抵抗，“军士死者四百余人”[③]。位于横州的驯象卫“因地近猺蛮，岁常征调，死亡日甚，十不存二，遂至废弛”[④]。造成驯象卫官军数额大幅减少的原因除了前述调征安南外，还有一个原因是对少数民族进行频繁镇压造成的减员。

---

① 谢君惠修，王尚贤、马神征纂《梧州府志》卷四《郡事志·大明》，广西人民出版社，2013年据崇祯四年刻本影印，第176页。

② 刘尧诲：《会议十寨善后疏》，载应槚初辑、凌云翼嗣作、刘尧诲重修《苍梧总督军门志》卷七《兵防三》，全国图书馆文献缩微复制中心，1991年，第103页。

③ 黄大成纂修《平乐县志》卷六《兵防·武功》，康熙五十六年刻本，第18–19页。

④ 谢钟龄等修、朱秀等纂《横州志》卷五《兵防志》，光绪二十五刻本，第8页。

桂林、南宁等地卫所设立时间早，兵员充足，广西其他地方设立卫所时，桂林、南宁等卫所官军常被签发拨守各地，导致其卫所官军人数减少。桂林中卫原额旗军9327名，桂林右卫原额旗军8012名。洪武三年（1370年），朝廷准备开设郁林守御千户所，“调桂林中卫（当时桂林中卫尚未设立，应该是广西卫）百户刘备、郭卫福守备，十九年，调桂林右卫右所千户费忠掌所事”；洪武十二年（1379年），设立梧州守御千户所，“调桂林左卫正千户李兴、副千户葛聚等掌本所事”；洪武二十二年（1389年）十二月，富川发生瑶族农民起义，广西都指挥使韩观遣军镇压；洪武二十三年（1390年）开设容县守御千户所，“调桂林中卫副千户龚宝掌所事”；洪武二十八年（1395年），开设怀集守御千户所，“调桂林左卫副千户何本掌所事”；隆庆四年（1570年）设古田守御千户所，又从桂林各卫“拨守永福哨，共一百六十八名”。此外，又派人“分守平乐三哨共三百三十二名，四乡哨共一百二十八名，兴安哨共四十名，苏桥等五堡共八十八名”。修仁、荔浦二县原属桂林府，由桂林各卫“戍军已久”，尽管二县早在弘治年间已划归平乐府管辖，但直至万历时期，仍由桂林各卫派兵驻守，其中拨守修仁县旗军58名，拨守荔浦县旗军128名。频繁的外调，导致桂林中、右二卫官军严重减额，到万历二十五年（1597年）前后，桂林中卫只有旗军1328名，桂林右卫只有1260名，减去拨守永福、兴安、平乐等地的600名左右哨兵，桂林中、右二卫的守城官军只有2000名左右。广西护卫原额官军5685名，万历时期只剩下988名。整个桂林城驻军人数不到3000人。卫所兵额的大幅下降，严重影响了桂林城的防御能力。嘉靖四十三年（1564年）十二月、嘉靖四十四年（1565年）八月，古田起义军两次攻入桂林城，杀死官吏，抢走库银，守城官军只能眼睁睁地看着起义军撤走。

第二章

明代广西卫所移民的籍贯构成与分布

明代广西各地卫所是在明朝征服广西的过程中逐渐建立起来的，其官军、旗军主要是外地人，以卫所为依托的军事移民成为明代广西外来移民的主要来源。广西各地卫所的官军主要来自今湖南、湖北、广东、江西、安徽以及浙江等地。明朝灭亡后，卫所官军散居民间，成为广西汉族移民的重要来源之一。入清以后，卫所被裁撤，卫所官军被编入州县民籍，完成了本土化过程。

第一节　明代广西卫所官军的籍贯构成

考察明代广西各卫所官军的来源，不仅可以深化对明代卫所体制的研究，也有助于揭示广西移民历史脉络及其对地方社会历史发展的影响。

明代史籍上很少直接记载卫所旗军的籍贯来源，我们探讨卫所旗军来源的主要资料有二：一是当时或后世留下的间接资料，如墓志、族谱；二是存留至今的明代卫所武官选簿等档案。揆诸正史、地方志、选簿、族谱、碑铭等史料可以发现，明代广西卫所官军来源比较集中，江淮、湖广和江西籍官军占有很大的比例，蒙古族人和回族人等北方少数民族则以达官、达军身份进入了广西。

一、江淮地区是广西卫所官军的主要来源地

江淮地区，是指位于淮河和长江之间的地区，在明代的行政区划中，属于南直隶，含今安徽、江苏、上海3个省市所辖地区。明代早期卫所官兵主要是所谓的“从戎之士”和“降附之人”，其中“从戎之士”是指在元末追随朱元璋的江淮籍将士。他们在元末明初的战争中为朱元璋扫平群雄、建立明朝立下赫赫战功，成为明朝前期武官集团的主体。他们不仅执掌明朝五军都督府，也成为地方卫所军官的主要力量。广西卫所大多是在明军平定广西后建立的，跟随杨璟等人平定广西的朱元璋旧部成为广西卫所武官的主体。

在地方志、族谱、碑刻和武官选簿等资料中，我们可以看到大量江淮籍武官的身影。

桂林是明代广西卫所分布最集中的地区，也是江淮籍卫所武官活动的重要舞台。《桂林右卫武官选簿》记录了174名（武官或武官家族）自都指挥使至试百户等不同等级武官的籍

贯，其中来自江淮地区的共有69名，占到总人数的近40%，而且大多为中高级武官。详见表2-1：

表2-1　桂林右卫江淮籍军官名录[①]

序号	姓名	军职	籍贯	迁桂始祖	迁桂时间	备注
1	林厚	指挥使	萧县	林遇春	永乐至宣德年间	
2	徐尚忠	指挥使	定远县	徐兴	洪武十一年（1378年）	
3	张启谟	指挥使	寿州	张安	永乐年间	
4	吴克勤	指挥使	盱眙县	不详	不详	
5	舒焕	指挥同知	宣城县	舒才	洪武五年（1372年）	随征
6	霍承芳	指挥同知	巢县	霍让	永乐至宣德年间	
7	王懋德	指挥同知	寿州	王除青	洪武年间	降调
8	戚扬	指挥佥事	凤阳县	戚谅	洪武二十三年（1390年）	调卫
9	史润	指挥佥事	寿州	史斌	洪武末年	调卫
10	刘希文	指挥佥事	桃源县	不详	不详	明代有2个桃源县，1个属湖广，一个属南直隶
11	甘霖	指挥佥事	滁州	甘茂	洪武末年	充军

① 资料来源：《桂林右卫武官选簿》，载《中国明代档案总汇》第58册，广西师范大学出版社，2001年，第120-243页。

续表

序号	姓名	军职	籍贯	迁桂始祖	迁桂时间	备注
12	林瑞	指挥佥事	六安州	林义忠	洪武年间	改调
13	鲁国贤	指挥佥事	庐江县	不详	不详	
14	孟希邹	指挥佥事	寿州	不详	洪武年间	
15	许成业	指挥佥事	合肥县	许能	永乐年间	充军
16	方维中	指挥佥事	寿州	方全	洪武八年（1375年）	调卫
17	张泰	指挥佥事	合肥县	张轩	嘉靖十四年（1535年）	注调
18	徐彦	署指挥佥事	沭阳县	不详	不详	
19	石瑜	指挥佥事	怀远县	不详	不详	
20	张纲	正千户	合肥县	不详	不详	
21	段应时	副千户	英山县	段朝升	洪武三年（1370年）	
22	刘金	副千户	合肥县	不详	不详	
23	陈希尧	副千户	徐州	不详	不详	
24	黄玉	副千户	宝应县	不详	不详	
25	王源	卫镇抚	桐城县	不详	不详	
26	赵勋	百户	高邮州	不详	不详	
27	拱时	百户	广德州	不详	不详	
28	陈善	百户	徐州	不详	不详	
29	胡恕	试百户	无为州	不详	不详	
30	雍胜	副千户	合肥县	不详	不详	
31	李廷美	副千户	定远县	李荣	洪武二十九年（1396年）	降调

续表

序号	姓名	军职	籍贯	迁桂始祖	迁桂时间	备注
32	刘玉	副千户	合肥县	不详	不详	调卫
33	孟彦	百户	沛县	孟忠	洪武年间	
34	宋玉	百户	六安州	不详	不详	
35	朱裕	百户	合肥县	不详	不详	
36	王承节	百户	合肥县	王任兴	洪武年间	
37	周谦	副千户	临淮县	不详	不详	
38	邵禄	副千户	凤阳	邵敏	洪武年间	
39	徐贵中	百户	定远县	徐宗	洪武二十年（1387年）	调卫
40	平章	百户	江都县	不详	不详	
41	戴瑛	试百户	和州	戴兴	洪武八年（1375年）	
42	陈铨	试百户	全椒县	不详	不详	
43	黄升	副千户	长洲县	不详	不详	
44	朱士奇	副千户	句容县	不详	不详	
45	朱全	百户	舒城县	朱贵	永乐十七年（1419年）	调卫
46	李琮	百户	怀宁县	李贵	正统二年（1437年）	调卫
47	胡瑞	试百户	吴江县	不详	不详	
48	苗淮	试百户	长洲县	不详	不详	
49	方瑛	正千户	六安州	方三	洪武三年（1370年）	一说安陆州
50	侯爵	试百户	江宁州	不详	不详	
51	刘勇	正千户	寿州	不详	不详	

续表

序号	姓名	军职	籍贯	迁桂始祖	迁桂时间	备注
52	沈清	正千户	华亭县	不详	不详	
53	梅纲	副千户	庐江县	梅兴	洪武年间	
54	蒋瑛	副千户	合肥县	不详	不详	
55	牛珂	百户	中立县	牛敩	洪武二十八年（1395年）	调卫
56	彭昱	百户	泰州	不详	不详	
57	王墁	百户	合肥县	王贵	宣德至正统年间	调卫
58	唐继隆	试百户	和州	不详	不详	
59	殷之纲	试百户	泰州	不详	不详	
60	朱鉴	试百户	六安县	不详	不详	
61	宣鉴	正千户	合肥县	宣和	洪武年间	
62	孙霖	副千户	定远县	孙文	宣德四年（1429年）	
63	苏能	副千户	泰州	不详	不详	
64	高俊	百户	六安州	不详	不详	
65	蒋宣	百户	江都县	不详	不详	
66	陈泰	试百户	全椒县	不详	不详	
67	王应宗	试百户	巢县	不详	不详	
68	郑宣	试百户	溧阳县	不详	不详	
69	罗升	试百户	合肥县	不详	不详	

其中很多人是早年追随朱元璋起兵的“从戎之士”或归附军。

定远人徐兴，甲午年（1354年）归附，乙巳年（1365

年）授神武卫千户，洪武十一年（1378年）授桂林右卫指挥佥事；第二辈徐麟于洪武二十五年（1392年）替升指挥使。至天启年间，已传十辈[①]。

寿州人王良于甲辰年（1364年）充总旗，历升百户，洪武十三年（1380年）升实授副千户，征云南等处，阵亡；其子王中升通州卫世袭指挥佥事，“为事，广西征进，复职，调桂林右卫，升指挥同知”，后升广西都指挥同知；王泰系王中嫡长男，钦准袭祖原职，永乐年间授交州中卫指挥佥事，后仍回桂林右卫。到万历时期，已传八辈[②]。

寿州人方全，“旧名德全，乙未年从军，甲辰年充小旗，洪武二年充总旗，八年除百户，调桂林右卫中所”，子孙立功升至桂林右卫指挥佥事。到万历时期，已传十三辈[③]。

寿州人史良，旧姓徐，癸巳年（1353年）从军，历充总旗、百户，洪武六年（1373年）升副千户，洪武十七年（1384年）升指挥佥事，其子孙于洪武二十七年（1394年）“为事充军，复职，调桂林右卫”，到万历年间，已传十二辈[④]。

凤阳人戚成，癸巳年（1353年）从军，历充总旗、百户；

---

① 《桂林右卫武官选簿》，载《中国明代档案总汇》第58册，广西师范大学出版社，2001年，第120–121页。

② 《桂林右卫武官选簿》，载《中国明代档案总汇》第58册，广西师范大学出版社，2001年，第132–133页。

③ 《桂林右卫武官选簿》，载《中国明代档案总汇》第58册，广西师范大学出版社，2001年，第146–147页。

④ 《桂林右卫武官选簿》，载《中国明代档案总汇》第58册，广西师范大学出版社，2001年，第135–136页。

洪武二十三年（1390年），戚成之子戚谅调桂林右卫左所；子孙历升桂林右卫副千户、千户、指挥佥事、世袭指挥使。至万历时期，已传九辈[①]。

设于洪武三年（1370年）的柳州卫中也有大量江淮籍武官。《柳州卫武官选簿》记载了107名武官的籍贯，其中来自江淮地区的有50名，约占总数的46.7%，其中大多为中高级军官。他们或以随征军身份在洪武年间进入广西，或者在永乐、宣德以后以调卫的方式进入广西。详见表2-2：

表2-2　柳州卫江淮籍军官名录[②]

序号	姓名	官职	祖籍	迁桂始祖	迁入时间	备注
1	李翘	指挥佥事	泰州	不详	不详	
2	顾九思	指挥使	寿州	不详	成化以前	
3	苗振邦	指挥使	徐州	不详	成化以前	
4	金策	指挥使	滁州	不详	景泰以前	
5	李南	指挥使	六安州	李彝	洪武至永乐年间	
6	张翀	指挥使	凤阳县	张缙	弘治年间	调卫
7	金印	署指挥同知	江都县	金玉	洪武初年	随征
8	孙嘉谋	指挥佥事	怀远县	孙恕	洪武至永乐年间	调卫

① 《桂林右卫武官选簿》，载《中国明代档案总汇》第58册，广西师范大学出版社，2001年，第131–135页。

② 资料来源：《柳州卫武官选簿》，载《中国明代档案总汇》第58册，广西师范大学出版社，2001年，第245–327页。

续表

序号	姓名	官职	祖籍	迁桂始祖	迁入时间	备注
9	王承勋	指挥佥事	昆山县	王瑄	弘治至正德年间	
10	徐澈	指挥佥事	合肥县	徐恭	正统至景泰年间	
11	项国卿	指挥佥事	临淮县	项忠	永乐年间	降调
12	汪仁	指挥佥事	滁州	不详	不详	
13	张贵	指挥佥事	合肥县	不详	不详	调卫
14	武世勋	卫镇抚	定远县	武斌	洪武中期	
15	刘振宗	卫镇抚	庐陵县	刘定	洪武末年	
16	张朝	署指挥佥事事正千户	定远县	张遇林	宣德二年（1427年）	调卫
17	李惟聪	署指挥佥事事正千户	盱眙县	不详	不详	
18	陈国贤	正千户	江都县	陈旺	永乐年间	调卫
19	杨臣	正千户	宿州	不详	不详	
20	何珍	实授百户	长洲县	何斌	正统二年（1437年）	调卫
21	彭凤祯	世袭百户	含山县	彭达	洪武至永乐年间	
22	张琮	世袭百户	昆山县	张玉	正统至天顺年间	
23	王善	世袭百户	定远县	王善	宣德年间	调卫
24	张福	世袭百户	如皋县	张福	洪武年间	由桂林中卫调柳州卫

续表

序号	姓名	官职	祖籍	迁桂始祖	迁入时间	备注
25	蒋复隆	试百户	勾容县	蒋福	宣德五年（1430年）	降调
26	袁恺	正千户	寿州	袁绍	永乐至正统年间	
27	曹宾	副千户	兴化县	曹易	洪熙元年（1425年）	
28	王国泰	副千户	无为州	王宝儿	洪武年间	
29	何庸原	副千户	合肥县	何庸原	洪武至永乐年间	
30	聂珩	副千户	合肥县	聂英	洪武年间	
31	汪敬	副千户	合肥县	汪敬	洪武至永乐年间	
32	汪洪	试百户	宣城县	汪名	洪武年间	
33	李祯	试百户	庐江县	不详	不详	
34	虞暹	百户	昆山县	虞暹	宣德二年（1427年）	调卫
35	曹升	百户	扬州府	曹升	景泰七年（1456年）	调卫
36	陈汉	试百户	庐江县	不详	不详	
37	王德显	正千户	合肥县	王仕安	建文二年（1400年）	调卫
38	方矩	副千户	英山县	方德	洪武二十五年（1392年）	
39	李森	副千户	仪真县	不详	不详	
40	杨钊	副千户	巢县	杨钊	成化十年（1474年）	由郁林守御千户所调柳州卫
41	周毅	百户	天长县	周毅	洪武二十四年（1391年）	

续表

序号	姓名	官职	祖籍	迁桂始祖	迁入时间	备注
42	赵八一	试百户	泰州	不详	不详	
43	朱绅	副千户	天长县	朱俊	洪武至永乐年间	
44	马青	副千户	武进县	马青	洪武年间	
45	蒋友	署所镇抚事世袭百户	兴化县	不详	不详	
46	阚纹	试百户	定远县	阚纹	不详	
47	高朗	实授百户	寿州	高德	不详	
48	王之屏	百户	六安州	不详	不详	
49	任芳儿	实授百户	广德州	不详	宣德至正统年间	
50	范天祐	冠带小旗	无锡县	不详	不详	

柳州卫的旗军也多来自江淮地区。嘉靖时期官至湖广巡抚、漕运总督、兵部右侍郎、刑部右侍郎等的张翀的先祖是凤阳寿州人，始迁祖张缙"洪武初从龙，南定广西，抵柳，遂家焉"，传六代至张翀[①]。张翀之母李氏，先祖籍贯不详，其先世系籍锦衣卫，后改柳州卫千户，也是军事移民的后裔。

始建于洪武二十八年（1395年）的南丹卫中也有大量江淮籍武官。《南丹卫武官选簿》记载了58个武官的详细籍贯，其中江淮籍的有30个，约占总数的51.7%。详见表2-3：

① 《成都教授屏山府君行状》，载张翀撰《鹤楼集》卷三，京华出版社，2005年影印本，第138页。

表2-3　南丹卫江淮籍武官名录[1]

序号	姓名	军职	籍贯	入卫始祖	入卫时间	备注
1	干碧	指挥使	吴县	甘羽	宣德至成化年间	
2	甘棠	指挥使	滁州	甘澍	宣德九年（1434年）	“为事降调”
3	孙寿	指挥使	六合县	不详	宣德至正统年间	
4	方兴	指挥同知	定远县	方兴	洪武二十九年（1396年）	“为与党逆干亲，钦调南丹卫”
5	张锐	指挥佥事	徐州	张能	正统至成化年间	
6	刘安邦	指挥佥事	怀远县	刘全	洪武三十一年（1398年）	“为事降调”
7	孙世宝	指挥佥事	六合县	孙贤	宣德九年（1434年）	“为事降调”
8	傅悦	指挥佥事	睢阳县	傅贵	天顺至成化年间	“为失机事降调”
9	王嘉宾	卫镇抚	武进县	不详	不详	
10	龚瑛	卫镇抚	定远县	龚兴	洪武年间	
11	魏应和	副千户	定远县	魏芳	洪武末年	
12	周维新	副千户	无为州	周斌	洪武二十九年（1396年）	充军复职调卫
13	蒋瑛	百户	泰州	不详	不详	

① 资料来源：《南丹卫武官选簿》，载《中国明代档案总汇》第58册，广西师范大学出版社，2001年，第329-377页。

续表

序号	姓名	军职	籍贯	入卫始祖	入卫时间	备注
14	殷绍汤	试百户	吴江县	殷洪	洪武三十一年（1398年）	
15	张森	所镇抚	和州	张本	洪武末年	
16	刘韬	副千户	和州	刘韬	成化十四年（1478年）	“父为人命事典刑，本人袭职，照例调南丹卫中所管事差操”
17	李秉秀	正千户	仪真县	李忠	洪武二十八年（1395年）	
18	徐景	副千户	江阴县	不详	不详	
19	张英	百户	霍邱县	不详	不详	
20	林荣	百户	江都县	不详	不详	
21	王尧臣	正千户	怀远县	王荣	洪武二十八年（1395年）	
22	李遇春	百户	定远县	李忠	永乐元年	由武昌卫“定拨南丹卫中所”
23	姚弘仁	副千户	仪真县	姚玉	洪武二十八年（1395年）	随征复职
24	陈嘉猷	百户	合肥县	陈富	永乐二年（1404年）	复职调卫
25	平宗鲁	百户	上元县	不详	不详	
26	王厚	副千户	徐州	王荣	洪武二十九年（1396年）	“为奏事不实”，由英武卫前所“钦调南丹卫”

续表

序号	姓名	军职	籍贯	入卫始祖	入卫时间	备注
27	蒋振	百户	定远县	不详	不详	
28	戴继业	试百户	句容县	不详	不详	
29	方圆	指挥同知	定远县	不详	不详	
30	孙俊	正千户	全椒县	不详	不详	

除了上述桂林右卫、柳州卫和南丹卫外，广西其他卫所的武官选簿没有保留下来，我们只能从其他零星记载中略窥概貌。

在《明代进士登科录》中，我们找到一些零星的资料：担任成化七年（1471年）广西乡试巡绰官的桂林中卫指挥使王纲，是直隶颍上县人；担任监门官的桂林中卫左所正千户陈宥也是直隶颍上县人。

位于南宁府城的南宁卫及其下辖各千户所也有很多江淮籍武官。据乾隆《南宁府志》记载，南宁卫及其下辖卫所至少有21名来自江淮的武官，驯象卫至少有34名来自江淮的武官。如：驯象卫指挥使范信，“吴县人，勇毅有谋。宣德中，以义勇前卫指挥随征蛮将军山云来镇广西，调任。寻升都司。屡平猺贼，进秩都指挥使”，后升广东副总兵；驯象卫指挥同知施震，“其先常州人，习韬略。初袭本卫佥事”，正德七年（1512年）、正德十三年（1518年），分别征北流和永安，嘉靖年间征田州，“以功历升广东都司佥事”；王得，全椒人，“洪武初，以功升世袭百户，子膴，功升副千户，洪武二十八年，调守御武缘。膴卒，子瓛袭。瓛故，子钦袭，升本所正千户，成化十一年，降副千户，钦卒，子演袭，正德十二年，功升正千户，后以事降二级，演子万昺、子翔袭，隆庆六年，功升正千户，翔卒，子嘉猷袭”[①]，子孙世袭；严冬，广陵人，“洪武中，功升百户，调守御武缘，子成袭，成弟文、文子纲、纲弟绅、绅弟经、经子玺、玺子霖，正德十二年，功升副千户，霖子汝贤、贤子惟忠，调柳州卫所副千户”[②]。

设于洪武二十八年（1395年）的奉议卫最早位于奉议州，正统以后，奉议卫和向武守御千户所迁至地处桂中地区的贵县境内，官军主要来自随军南征的外地卫所，其中也有很多来自江淮地区。曾在嘉靖初年出任柳庆参将的广西名将沈希仪，“其先临淮人也，有讳葆者，高皇帝时以功授湖广蕲州卫指挥同知，改广西驯象卫。葆传子忠，调奉议卫”，正统年间，“迁奉议卫于贵县，于是沈氏家贵县”[③]。沈葆从驯象卫调任奉议卫应该与洪武二十八年（1395年）从驯象卫调5000余人到奉议卫新设4个千户所有关。

嘉庆《平乐府志》卷二十六《武备部一·兵职》记载了平乐守御千户所副千户以下10名军官的籍贯，其中来自江淮的有5人，2人来自顺天府，1人来自湖广，1人来自开封，1人来

---

① 世纶、余思诏修，詹作述纂《武缘县志》卷六《职官志·武职》。

② 世纶、余思诏修，詹作述纂《武缘县志》卷六《职官志·武职》。

③ 汪森辑《粤西文载》卷七十四《墓志》：唐顺之《都督沈紫江生墓碑》，载《景印文渊阁四库全书》第1467册，台湾商务印书馆，1983年，第314–315页。

自江南。可见江淮籍人在平乐守御千户所中占有绝对多数。

富川守御千户所设官16名，雍正《平乐府志》记载了万历三十年（1602年）前部分军官的籍贯，其中：副千户周文秀，“原籍湖广沔阳人，由军功任，周从礼、周瑾、周纪、周良、周镐、周珪皆袭”；副千户刘兴祖，“原籍扬州府仪征人，以军功任，刘信、刘益、刘瑛、刘斌、刘铠、刘禹、刘国泰、刘三俊皆袭”；副千户张光，“原籍滁州全椒人，以军功任，张和、张私、张骏、张杰、张翊俱袭”；百户汪云，“原籍凤阳府定远人，以军功任，汪政、汪真、汪鉴、汪洪、汪瑛皆袭”；百户王瑶，“原籍池州府铜陵人，以军功任，王让、王福、王爵、王之臣皆袭”；百户韩兴，“原籍顺天府通州，以军功任，韩荣、韩瑄、韩英、韩之琦，韩延嗣皆袭”；百户张转，“原籍和州人，以军功任，张贵、张纶、张雍、张轐、张廉皆袭”；百户黄显，“原籍庐州府六安人，以军功任，黄善、黄珏、黄颢、黄坤皆袭”；百户曹陛，“原籍开封府陈留人，以军功任，曹旺、曹庸、曹晖、曹玉、曹承爵、曹宗斌、曹继英皆袭”；百户赵荣，“原籍顺天府通州人，以军功任，赵轩、赵起文皆袭”①。在上述有详细籍贯记载的10位副千户、百户中，来自江淮地区的有6人，来自北直隶的有2人，来自河南、湖广的各有1人。

---

① 胡醇仁纂修《平乐府志》卷九《武备·军职》，雍正四年刻本，第8-9页。

崇祯《廉州府志》记载的廉州卫所辖千户所军官中也有不少人来自江淮地区。其中：指挥使王斌，直隶和州人，宣德二年（1427年）调任；其曾孙王玺袭指挥佥事；传范、泮、梁、尚武。指挥同知蔡纲，直隶寿州籍山西宣府人，都指挥佥事，嘉靖三十八年（1559年）调廉州卫；传仕、梦麒。指挥佥事耿瑜，凤阳五河人，洪武二十八年（1395年）调任；传富、一诗、宗泗、应阳。指挥佥事陆林，直隶六合县人，宣德三年（1428年）调任；传淳、柯、昭、应朝、继祖、继宗。副千户吴兴，直隶合肥县人，洪武二十七年（1394年）调任。副千户周润，直隶合肥县人，宣德四年（1429年）调任；传璧、崧、凤、昆。副千户王辉，直隶江都县人，成化元年（1465年）调任；传纲、凤、廷槐、朝缙、朝绅、天成。副千户胡英，直隶盱眙县人，宣德三年（1428年）调任；传瑞、镇、大经、宗舜、克谦。副千户严安，直隶滁州人，宣德四年（1429年）调任，孙纲，嘉靖二十四年（1545年），以军功升正千户。副千户吴能，直隶武进人，成化元年（1465年）调任；传仕源，邦相，万历十六年（1588年），奉文革职[①]。永安千户所田安，直隶六安州人，洪武二十九年（1396年）调任；传至田杰，降为副千户；传卿、治、有秋、圻；所镇抚赵福，直隶溧水人，正德九年（1514年）调任；

① 张国经修、郑抱素纂《廉州府志》卷六《经武志·军职》，崇祯十年刻本，第4–6页。

传泮（降总旗）、会龙（仍任镇抚）、璧。百户张敬，直隶迁安人，永乐十五年（1417年）调任[①]。钦州千户所正千户姚成，直隶巢县人，永乐二十年（1422年）调任；传璋，升副千户；汤臣以璋侄身份袭职；再传亮。副千户胡胜，直隶东安人，正统七年（1442年）调任；传朝瀚、朝相、贡珍、奇勋、宗淮。百户吕伦，直隶定远县人，永乐十七年（1419年）调任；传宁、铿、濂、桓、朝炯（降为试百户）[②]。灵山千户所正千户赵全，直隶寿州人，正统五年（1440年）调任；传镇、完璧、孔章（降副千户）。百户邵清，直隶合肥人，正统五年（1440年）调任；传经、乾、国梁。百户李斌，直隶长垣人，正统五年（1440年）调任；传祥、世臣、京爵［万历七年（1579年）升调函口所副千户］、香（仍袭调任）[③]。上述来自江淮地区的军官不仅职位高，而且很多人在廉州卫建立之初即任职于此。

宾州守御千户所和迁江屯田千户所也有军官来自江淮地区。宾州守御千户所千户张鹤年，怀远人，袭千户，以功升指挥；千户徐绍武，如皋县人；千户转澄，合肥人；百户何

① 张国经修、郑抱素纂《廉州府志》卷六《经武志·军职》，崇祯十年刻本，第8–9页。

② 张国经修、郑抱素纂《廉州府志》卷六《经武志·军职》，崇祯十年刻本，第9–10页。

③ 张国经修、郑抱素纂《廉州府志》卷六《经武志·军职》，崇祯十年刻本，第11页。

应秋，武进人。迁江屯田千户所流官指挥陈献，凤阳人[①]。

上述结论在各种家谱材料中也得到了印证。在灌阳有史料记载的移民姓氏中，源于明代卫所江淮籍武官者也不在少数。西山乡李家桥李氏原籍庐州府合肥县元乡李家村人，承充天长卫军，于明洪武三年（1370年）随翁员外调征广西，三次获级得功，升指挥官，于洪武八年（1375年）拨灌阳鲁山屯田，业居耕管，后裔世居李家桥。马渡桥及新街龙云村李氏迁灌始祖元明，“由江南池州府石埭县筑石巷发迹，仕粤，敕封副都御史，于明洪武二年奉调巡灌，拨屯卫民，遂宅居县城北廓”，子孙袭千户，后由马渡桥移居今龙云村……

二、广西卫所中的湖广、江西、江南籍官军

元末，湖广、江西、江南地区是陈友谅、徐寿辉、张士诚等反元势力的大本营。元末，朱元璋“灭伪汉陈友谅，取常德路，总制官胡汝招抚十七路头目并陈友谅漫散军共千人为守”[②]。从洪武初年开始，湖广人多以“降附”身份迁入广西。洪武元年（1368年），杨璟平定广西，其所率的“武昌诸

① 郭棐纂修《宾州志》卷五《秩官》，书目文献出版社，1990年据万历十五年刻本影印，第54-55页。

② 余良栋修、刘凤苍纂《桃源县志》卷六《兵刑志·兵制》，光绪十八年刻本，第3页。

军”就是以武昌、荆州、益阳、常德、长沙、岳州、衡州等地农民为主体的。割据江南的张士诚所部也归附朱元璋，成为南征广西的明军主力。

驻守桂林城的广西护卫、桂林中卫、桂林右卫等三卫戍卒及其家属人口5万左右，有大量来自湖广、江西和江南的中下级军官和旗军。《桂林右卫武官选簿》所载桂林右卫军官中来自湖广、江西的武官有44人，仅次于江淮籍武官；来自浙江、福建的武官为19人。来自兴国州的陈宗义，为癸卯年（1363年）归附军，洪武三年（1370年）充小旗，洪武十七年（1384年），升为桂林右卫左所世袭百户。到嘉靖时期，已传十辈。桂林右卫左所百户方有谅、试百户明文，桂林右卫右所正千户王铨、百户陈鸾，桂林右卫中左所副千户石暹均来自兴国州。江西饶州府余干县人胡礼于洪武四年（1371年）收集充兴武卫军，死后，“胡顺礼代役，拨燕山中护卫前所，后调金吾左卫前所”，历升总旗、百户，三辈胡泰于正统二年（1437年）袭调桂林右卫中左所，以世袭百户身份署所镇抚事[①]。湖广安化人喻铉孙，元末，聚集乡兵保境安民，后归顺朱元璋，因功升至茶陵卫千户，洪武七年（1374年）调任桂林中卫千户，生五子，其中长子德祥袭桂林中卫千户之职，后以年老归乡。天顺五年（1461年），喻铉孙第三子德昭之子

---

① 《桂林右卫武官选簿》，载《中国明代档案总汇》第58册，广西师范大学出版社，2001年，第233-234页。

琛“代祥公赴广西桂林中卫千户，全房同徙，后裔世居广西，音问梗塞”。喻铉孙第五子德新则任职陕西中卫千户，天顺五年（1461年），德新次子文敬也“赴陕西中卫千户”，后裔世居陕西。德祥、德明、德忠后裔留居安化。“文敬孙绍周带良弼（约为桂林中卫人）归家讨取衣粮。后绍琼公亲至（桂林）卫所。当明之季世，往来并未断绝，各房派丁筹饷，合置公田于茅田铺，以济军人旅费。”[①]很多旗军后代通过科举考试走上明代政治舞台的中心。万历年间，官至内阁首辅的吕调阳，“其先楚兴国之大冶县，故居茅潭里。洪武军兴，籍良家子实伍，而公之远祖文胜名在戍籍中，五年，戍天长卫，六年，从戍桂林。然率易岁一践更，未有家于桂林者。家桂林，自公曾大父鉴始”[②]。到吕调阳，大冶吕氏在桂林已经定居四世，仍不忘故土，“数往来道兴国省墓”。曾经担任南京太常寺少卿的张星，祖籍湖广桃源县，迁桂始祖为张国镇，明初“戍桂林”[③]，子孙世代落籍，定居桂林。正德年间官至南京兵部尚书的屠楷，祖籍“浙之鄞人，高祖德源，洪武初始徙

---

① 喻氏韬公房族史研究会编《喻氏族谱》，《万琥公裔思宗公房广西支德昭公十六至二十二代世系》，2015年，第12、261、266、272页。曾桥旺提供。

② 吴国伦：《光禄大夫建极殿大学士少傅兼太子太傅吏部尚书赠谥文简豫所吕公调阳行状》，载焦竑撰《国朝献征录》卷十七，台湾学生书局，1984年影印本，第671页。

③ 谢启昆修、胡虔纂《广西通志》卷二三八《胜迹略九·冢墓一》，广西师范大学历史系中国历史文献研究室点校，广西人民出版社，1988年，第6112页。

桂林，因家焉”[①]。担任成化七年（1471年）广西乡试搜检官的桂林中卫指挥使武昇为湖广华容人。可见，桂林右卫、中卫的中下级武官和旗军中包含了大量湖广、江浙人。

位于湘桂交通要道上的全州、灌阳、平乐、富川、贺县等守御千户所士卒也多从湖广、福建、江南地区征调。全州外来移民众多，“其所从来者，言区域，最多为湘、赣，次为豫、鲁，又次则为江、浙、川、鄂；言时期，最多者为宋、明，次多为元，又次则为唐、清”[②]。甘霞村唐姓、张家湾张姓、李家村李姓、竹地村周姓、双木井和拉背等地何姓等都是明代迁自湖南，大多以卫所官军身份或以卫所为依托迁徙而来。明初，湘桂边境地区瑶族农民发动大规模的武装反抗斗争，朝廷派兵镇压。位于越城岭脚下的青瑶峒是瑶族农民出入的要道，明朝政府派兵在此驻扎，屯兵设防。洪武七年（1374年），靖江王护驾指挥参将王庆二等6户屯兵受命来此屯守，并在此安家落户，这就是历史上的“九屯六户十三源”。其中王庆二是今全州大西江镇王家村的始迁祖，江原是大西江镇江家村始迁祖，徐林是大西江镇徐家村始迁祖，胡成是大西江镇月塘村胡家始迁祖，陆亚奎是大西江镇鹿鸣村陆姓始迁祖。还有一位是刘纪一，其后裔不知落户何处。在

---

① 汪森辑《粤西文载》卷七十四：徐养正《屠公楷神道碑铭》，载《景印文渊阁四库全书》第1467册，台湾商务印书馆，1983年，第312页。

② 蒙起鹏等纂修《广西通志稿·氏族二》，广西人民出版社，2017年据民国三十八年油印本影印，第2637页。

大西江镇的八十山（亦称八石山）附近的上、下千户所村，据说就是明代卫所的驻地[①]。灌阳守御千户所“虽有恩军千余人，中多有［柔］弱，未经操练，于是都司闻于朝，遂调湖广长沙旧军五百，付本所守御”[②]，大量湖广籍旗军因此进入灌阳。据《灌阳姓氏通书》记载，卿家村卿氏迁灌始祖闰三，籍隶湖南永州府零陵县东湘桥，“先世原籍浙江杭州府仁和县，明洪武二年，充当旗军，因拨屯以卫民，随军来灌”；新街镇板桥村（龙桥村辖自然村）黄姓迁灌始祖黄细，“由江西吉安府泰和县随洪武军迁于灌阳南关外居住，继则徙于峡口，终则定居板桥”；芳田、官塘等地李氏迁灌始祖李仁，“湖广孝感县人……除留守右卫所镇抚，后改留守中卫，洪武二十年六月调苏州卫，后调灌阳守卫，家于县治北关”；板栗山王氏，“原籍江西吉安府永新县鹅公大丘桂花树脚，始祖文忠，明洪武初年来灌，宅居县治北门”。富川守御千户所原额旗军1249名，大多来源于桂林各卫等，其千户、百户等将领多来自江南、湖广等地，世代驻守在此。

以柳州为中心的桂中地区也有大量湖广、江西籍戍卒。明代柳州八贤之一的戴钦，“先世居江西之宁州，洪武初，乃

① 蒋咸喜：《全州为何改隶广西》，《桂林晚报》2009年11月29日，第7版。

② 陈琏纂修、吴惠增修《桂林郡志》卷十九《灌阳县·千户所》，天津古籍出版社，2016年据景泰元年吴惠增补重刻本影印，第41页。

成于柳”[①]，至戴钦时已是第六代。据《粤西文载》记载，柳州佘氏原为河南傅汴人，“因兵乱先迁到湖广汉阳府孝感县广阳乡”，传至思诚，“于洪武四年被谪广西，初隶桂林中卫，后隶柳州卫千户所，累功得授总旗，遂世为柳人”；跟随佘思诚一起迁居柳州的还有他的弟弟思化。洪武年间宾州设有守御千户所，正统以后又将南丹卫迁入城内，因此很多旗军后裔定居此地。据民国《来宾县志》记载，来宾姜、方等各姓皆于明代因平定八寨之乱从山东、湖广等地迁居此地：大良村姜姓始迁祖姜观，祖籍湖广零陵县，正德年间“以军功受封来宾指挥百户所，居县城姜家巷（后改名盐阜街），明鼎革，世职废，徙居大良村”；方姓始迁祖方昭，祖籍湖广江夏，宣德年间从军广西，有军功，“受来宾县千户指挥世职”，定居来宾。融县石氏始迁祖崑湖，祖籍江西南昌府，明朝嘉靖年间，以军功升任三楚督道，奉其祖卜居马平县油榨村，后再迁融县石浪村。

洪武二十八年（1395年），朝廷派兵平定南丹州土官之乱后，以随征官军设立庆远卫、河池守御千户所等卫所，大量湖广籍军事移民迁居此地。弘治、正德时官至右副都御史的宜山人冯俊，先世湖广兴国州人，“洪武初，有福原者，公之

---

① 汪森辑《粤西文载》卷五十九：戴希显《〈鹿原稿〉跋》，载《景印文渊阁四库全书》第1466册，台湾商务印书馆，1983年，第731页。

曾祖也，代外氏补戎庆远”[①]，由此落籍宜山。李文凤，祖籍湖广桃源县，始祖于明初迁庆远卫，后世遂为宜州人。

驯象卫、南宁卫及其下属各卫所中也包含了大量来自湖广、江西和江浙地区的官军。乾隆《南宁府志》记载的25名南宁卫指挥使中，有3人来自湖广；驯象卫中有7人来自湖广、江西。横州是驯象卫所在地，驯象卫人数最多时超过20000人，来源相当复杂，他们大多聚居在州城，“多江浙人”[②]。由于来自外地的官军占有相当大的比例，横州城内方言和习俗发生了转变，与乡村截然不同。

梧州守御千户所中也有不少湖广籍官军。嘉靖初年官至南京工部尚书的梧州人吴廷举，“先世湖广嘉鱼人，洪武间遣戍九江，又调广西苍梧所，遂系籍焉”[③]。

廉州卫及其所辖千户所军官也大量来自湖广地区。指挥使许祥，湖广江夏人，永乐二十一年（1423年）调任；传淳、愈、维瑛、兆科。指挥同知刘杰，湖广黄冈人，宣德四年（1429年）调任；传鉴、滋、柄、昌胤、承尧、维烺。副千户曹寿，湖广耒阳人，洪武二十八年（1395年）调任；传淳、

---

① 汪森辑《粤西文载》卷七十三：吴廷举《右副都御史冯公神道碑》，载《景印文渊阁四库全书》第1467册，台湾商务印书馆，1983年，第294页。

② 王济撰《君子堂日询手镜》，中华书局，1985年，第4–15页。

③ 汪森辑《粤西文载》卷七十三：湛若水《南京工部尚书吴公神道碑》，载《景印文渊阁四库全书》第1467册，台湾商务印书馆，1983年，第296页。按：苍梧千户所应该是梧州守御千户所。

惟贤、光宗[①]。

此外，山东等地也是明代广西卫所武官和旗军的重要来源地。洪武六年（1373年），“广西卫卒王昇因差遣还沂州，受亲旧私遗。卫官以卫法，并逮其亲旧三十四人，送都督府，奏罪之。上曰：人归故乡，孰无亲故，慰劳馈赠，人情之常，命皆释之”[②]。可见，明初广西卫所中有来自山东的旗军。象州县象州镇二贤庄北面约300米处的凤凰岭有孟总兵墓，墓主孟宗文，原籍山东武定州，明朝宣德二年（1427年），其先祖从军进入广西，定居象州。孟宗文生于嘉靖二十年（1541年），承袭祖先官职，担任象州千户所千户，积战功，官至粤东镇总兵。万历三十五年（1607年）卒，葬于凤凰岭。迁江屯田千户所“设流官一员掌所印，官七员，旗军甲兵六百四十一名”[③]。明朝灭亡以后，清朝统治者将迁江屯田千户所所官“并指挥、百户之裔，分为十七，世守其地，比于土司”[④]。顺治十八年（1661年），“改所官为所目，耕兵为佃

① 张国经修、郑抱素纂《廉州府志》卷六《经武志·军职》，崇祯十年刻本，第4、8页。

② 《明太祖实录》卷八十，洪武六年三月乙卯条，台湾“中央研究院”历史语言研究所，1962年，校印本，第1453页。

③ 应槚初辑、凌云翼嗣作、刘尧诲重修《苍梧总督军门志》卷七《兵防三·司卫所官军》，全国图书馆文献缩微复制中心，1991年，第104页。

④ 谢启昆修、胡虔纂《广西通志》卷六十《职官表四十八·土司二》，广西师范大学历史系中国历史文献研究室点校，广西人民出版社，1988年，第1765页。

丁，编额输粮，归县管辖”[①]，其中迁江屯田千户所一所凌氏驻今合山市北泗乡屯山村；二所吴氏驻今合山河里乡；北泗所辖的王所应为“黄所”之讹，又称三所，是明代迁江屯田千户所黄姓所官的驻地。据屯山村《凌氏族谱》记载，凌氏始迁祖凌文彬，原籍山东青州府益都县，明朝洪武年间“在广西迁江、南丹境地平蛮乱，历战有功，袭授百户侯”，传十三代至凌耀祖，清初“改为世袭第一所目，食世禄”，民国初年，废世禄，由县城北门野狸塘迁居今屯山村。凌氏入桂600多年，传二十六代，现有人口2000多人，分为屯山、迁江、邓谭、宾阳、屯盘等五大支系[②]。二所又称吴所，所官吴氏，自称祖籍山东，“皇明洪武二年，督兵斯土，剿蛮有功，宠赐千户侯”。17个所目中的黄姓、覃姓、吴姓、苏姓、梁姓、周姓、韦姓都自称来自山东，其中应该多为附会之论。民国《迁江县志》将这些自称“明时代之来自山东者”称为“土人”，以与“清代时之来自各省”的“民”即汉人相对。

正统至成化年间，不少宁夏、山东、山西、北直隶、浙江、河南籍军官调任廉州卫及所辖的永安、钦州等千户所。指挥使湛清，宁夏人，成化五年（1469年）调任；子钺袭，后以征广西平乐功升广东都指挥佥事。指挥佥事范琮，山东

---

① 韦可德等修、刘宗尧纂《迁江县志》第三编《政治·兵制略》，民国二十四年铅印本，第158页。

② 凌尔珍重修屯山村《凌氏族谱》。1999年7月、2021年3月，笔者两次前往合山市北泗乡屯山村调研，凌尔珍老师向笔者提供了重修本《凌氏族谱》。特此致谢。

济宁州人，宣德二年（1427年）调任；传铠、济、松、灿、珍。指挥佥事张能，山东济宁州人，正统三年（1438年）调任。指挥佥事当敬，山东濮州人，成化元年（1465年）调任；传镇、志纲、守衡、弘谟、万勋。永安千户所正千户田安，直隶六安州人，洪武二十九年（1396年）调任；至田杰，降为副千户。副千户於义，河南项城人，洪武二十九年（1396年）调任；传璋、嶅、懋学、懋文、相朝。副千户屠兴，浙江金华人，宣德二年（1427年）调任。副千户曾进，直隶顺天人，正统五年（1440年）调任。副千户康贵，直隶昌平人，正统九年（1444年）调任。钦州千户所副千户赵雄，河南归德州人，正统九年（1444年）调任。副千户杜谅，山东曲阜人，成化元年（1465年）调任。副千户陈胜，直隶密云人，成化元年（1465年）调任。副千户孙胜，直隶宝坻县人，成化元年（1465年）调任。副千户陈辅，河南陈留人，成化年间调任。百户傅文亮，浙江义乌人，永乐十五年（1417年）调任，孙能，正德七年（1512年）以征程乡功升副千户。百户施佐，福建罗源人，以总旗征柳州、程乡升授。百户张兴，直隶献县人，永乐十五年（1417年）调任。百户蔡广，浙江归安人，正统五年（1440年）调任。百户喻信，江西临川人，正统五年（1440年）调任。百户温斌，东莞人，正统五年（1440年）调任。百户李斌，直隶长垣人，正统五年（1440年）调任。百户门旺，直隶滦州人，正统九年（1444年）调任。灵山千户所副千户曾泰，福建龙溪人，成化九年（1473

年）调任。百户郭源，江西庐陵人，成化十九年（1483年）调任[①]。

结合以上对广西卫所武官和旗军来源的分析，我们对明代广西卫所官军的籍贯有一个大致的认识：江淮、湖广、江西、江浙等地是最主要的来源地，中原、北方地区也有相当数量军官和旗军进入广西各卫所，但人数和官阶均不及江淮籍和湖广、江西籍，体现了江淮籍武官在明代前中期的优势地位。

第二节　达官、达军的来源及其在广西的地理分布

明代，回族人和蒙古族人以达官、达军的身份进入广西卫所，最后落籍广西各地。达官、达军，是对供职于明代诸卫所内以蒙古族人为主的北方少数民族军官、士兵的通称[②]。明代文献中，这些达官、达军大多来自嘉峪关以外的吐鲁番、撒马尔罕及哈密、沙洲等地区以及阴山以北地区。达官的安置范围非常广泛，其中南京、北京以及西北地区各卫所是达官的集中安置地，山东、江西、湖广、云南、贵州、福建、江南、广东、广西也有相当数量的达官分布。目前，学术界

① 张国经修、郑抱素纂《廉州府志》卷六《经武志·军职》，崇祯十年刻本，第4-11页。

② 彭勇：《明代“达官”在内地卫所的分布及其社会生活》，《内蒙古社会科学（汉文版）》2003年第1期。

对明代达官、达军的研究大多集中在北方地区[1]，对其他地区达官、达军的研究则相对比较薄弱[2]。广西是明代达官、达军的重要分布地区之一，达官、达军对明代以后广西历史发展产生了一定影响，值得进一步探讨。

一、达官、达军进入广西始末

尽管达官、达军称谓始于永乐时期，但明代文献上的达官、达军并不仅仅限于永乐时期的归降者，还包括洪武时期明军征服各地时归降的军人。在广西地方文献中，达官又被称为“达目”。关于明代广西达官、达军的来源，史料上只有简单的记载：

洪武二十年秋，故元降将纳哈出等至京，所部官属悉第其高下，授以指挥、千百户，食禄而不任事，分禄云南、两

---

① 主要成果：张鸿翔《明代各民族人士入仕中原考》，中央民族大学出版社，1999年；奇文瑛《明代卫所归附人研究——以辽东和京畿地区卫所达官为中心》，中央民族大学出版社，2011年；彭毅《洪武永乐时期达官研究》，西北师范大学硕士论文，2015年；朱然《明代保定达官研究》，中央民族大学硕士学位论文，2011年。

② 主要相关成果：彭勇《明代“达官”在内地卫所的分布及其社会生活》，《内蒙古社会科学（汉文版）》2003年第1期；邸富生《试论明朝初期居住在内地的蒙古人》，《民族研究》1996年第3期；马明达《明代广州的“达官兵”》，《回族研究》2005年第3期。彭文提到桂林中卫、右卫有达官舍目，在梧州府城则有来自广州的达官班军。

广、福建各都司处之。永乐十一年，敕谕广西都司：今浔州府土、达军人先因逃叛，已悉宥其罪，发迁南住坐。

成化初，韩雍奏留南京达官四百余员名存留广城安插，遇警听调杀贼。见今梧州坐营领哨达目、舍二十名。

弘治三年，兵部尚书马文升题将吐鲁番使臣发广西布政司府州县安插。后镇守太监张瑄以外夷弓马惯熟，收入桂林中、右二卫达官项下，食粮差操。[①]

这则史料反映了明代广西达官、达军来源的基本线索，远不能揭示明代广西达官、达军的全貌。综合零星记载可以发现，明代广西达官、达军的情况非常复杂，从其来源来看至少有安置、随征、调卫以及班军戍守等，入桂时间主要集中在明代前中期。

广西卫所中最早的达官、达军应该是洪武初期归附的故元将士。明朝建立以前，对于在内地降附的蒙古人等，朱元璋采取措施，“遣其渠帅诣京师，散其小民，令就农桑，坏其营垒，无使复聚”[②]，或者令其“处我官属之间，日相亲近，然后用之，可无后患”[③]。洪武初年，朱元璋一方面派

---

① 戴耀修、苏濬纂《广西通志》卷二十一《兵防志一·达官头目》，广西人民出版社，2013年据天启二年补刻本影印，第402页。

② 《明太祖实录》卷二十八，吴元年十二月丁未条，台湾“中央研究院”历史语言研究所，1962年，校印本，第424页。

③ 《明太祖实录》卷二十八，吴元年十二月丙辰条，台湾“中央研究院”历史语言研究所，1962年，校印本，第431页。

兵向两广和云贵地区继续推进，另一方面则派遣徐达率军北征，经过多年的征战，最终将北逃的蒙古人赶出大漠以北，部分故元将士看大势已去，纷纷归附。将大量归附的故元将士、部民安置在各地卫所中是明朝安置政策的主要内容。洪武三年（1370年），朱元璋对归附的蒙古人等采取区别对待的原则，“以少壮者隶各卫为军，俾之屯守；老弱隶北平为民”[①]。从明初开始，广西成为达官、达军的重要安置地区之一。蒙古人脱列伯号称元末“关中四将军”之一，洪武二年（1369年）在大同战败降附，出任广西卫指挥佥事。洪武七年（1374年），脱列伯奉命“于朔州等处招集旧部故元士卒一千三百六十余人、家属三千四百六十余口，俾之编伍”[②]。这些被招集的故元士卒具体的安置地点不详，但既然是脱列伯旧部，按照明朝的安置原则，应该有相当数量的降附者被安置在广西。

洪武中期以后，除继续将归附的蒙古人等安置在靠近其故地的长城沿线以及京师以外，有一部分被迁入内地分散安插。洪武二十年（1387年）九月，故元降将纳哈出及诸王哥列沙、国公观童及帖木儿不花所部等至京师，朱元璋特命纳哈出为推诚辅运钦承效力辅臣、柱国、海西侯，“食禄二千

---

① 《明太祖实录》卷八十，洪武六年三月丁巳条，台湾“中央研究院”历史语言研究所，1962年，校印本，第1454页。

② 《明太祖实录》卷九十一，洪武七年七月己丑条，台湾“中央研究院”历史语言研究所，1962年，校印本，第1599页。

石”，子孙世袭，对其所部官属，则“赐衣服、冠带有差，第其高下，授以指挥、千百户，俾各食其禄而不任事，分隶云南、两广、福建各都司以处之”[①]，“广西自是有达目”[②]。洪武二十一年（1388年）二月，“命中军、左军二都督府移文所属都司，凡归附鞑靼官军，皆令入居内地，仍隶各卫所编伍，每丁男月给米一石”[③]。同年，“鞑靼官军姚曲里歹等反于广西，命颍国公傅友德率辰、沅、贵州、普定等卫兵讨捕，寻平之”[④]。有关姚曲里歹的身份及其反叛情形史料缺乏详细记载，但从其需要朝廷动用多个卫所士兵去征讨可以看出参与反叛的人数不少，从侧面反映了洪武年间广西达官、达军的数量不在少数。

明代中期，广西仍是安置归附蒙古人等的重要地区。哈密位于嘉峪关以西，永乐年间，朝廷“遣官招谕之，许其以马市易，即遣使来朝”，其首领被封为忠顺王，复立哈密卫，“以其头目马哈麻火者等为指挥、千百户等官”，此后“比岁朝贡”，“修贡惟谨”。天顺时期，哈密日益衰微，“众益离

---

① 《明太祖实录》卷一百八十五，洪武二十年九月戊寅条，台湾“中央研究院”历史语言研究所，1962年，校印本，第2775–2776页。

② 汪森辑《粤西丛载》卷二十四《达目》，载《景印文渊阁四库全书》第1467册，台湾商务印书馆，1983年，第707页。

③ 《明太祖实录》卷一百八十八，洪武二十一年二月丁卯条，台湾“中央研究院”历史语言研究所，1962年，校印本，第2827页。

④ 《明太祖实录》卷一百八十八，洪武二十一年正月辛丑条，台湾“中央研究院”历史语言研究所，1962年，校印本，第2816页。

散”，“其国以残破故，来者日众”[①]。这些归降的哈密诸部，也有的被安置到广西。成化二十一年（1485年）十二月，来自迤西地区的舍列克等来降，“兵部以为皆近关夷人，且其敕年久，真伪难辨”，于是下令降其军职，“广西桂林左卫（按，应为桂林右卫）安置”，指挥同知舍列克等为正千户，指挥佥事牙的午等为副千户，正千户皮儿迭力迷失为百户，副千户哈丹等为所镇抚，百户阿黑麻等俱冠带总旗[②]。由此可见，安置在桂林右卫的迤西达官人数不少。嘉靖以后，随着明朝北边军事防御力量的增强和蒙古内部分化的加剧，蒙古各部仍有归降者。嘉靖三十五年（1556年）九月，“海西建州女直夷人谢秃等六人、朵颜三卫夷人脱脱等六十五人来降，诏俱发两广安置”[③]。

聚居在南京、北京和北部边境地区的达官、达军，凭借其较强的战斗力，成为明朝的重要依靠力量，经常被征调巡守、增援北方各卫所，或者扈从皇帝出征。正统以后，随着卫所体制被逐渐破坏，朝廷一方面以湖广、广东、贵州卫所官军轮班戍守广西，另一方面则征调桂西俍兵镇守要隘，但

---

① 张廷玉等撰《明史》卷三百二十九《西域传一》，中华书局，1974年，第8515页。

② 《明宪宗实录》卷二百七十三，成化二十一年十二月己丑条，台湾“中央研究院”历史语言研究所校印本，1962年，第4601–4602页。

③ 《明世宗实录》卷四百三十九，嘉靖三十五年九月庚申条，台湾“中央研究院”历史语言研究所，1962年，校印本，第7531页。

收效甚微，不得不“借雄于达骑”[①]。正统末年，因镇压广东黄萧养起义，居住在京师“但食禄粮”的达官军“奏准随征”，立下赫赫战功，“其后一概差调，习骑射，敢勇耐劳，行阵间颇得其力”[②]。景泰年间，海宁伯董兴平定黄萧养起义，“奏留在京达官在于广东安插居住，遇警调用”[③]。天顺四年（1460年）七月二十一日，两广巡抚叶盛上疏论及两广事宜，其中之一便是“达军杀贼事”，称“两广地大贼多，官军数少”，而“达官、达军熟于弓箭，能制蛮贼，见在南京等处食粮在闲”，因此请求于“南京等各处在闲达官、达军内精选一千或五百员名，连家小，差官统领，管送赴两广总兵等官处，交割安插，听调杀贼，庶任用得宜，盗贼可灭”[④]。天顺五年（1461年）五月，英宗“敕南京守备太监怀忠等于安插夷人内谕令愿从征者听，得四百六十六人”，又“命南京抚管夷人都指挥同知廉忠从征两广”[⑤]；稍后，又敕令游击将军、都督同知和勇“统领两京达官旗军九百五十余人前往两

---

① 谢君惠修，王尚贤、马神征纂《梧州府志》卷十一《兵防志》，广西人民出版社，2013年据崇祯四年刻本影印，第643–645页。

② 汪森辑《粤西丛载》卷二十四《达目》，载《景印文渊阁四库全书》第1467册，台湾商务印书馆，1983年，第707页。

③ 韩雍：《处置地方经久大计疏》，载应槚初辑、凌云翼嗣作、刘尧诲重修《苍梧总督军门志》卷二十三《奏议一》。全国图书馆文献缩微复制中心，1991年，第245页。

④ 叶盛撰《叶文庄公奏议·两广奏草》卷八，载《续修四库全书》第475册，上海古籍出版社，2002年据崇祯四年叶氏赐书楼刻本影印，第440页。

⑤ 《明英宗实录》卷三百二十七，天顺五年四月辛未条，台湾“中央研究院”历史语言研究所，1962年，校印本，第6735–6736页。

广杀贼”[1]。战事结束后，达官、达军仍留驻两广。廉忠，山后人，其祖父爱的，洪武末年归降，其父哈喇火以功升金吾左卫千户，廉忠袭职，以征两广功，升都督佥事，“既班师，复敕忠充游击将军，剿除两广余寇”[2]。和勇，原名脱脱孛罗吉，是蒙古和宁王阿鲁台之孙，宣德年间，阿鲁台为瓦剌所败，“子阿卜只俺穷蹙，款塞来归”，被授予左都督，“赐第京师”，卒，其子脱脱孛罗吉袭指挥使，积功升都督佥事，天顺元年（1457年），诏加同知，赐姓名和勇，“以两广多寇，命充游击将军，统降夷千人往讨”，“成化初，赵辅、韩雍征大藤峡贼，诏勇以所部从征”[3]。成化二年（1466年），两广总督韩雍奏请将所征达官、达军就地安置，“内有家小者，乞敕南京守备官差官拨船，沿途应付行粮，下程起送前来完聚。无家小者，着落三司设法措办官钱，代为聘娶”，其目的就是让达官、达军能安心长驻。

宣德年间降附的达官多被安置在北直隶顺天府三河县一带，“给与庄田，以裕其食用”。但随着时间的推移，“土著既久，生齿渐繁，地之所入不足以赡其家之所需，至有迫于饥寒而流为劫盗者”。到弘治年间，从三河至河间一带，“达官

① 《明英宗实录》卷三百二十七，天顺五年四月庚辰条，台湾“中央研究院”历史语言研究所，1962年，校印本，第6738页。

② 《明宪宗实录》卷八十二，成化六年八月癸亥条，台湾“中央研究院”历史语言研究所，1962年，校印本，第1608页。

③ 张廷玉等撰《明史》卷一百五十六《和勇传》，中华书局，1974年，第4282-4283页。

之营相望不绝”，大多“贫不聊生”。他们虽然迁入日久，但仍保持旧俗，“精骑射者不少”。兵部尚书马文升上疏，建议朝廷招集三河一带“达官之闲散而不任事者，选其材力超众、骑射绝伦之人，散之边方，分置各卫，如湖广、广东、广西、四川、云南等处，卫置一二员，加其品秩，厚其廪饩，使之专教士卒骑射，则既不失安远人之道，而亦因得以精中国之技也”[①]。弘治三年（1490年），马文升“题将吐鲁番使臣发广西布政使司府、州、县安插，后镇守太监张瑄以外夷弓马惯熟，收入桂林中、右二卫达官项下，食粮差操”[②]。弘治十五年（1502年），湖广按察司副使黄肃上疏“陈广西地方事宜”，其中也提到，“广西官军数少，不足征调，土兵复不听调遣，夷寇所畏者惟汉、达官军，宜量调保定等府达官军舍二千人发广西安置，听调杀贼”[③]。尽管此议最后由于兵部的反对未能落实，但却反映了广西地方高度倚重达官、达军的事实。

部分达官、达军随广东班军戍守梧州府城而进入广西。成化五年（1469年），两广总督开府梧州，为了加强对梧州的防卫，朝廷下令从广州等卫所征调官军轮班戍守梧州，其中

① 黄训编《名臣经济录》卷三十五：马文升《题为思患预防事》，载《景印文渊阁四库全书》第1466册，台湾商务印书馆，1983年。

② 戴耀修、苏濬纂《广西通志》卷二十一《兵防志一》，广西人民出版社，2013年据天启二年补刻本影印，第402页。

③ 《明孝宗实录》卷一百八十七，弘治十五年五月乙亥条，台湾“中央研究院”历史语言研究所，1962年，校印本，第3442页。

就包括了部分原来在广州各卫安插的达官、达军。成化八年（1472年），韩雍在梧州府城北云山门外创建达官营，“以居蕃落官军”。与其他广东班军一样，这批来自广州左、右二卫的达官、达军也被编班前往梧州戍守，分为二班，其班期比同在梧州轮戍的普通广东班军要短，普通班军是半年一换，达官、达军则“俱三月一换，一班以正月、七月十五日上班，二班以四月、十月十五日上班，遇闰俱不计”[①]。

广西还是明朝安置犯罪达官、达军的重要场所。明代，一般武官犯绞斩之罪者多被发往福建、山西等沿边沿海立功，五年后回原卫所，“惟达官有犯，押发广西边卫立功”[②]。弘治八年（1495年），“哈密卫秃兀儿夷人”乩儿的乩“党土鲁番为恶”，镇守甘肃太监傅德等奏请将其家属“安置广西边方，以离散其党”。兵部侍郎张海奏称：“乩儿的乩结婚土鲁番，附阿木郎，谋害奄克孛剌，坏乱哈密，人皆知其恶逆，已取至甘州居住，但凶恶之性终难悛悔，留之不遣，则官军有防范之劳，徙之苦峪，又恐为异日之患，解送广西，事体为宜。从之。”[③]

需要注意的是，明代广西卫所中的达官、达军，还有

① 应槚初辑、凌云翼嗣作、刘尧诲重修《苍梧总督军门志》卷十一《兵防八》，全国图书馆文献缩微复制中心，1991年，第135页。

② 申时行等重修《明会典》卷一百一十九《兵部二·降调》，商务印书馆，1936年，第2471页。

③ 《明孝宗实录》卷九十七，弘治八年二月壬戌条，台湾“中央研究院”历史语言研究所，1962年，校印本，第1778-1779页。

部分女真人。明朝前期对东北地区的女真人采取招抚政策，将归附的女真人就地安置在新设的卫所之中。正统以后，随着瓦剌势力的壮大和明朝势力的衰落，深受瓦剌挤压的女真人大量内迁。景泰年间，很多内迁女真人被安置在南京锦衣卫中，天顺以后，更被“编戍”为军。成化十六年（1480年），建州女真“哈速等听太监汪直招抚入贡”，中途叛逃，杀死官府派出的伴送人员。官军擒获叛军，将哈速等人押送至京，“上以哈速等五人情犯重，命斩之，余免死，严加防护，悉发远戍”，郎秃等七十四人“编戍两广、福建”[①]。总体上看，成化以前，朝廷对归降的女真人主要是安置在京师，“以启东夷向化之心”，“所以诱其归附”，犯罪者则被安置到两广等地，“所以离其党与”，因此，被安置到广西的女真人较多。成化以后，为了防止女真与瓦剌相互勾结，朝廷加大了对女真的招抚力度，其安置政策也随之发生了变化，对归降的女真均“处之辽东，给与赏赐，令为通事”，以达到“慰彼初心，感其族类”，“诸夷闻风将相率而来降”[②]的效果。此后，被安置到广西的女真人逐渐减少。

---

① 《明宪宗实录》卷一百九十九，成化十六年正月庚戌条，台湾“中央研究院”历史语言研究所，1962年，校印本，第3503页。

② 《明宪宗实录》卷二百二十，成化十七年十一月甲子条，台湾“中央研究院”历史语言研究所，1962年，校印本，第3810–3811页。

二、达官、达军在广西卫所的分布概况

明时，很多广西卫所既有各个时期被安置在此的达官、达军，也有因犯罪被谪发、改调而来的蒙古人等世袭军户。但由于有关达官、达军在广西卫所分布的记载非常零散，我们无法了解明代广西各卫所达官、达军的总体面貌，只能对其进行初步的勾勒。

桂林是广西达官、达军分布最多的地方。明代桂林不仅是广西三司和桂林府治所在地，还是靖江王府所在地，设有广西护卫、桂林右卫和桂林中卫。目前所见资料表明，桂林右卫和桂林中卫均有达官、达军分布，其中既有军籍达官、达军，也有寄籍达官（即所谓“食粮达官”）。关于桂林达官的数量，史籍记载稍有不同，但基本接近。成书于万历二十五年（1597年）的《广西通志》称“桂林中、右二卫原额达官目军九十员名，见在达官、目、军、妇、侄、幼共一百八十六名”，其中“中卫见在食粮达官一员，达总旗四名，达目五十四名，达军二名，达妇五口，老疾达目四名，达幼三十六名”；“右卫见在食粮达总旗三名，达小旗二名，达目四十二名，达军三名，达幼二十八名，达官幼舍一名，残疾达目一名”。成书时间稍早的《殿粤要纂》则称桂林中卫“达官舍目一百五员名”，桂林右卫“达官舍目八十六员名”。

《桂林右卫武官选簿》中记载了多位达官的详细履历：

桂林右卫指挥使麻凤，从军始祖为大都驴，“系金山达

军，洪武二十年归附充军”，立功升至青州左卫指挥同知；二辈麻彬，全名麻彬八（捌）秃不花；三辈麻咬儿，又名麻胜；四辈麻林，天顺年间袭指挥同知，因“二次失事”，降为桂林右卫署指挥佥事，时间应该在成化、弘治年间；五辈麻陞原袭指挥同知，正德年间因功升指挥使；六辈麻凤袭指挥使，嘉靖二十六年（1547年），因“多占正军，参降指挥同知”，嘉靖三十四年（1555年），又因“被贼劫去库银，参降指挥佥事，调平越卫，遇例纳赎回卫”，隆庆四年（1570年），“征剿古田，犯该降调，亲斩贼级四颗，赎罪免其降调”，隆庆六年（1572年），“改本舍，照例准复袭祖职指挥使”；七辈麻钦为麻凤嫡长男，于万历二年（1574年）十月袭指挥使；八辈麻镇为麻钦亲弟，于万历十二年（1584年）八月袭职，“比中二等”；九辈麻文选，系故指挥使麻镇长男，崇祯九年（1636年）四月，“单本选过，桂林右卫指挥使一员，麻文选年四十六岁，宝坻县人，比中三等”。

桂林右卫正千户宛承祖，先祖宛者秃，“系达达人”，籍贯载为口外，原任桂林右卫左所达实授总旗，正德年间因军功升试百户，嘉靖元年（1522年），又以“古田县地方获功”，“擒斩贼级三名颗”，由桂林右卫左所达副千户升任正千户。传五辈至宛国威。万历三十一年（1603年）四月，宛国威年25岁，以桂林右卫左所故达官正千户宛承宗嫡长男的身份，袭正千户，属于“越升”，“又违限十九年，今岁不在恩例矣，姑念远方，准降袭副千户，达官不比”；六辈宛象文，“天启五年正月补四年十二月大选，过桂林右卫左所副千户一员，宛象文年二十一岁，系故副千户宛国威嫡次男，达官不比”。

桂林右卫中左所试百户哈国贤，其迁桂始祖哈只克“系安插哈密人”，归附时间在弘治至正德年间，初为总旗，以正德十二年（1517年）十二月征荔浦立功，升为试百户，其后子孙世袭。在崇祯八年（1635年）八月举行的大选中，哈国贤之孙哈应麒还因“土官不比”的条例而免于比试。

此外，洪武至永乐时期出任桂林右卫中左所百户的也孙台、也义、也斌、也忠籍贯不详，但从其姓氏来看，应该也是洪武时期安插进桂林右卫的达军。据位于今桂林市桂（林）大（圩）公路旁的回族坟场石碑记载，桂林以姓始祖抚定，字简堂，明代以都指挥同知身份征庆远“蛮民”有功，封义宁协戎，定居桂林；桂林张姓回族始迁祖名架尔，原籍顺天府良乡县张飞店，洪武三十年（1397年）宦游梧州，永乐九年（1411年），其孙洪酋任职桂林中卫，落籍桂林。

据《柳州卫武官选簿》记载，从洪武年间开始，柳州卫安置了大量达官、达军。永乐初年，柳州卫中所达官世袭所镇抚闻定住，祖籍密云县，洪武二十年（1387年），“祖原系同纳哈出归附，除百户，后降所镇抚”，洪武后期调任柳州卫，兄弟子侄世代相袭。后定住病故，永乐二年（1404年），定昇，年11岁，“系柳州卫中所故达官世袭所镇抚定住嫡长男”，钦准本人袭职，“候年二十岁比试弓马”。正统三年

（1438年）十月，闻祥以柳州卫中所故世袭所镇抚闻定升堂任的身份袭职，历升副千户、正千户，成化二年（1466年），升为指挥佥事。张鸿翔直接称之为鞑靼人[①]。

洪武二十五年（1392年）五月，辽阳人陈长寿调任柳州卫中所正千户。陈长寿原名不详，“原系同纳哈出归附，除授前职，支俸，不管事，病故”，陈善于永乐四年（1406年）四月以嫡长男身份“例应降袭先次，敬准袭授本卫所世袭副千户，支俸，不管事”；永乐十八年（1420年）十一月，陈俊以“柳州卫中所支俸不管事故世袭达官副千户陈善嫡长男”身份袭职。可见陈长寿也是改用汉姓的蒙古人。

柳州卫指挥同知王言，山后人，一辈王成，旧名撒栾，归附时间不详，原系羽林前卫流官指挥同知；二辈王敬，为撒栾嫡长男，宣德十年（1435年）八月，袭职；三辈王林袭职；王林死后，庶兄王智袭羽林前卫指挥同知，为柳州卫带俸指挥佥事；此后历代均在柳州卫袭职；六辈王爵因功升为柳州卫指挥使，故绝；七辈王雄以亲叔身份于正德十年（1515年）告袭；八辈王言，系柳州卫患疾指挥使王雄庶长男，于嘉靖十八年（1539年）六月“照例革与指挥同知俸优给，至嘉靖二十七年终住支”，嘉靖二十九年（1550年）二月，17岁的王言“出幼袭职”；九辈王嗣洪以王言嫡长孙身份

① 张鸿翔：《明代各民族人士入仕中原考》，中央民族大学出版社，1999年，第190页。

袭职，万历三十五年（1607年）三月，“单本选过柳州卫指挥同知一员王嗣洪”，“比中三等”；十辈王城，系老指挥同知王嗣洪嫡长男，崇祯九年（1636年）九月，“单本选过柳州卫指挥同知一员王城”，“比中二等”。

柳州卫指挥佥事马迅，山后人，一说金山人，一辈马成，本名汪家儿，又曰王家儿，初来归附，授为正千户，命于永平卫带俸，永乐八年（1410年），“征剿胡寇有功”，升为指挥佥事，赐姓名曰马成；二辈马儿，汪家儿嫡长男，于永乐二十年（1422年）六月袭指挥佥事，于盖州卫带俸，更姓名曰马谅；三辈马友儿，袭盖州卫指挥佥事，改永平卫世袭指挥佥事；四辈马俊，“系永平卫指挥佥事马友儿堂兄”，景泰元年（1450年）四月，袭盖州卫指挥佥事；五辈马胜，系马俊亲弟，天顺年间改为柳州卫世袭指挥佥事；八辈马迅于嘉靖二十三年（1544年）袭柳州卫指挥佥事，嘉靖四十三年（1564年）六月，马迅“犯该死罪，饶死，发五开卫中所永远充军”，万历七年（1579年）重审，“照例编发蒙化卫中所充终身军”。

部分明初归降的回族人也陆续调任柳州卫。柳州卫署指挥佥事正千户张启贤，山后人，从军始祖伯提迷实，“洪武二十三年军”，建文二年（1400年）升小旗，故；子张贵补役，历功升总旗、百户，“永乐五年往西洋公干，升副千户”；三辈张雄于正统十二年（1447年）升正千户，正统十四年（1449年）“德胜门杀敌有功，升指挥佥事”，天顺五年（1461

年）由金吾左卫“调柳州卫”；六辈张奎降为署指挥佥事事正千户；八辈张镇中于万历二十九年（1601年）参加比试，“比中二等”；九辈张锐中在万历四十二年（1614年）的大选中“比中一等”。

驯象卫和南宁卫中的少量达官均来自山后。作为一个古代地理概念，“山后”的地域范围有一个逐渐变化的过程。唐宋时期泛指今山西五台山与芦芽山以北、外长城以南地区，即太行山以北、长城以南地区，大致相当于今山西、河北北部地区。到了明代，“山后”作为地理概念已经很少使用，但在武官选簿等明代档案上多有出现，而且是作为籍贯或族属出现的，山后人与女真人、兀良哈、迤北鞑人、金山鞑靼人、吐鲁番人等群体相对[①]。由于特殊的地理位置，山后地区长期以来就是多民族聚居的地方，其中既有汉族人，也包含了大量蒙古族、回族等少数民族民众。据乾隆《南宁府志》记载，南宁卫指挥王祖尧，迁桂始祖颜不花，山后人。王雄，山后人，天顺年间任驯象卫指挥。指挥王惟谦也是山后人，应该是王雄的后裔。天顺年间出任驯象卫指挥同知的王福也是山后人。驯象卫千户王良辅，“本卫籍，其先山后人”，嘉靖年间，“随参政翁万达经营交南，累升右江参将、广西副总兵、都督佥事，镇守贵州”。宣德八年（1433年）出任百户的张

---

① 李鸣飞：《“山后”在历史上的变化》，《陕西理工学院学报（社会科学版）》2007年第1期。

彬，也是山后人。

明代，廉州卫属广东都司，也是达官的重要分布地，很多达官是在明代中期以后从其他各卫所调任而来的。达千户佟英，辽阳人，成化八年（1472年）调任百户，以征大藤峡有功升署副千户；传一纲，遇例袭百户，嘉靖二十四年（1545年）征黎有功，升副千户；再传应成、国钦（成之孙）。达千户朵纶，浙江定海卫人，成化八年（1472年）调廉州卫，以达舍功升总旗，嘉靖十一年（1532年）征西山功升试百户，嘉靖二十年（1541年）征黎功升实百户，征封川功升副千户；传世龄、振。达试百户哼啰，高邮卫达达，成化八年（1472年）从征有功，升为试百户，传璧、世勋、雄、琦。调守廉州的达军人数应该不少，成化年间，广东按察司副使林锦在廉州府治东北创建“达达营”，专门用来“安插召来达达”，“达官、舍室庐、器物、园圃，皆为处给，咸获所安”①。

戍守梧州府城的达官、达军则属于广东班军的一部分，具体人数不详。为了安置戍守梧州府城的达官、达军，成化八年（1472年），“建戍军、达官二营，屯汉、达官军”②。经过多次撤回、裁革、调拨，加上因各种原因导致的逃亡，戍守梧州的达官、达军数量也直线下降，其中“广州左卫旧一班，达官哨一百一十九员名”，万历时期减至94员，“广州右

① 林希元纂修《钦州志》卷八《名宦·林锦》，嘉靖十八年刻本，第5页。

② 谢君惠修，王尚贤、马神征纂《梧州府志》卷四《郡事志·大明》，广西人民出版社，2013年据崇祯四年刻本影印，第184页。

卫旧二班，达官哨九十二员名”，万历时期减至81员，到万历二十五年（1597年），只剩下达舍20名[①]。

总的来看，达官、达军在广西的分布相对比较集中，主要分布在桂林右卫、桂林中卫、柳州卫、南宁卫、驯象卫、廉州卫以及梧州府城。

三、明代广西卫所达官、达军的待遇

就全国范围而言，经过长期的通婚、文化融合等，至迟在成化年间，达官、达军多已“更易姓名，杂处民间”，不易识别了。达官、达军在进入广西后基本上改用汉族姓名，如果不是选簿上特别标注达官标记，后人很难对其加以区别。有关广西各地卫所达官、达军生活的具体情况，史籍记载很少，我们只能根据一些零星的资料，管窥明代广西达官、达军的面貌。

按照归附时间早晚及其与卫所的关系，明代的达官分为注籍达官和寄籍达官两种类型。注籍达官又称军籍达官，一般是指洪武时期降附的鞑靼等官兵，亦即所谓故元官兵，他们属于兵部管辖的军籍身份，子孙世承军役，与卫所汉族官军无任何差异；寄籍达官则是指永乐时期之后归附的女真、

① 杨芳纂《殿粤要纂》卷二《梧州府图说·置校》，范宏贵点校，广西民族出版社，1993年，第240页。

鞑靼的官兵，他们是明朝政策优养群体，授职食禄，子孙世袭；与卫所的关系只是代支俸禄，具有寄籍或寄住的特点。明代前期，上述两种不同身份的达官在经济待遇、政治待遇、考核程式等方面有较大差异，但随着明代中后期营兵制的出现，寄籍达官的身份与军籍达官已经没有大的区别了。[①]

据史料记载，广西的达官既有军籍达官，也有寄籍达官。为了体现朝廷优养达官的原则，广西各类达官的经济待遇普遍高于普通卫所官军。两广是明代安置归附官兵的重要地区，对于初来乍到的“投降夷人”，官方为其提供了较好的生活条件，“布政司每名给赏米三石、柴五百斤，拨给与房屋、床榻、器皿等件，并犒赏牛二只，每只折钱一千文，羊五只，每只折钱二百文。无妻室者，给财礼银五两娶妻”。达官、达军的俸禄也较高，指挥使月俸为35石米，指挥同知、指挥佥事、正副千户、百户、镇抚等达官依次递减，最低级的试百户和试所镇抚月俸为5石，大致按照30%～40%的比例支取本色，其余为折色，“折色米每石折钞十五贯，每贯折银五厘”。在优养方面也有特殊规定，达官“指挥、千百户、镇抚等官事故，有子者全俸优给；无子遗妻者，并各官年老有疾，俱关支半俸优养”[②]。

---

① 奇文瑛：《明代卫所归附人研究——以辽东和京畿地区卫所达官为中心》，中央民族大学出版社，2011年，第120–139、145–158页。

② 应槚初辑、凌云翼嗣作、刘尧诲重修《苍梧总督军门志》卷十四《经费》，全国图书馆文献缩微复制中心，1991年，第155页。

万历时期，驻守桂林府城的桂林右卫、桂林中卫等武官、旗军的俸禄分为本色米和折色银两部分，而达官、舍目则全部支本色米。此外，还有靴帽银支出。其中桂林中卫达官、舍目105名，岁支米1568石4斗，平均每人近15石，靴帽银594两9钱8分4厘，平均每人近5.7两；桂林右卫达官、舍目86名，岁支米1231石2斗，平均每人14.3石，靴帽银495两4钱4分4厘6毫，平均每人5.7两[①]。万历《广西通志》也记载了桂林中、右二卫达官及其部属、家人的食粮待遇："达官每员月支米二石八斗，达总旗每名月支米二石，达小旗每名月支米一石八斗，达目每名月支米一石六斗，达军每名月支米一石，达幼每名月支米八斗，达官幼舍并老疾达目每名月支米一石，达妇每口月支米五斗"；另有靴帽银，"达官一员每月该银七钱二分五厘，达目一名每月该银六钱，报效达目一名每月该银五钱，达幼一名每月该银三钱，达妇一口每月该银一钱"。

达官、达军轮戍梧州，其待遇也高于其他班军。由于是远调而来，达官、达军除按广东班军的标准支取行粮外，还另外领取诸多补贴，其待遇相当优渥："上班官军行粮，汉官、达官每员九斗，汉舍、达舍每名六斗，汉、达旗军、余丁与总兵府写字军人及跟都指挥军伴每名四斗五升。达舍、

---

① 杨芳纂《殿粤要纂》卷一《桂林府图说》，范宏贵点校，广西民族出版社，1993年，第43、44页。

达旗先曾有功，告准帮添月粮者，旗支六斗，舍支九斗。”[①]万历时期，“梧州上班达舍二十名，每名日支钱五文，每钱七十文折银一钱。又年终犒赏，每名银一钱”[②]。

两广地方政府认为，“安插远夷，许其帮支柴、伴、衣、靴者，乃历朝招徕令典，例不可易”。两广地方政府不仅不打折扣地执行朝廷规定的优养政策，还对达官、达军甚至达舍生养、死葬等各个方面加以关照，使得巨额支出成为地方的沉重负担。到了明朝中后期，达官、达军“生齿日繁，支给太滥”的弊端逐渐显露出来。万历六年（1578年），两广总督凌云翼奏请裁减达官军每月支给[③]，但已是沉疴难返。

第三节　灌阳县的卫所移民与聚落：基于族谱和地名志的分析

以卫所为依托的军事移民在广西的地理分布非常广泛，并不仅仅局限于设置卫所的州县，他们还通过屯田、寄居等方式，迁居其他州县。随着清朝裁撤卫所、归并州县，卫所

① 应槚初辑、凌云翼嗣作、刘尧诲重修《苍梧总督军门志》卷十四《经费》，广西人民出版社，2013年据天启二年补刻本影印，第153页。

② 戴耀修、苏濬纂《广西通志》卷二十一《兵防志一·达官头目》，广西人民出版社，2013年据天启二年补刻本影印，第403页。

③ 应槚初辑、凌云翼嗣作、刘尧诲重修《苍梧总督军门志》卷十四《经费》，广西人民出版社，2013年据天启二年补刻本影印，第156页。

移民也在广西各地落籍，繁衍壮大。明代洪武年间设立的灌阳守御千户所是广西都司12个直辖千户所之一，加上在灌阳屯田的桂林中、右二卫屯军，官军数量较多，分布于全县各地，子孙相袭，大量军事移民在此定居落籍，在很大程度上奠定了灌阳县人口结构与地理分布的格局。通过保存至今的地名志和大量族谱、碑刻资料，我们可以了解灌阳县卫所移民的来源和分布情况，并可借此管窥明代广西军事移民的大概情形。

一、灌阳卫所官军的迁入

灌阳县位于广西东北部，地处五岭山脉之一的都庞岭下，“际湘源而瞰岭右，控平乐而距零陵”，战略地位非常重要。灌阳设县始于西汉文帝前元十二年（前168年）前，时称观阳县，县治在今新街镇湘溪村雀儿山前一带，隶属长沙国桂阳郡。西汉武帝元鼎六年（前111年），析长沙国置零陵郡，观阳县改隶零陵郡。隋大业十三年（617年），复置县，改为灌阳，县治徙至今灌阳镇。灌阳县长期以来隶属零陵郡，唐属江南西道永州，两宋时期属荆湖南路全州，元代属湖广行省全州路，明初属湖广布政司永州府。

灌阳守御千户所位于县城县治东，城西有演武场，城北有演武亭。县城北关是灌阳守御千户所官军及其家眷的重要聚居区，大部分官军则以屯兵身份屯戍县境各地。

洪武末年，灌阳发生大规模起义，官府“调军征剿，遗下残民招抚，并作十四里，田粮三千三百三十八石零”，损失三分之二，“其剿绝人户二十八里，田粮无人种纳”。为此，地方官员奏请“拨桂林中、右二卫并灌阳千户所军余屯种前田，认纳粮六千余石”，总算勉强凑足原额田粮。其中灌阳守御千户所官军“开种屯田三百三十顷一十亩”[①]。按照耕种者身份的不同，灌阳守御千户所的屯田分为军人领种和瑶族群众代种两类。明代中期，“军人领种屯土名烈溪涧等九十八处”[②]，主要屯田点有崇顺里屯、崇顺里三保屯、巨头岩池子阜屯、阵伯屯、义地里二处、黄家屯、义城箅里屯、临中里二处、沙罗源屯二处、传江屯、等角屯、大保全屯等[③]。正德年间，桂林中、右二卫在灌阳县的屯田号称“三十六屯、一十五所”。所谓“一十五所”，是指汪所、李所、吴所、上张所、方所、龚所、衡所、徐所、杜所、范所、冷所、下张所、蔡所、熊所和王所。耕种者既有官军，也有军余，其所耕种的屯田分别被称为正田和余田，余田数量远远超过正田的数量[④]。

---

① 单此藩修、蒋学元纂《灌阳县志》卷三《赋役志·田赋》，民国十九年据康熙四十七年刻本抄，第5–6页。

② 林富修、黄佐纂《广西通志》卷二十九《兵防志三·屯田》，书目文献出版社，1998年据嘉靖刻本影印，第373–374页。

③ 单此藩修、蒋学元纂《灌阳县志》卷三《赋役志·田赋》，民国十九年据康熙四十七年刻本抄，第5页。

④ 单此藩修、蒋学元纂《灌阳县志》卷三《赋役志·田赋》，民国十九年据康熙四十七年刻本抄，第7页。

灌阳守御千户所官军的迁入时间集中在建卫所之初的洪武末年。由于永乐年间部队远征安南，造成大量官军死亡，为了充实卫所兵力，从宣德年间开始，朝廷从外地卫所中抽调部分官军编入灌阳守御千户所。据《灌阳姓氏通书》记载，李姓是灌阳大姓，分支众多，来源复杂，其中茶子山李姓族人原籍湖广武昌孝感县，迁灌始祖李仁，洪武十九年（1386年）袭父职所镇抚，“除留守右卫所镇抚，改留守中卫。明洪武二十年调苏州卫”，“于明洪武二十八年调灌阳守卫，家于县治北关”，子孙逐渐散居荒田等地。嘉靖年间，友玉次子廷禄迁居茶子山；友富于万历年间由荒田迁居土名旱禾田的地方，即今灌阳镇上王村李家；第十六世李成于清顺治年间由县治北关迁居仙源洞，因山边种植板栗树，故名板栗山……据《灌阳县地名志》记载，龚所屯位于今新街镇戈洞村，吴姓迁灌始祖善继，字受生，“于明洪武二年由武昌通山县军务来灌，传至九世观茂，于明末年间迁居龚所屯”，因居民姓吴，故称吴家。

桂林中、右二卫屯军进入灌阳的时间贯穿明代前中期100多年，屯驻地主要在今新街、黄关两镇灌江沿岸。

西山李家村李姓始迁祖拾屹，原籍安徽省庐州府合肥县元乡李家村人，承充天长卫军，于明洪武三年（1370年）随翁员外调征广西，三次获级得功，升指挥官，于明洪武八年（1375年）拨灌阳鲁山屯田，业居耕管，其粮饷自解司库。其屯田分布区很广，“上至大小河江、槽碓、阴江及盐田六源三洞、黄竹源、九牛田、宝鼎山，下至于沙罗源、黄花、桐木等处，俱皆处深山穷谷”。传至曾孙法森，仍掌军令，与蒋奇茂议招义宁县袁、梁、侯、兰四姓瑶族民众，擅射药弩，攻除盗贼，居民赖安。李高系法森第四子，嘉靖二年（1523年）姚涞榜三甲进士，其户籍信息显示为桂林右卫籍灌阳人，官至山东道监察御史，其后裔世居李家桥。

大堰上村赵姓，始迁祖赵德，军名荣肇，河南归德府鹿邑县赵家庄人，于明洪武四年（1371年）因军务来灌，任广西都司桂林右卫军，屯田于灌邑上乡盐外堡栖业老村，继迁居大堰上。据《赵氏族谱》记载，赵德的身份只是旗军，第二辈官保“功升总旗”，第三辈赵子谅“补总旗”，赵子谅之弟赵子忠“功升小旗”，子谅之孙永芳“升百户”。由此可知，赵氏始迁祖的身份系桂林右卫屯田灌阳的旗军。

余条村原名余耀村，居民姓氏复杂，其中盛氏始迁祖华山，军名盛荣，明洪武初年，由湖北武昌府江夏山城村，出领广西都司桂林中卫，使之屯田于灌。初居吉宁乡太下里白沙洞右卫橹山，传四世永贵，于明成化年间移居此地。

据黄关镇联德村《杨氏族谱》记载，杨真“原籍江西南昌府朱子巷，明洪武初年，以勇敢选充南江天长卫军，后随豫章侯戍广西，为广西中卫前所指挥使”。杨真生三子：杨德、程禄、杨微（薇）。其中杨德“于明宣德年间，奉国分领屯田，遂移居灌阳李官”；杨微长子升志迁就茶山口；第十世杨亭于清顺治年间由李官屯迁居下乡璃碧洞。

上白沙村胡姓始祖受七，“生于元末，原系江西南昌府丰城县人，元朝时由江西移居湖广黄州府蕲水县桃花坛东道山十九都。至元明鼎革之时，与兄受五为集天长卫戍，奉豫章侯令，调拨广西桂林府屯戍卫民。见临邑猴山北背山川秀丽，风俗敦厚，遂营宅立家。继因灌邑不靖，广西巡抚令更中卫中所长，拨屯灌邑古龙川之上秦家洞，守卫邑境”。受七“还省复命，以功补坐营千总。年逾七十，谢职归里，仍返猴山旧庐，与兄其（共）处，以终余年”。受七“次子敬鲁，字必逊，以六品衔仍灌守卫，乐兹邑川媚山辉，风清俗美，与兄敬宗卜宅于此。至洪武十四年，编甲立户于仁寿里二甲，后改名白沙营”。传九世胜兴，为中卫所长，职袭把总，升卫千总职衔，屯灌卫民。

上述地名志和族谱中有关各姓始迁祖的职位虽然难免有拔高甚至虚构的情况，但其中所揭示的迁移过程仍能大致反映灌阳守御千户所、桂林中卫、桂林右卫官军迁入灌阳的历程。

二、卫所官军屯戍点的分布

灌阳卫所屯军的分布比较集中，主要是县城、灌江河谷以及靠近瑶族聚居地的山区，今新街镇、黄关镇、灌阳镇很多村落均是明代卫所屯守点，很多居民迁灌时间集中在明代前期，其身份均为戍守灌阳的灌阳守御千户所官军，或来灌阳屯田的桂林右卫、桂林中卫的官军。入清以后，裁撤卫所灌阳守御千户所的官军和桂林中、右二卫在灌阳的屯兵转为民户，就地落籍，其屯田点成为居民聚落。

卫所下辖的屯田点多以军官姓氏来命名，后世演变为聚落名称。据康熙《灌阳县志》记载，清康熙年间，灌阳县沿用的屯田或卫所地名尚有秀江屯、范所垌、丰下屯、龚所屯、叶官营（屯）、杉木屯、黑石营、时官屯、三所、唐官屯、李官屯、徐官屯、永里所、童官营、官田村、陈官营、陈家卫、彭家营、徐所、蔡所、苏官屯等。道光二十四年（1844年）《灌阳县志》卷首《舆图》中载有徐所、苏官屯、陈家卫、下营、大营、秀江屯、时官屯、叶官营（屯）、李官屯、官田村、徐官屯等地名，卷一《舆地志·村落》则载有秀江屯、范所垌、丰下屯、龚所屯、叶官营（屯）、杉木屯、小营、火烧屯、唐官屯、李官屯、徐官屯、后所（此地名应该是桂林右卫或中卫后所的屯田点）、童官营、大营、小营、彭家营、陈家卫、徐所、蔡所、苏官屯等。需要注意的是，一些明代的屯田地名到清代中后期已经渐渐褪去军事色彩，村落名称发生了变化，如原永兴所改为永兴村，原三所改为三树村。

自然条件较好、交通比较便利的灌江及其支流所流经的河谷地区是屯田的重要分布地，也是明清时期灌阳农业开发水平最高的地区，卫所移民及其后裔多集中分布于此。灌阳地处都庞岭西麓，东、西、南三面高山环绕，灌江自西南流向西北，贯穿全境，河谷地区土地肥沃，适宜农耕。卫所官军凭借自身在地方上的强大实力，占据了灌江流域的肥沃土地。灌阳东、西、南分别与江永、兴安、恭城等瑶族聚居区毗邻，这些地方也是卫所官军屯驻的重点地区。康熙《灌阳县志》中所载村落中有25个屯田点（见表2-4），其地理分布就反映了这一特点。

表2-4　康熙时期灌阳屯田点

堡名	屯田点
东秀堡	秀江屯
传山堡	范所垌、丰下屯、龚所屯
江口堡	叶官营（屯）、杉木屯、黑石营
狮子堡	时官屯、三所
峰白堡	唐官屯、李官屯、徐官屯
盐俊堡	永里所
月山堡	童官营、官田村、陈官营
犁陂堡	下营、彭家营
大营堡	大营、小营
下坪堡	陈家卫
赤板堡	徐所、蔡所、苏官屯
合计（个）	24

时至今日，我们依然能够从村落名称中发现明代卫所官军和屯兵分布的蛛丝马迹。

今新街镇、黄关镇既有灌江河谷，土壤肥沃，灌溉便利，又有湖南江永县、广西恭城瑶族自治县群众进入灌阳、全州的主要通道，屯田点密布，见于地方志记载的就有三所、永里所、唐官屯、叶官营（屯）、李官屯、徐官屯、杉木屯、时官屯等。从字面意思来看，叶官营（屯）、唐官屯、李官屯、徐官屯分别是叶姓、唐姓、李姓、徐姓军官或旗军屯田的地方。入清以后，军转为民，落籍在此。

三树村原名三所，明代为灌阳守御千户所第三百户所屯田点，清代中期村人戴汝淳取管仲“一年树谷，十年树木，百年树人”之意，将村名雅化为三树。三树村民姓氏复杂，主要有戴、尹、傅、王、许、蒋、李、陈、顾、余、邹、荣、施等，其中多数是明代因屯守而来的卫所官军后裔。其中戴姓迁灌始祖戴柒，字卜年，“原籍江南亳州人，明洪武初年，由江南应募从军，奉命拨屯灌阳，隶马军守御所，住邑西城外，子孙世职屯军”；传五世至戴纯，“由县治移居三所”；传至明末，历十一世；第十二代戴承祖生于康熙十五年（1676年），娶王氏，生五子，加上“抚子宗续”，一共分为六房，散居附近村落。三树村许姓“原籍江苏苏州府吴县，始迁祖斌堂”，其后裔分居今黄关镇中秀村下白沙、吕家洲等地。据《灌阳姓氏通书》记载，三树尹姓原籍江西吉安府吉水县，迁桂始祖德厚，元末从军，洪武七年（1374年）调守全州，洪武十三年（1380年），“价买蒋宏筹之业，距城五里恩乡十三都尹家塘立宅”；传七世至世文，因河流改道，加上兵乱，“此地不堪久居。查灌阳三所，前列灌水，后拥青山，田良宽广，宜鱼樵耕种，可为大好之阳宅。世文遂偕子尚文、侄尚宾于明天启元年，迁居灌阳三所，编入大保甲十甲籍”。其后裔分居今黄关、观音阁等乡镇。

据《灌阳姓氏通书》记载，时官屯又名时官营，刘姓村民迁灌始祖刘华全，系江西吉安府安福县石古村人，因西粤不庭，烽燧常炽，明太祖洪武命镇西征，狼烟始靖，复诏命靖江王统兵镇守。华全袭祖刘德三之职，授中卫军都府，扩驾至省。后拨军下屯，立营于灌阳下乡，名其营为大营。其屯田又在于上乡百寺江及恭邑台塘、上党、赤岩、马江等处。有同袍时姓者名应宗，任都指挥使，立营于此处，名其营曰时官营，其屯田又在于下乡。二姓各恶其泻，爰是互换其住所，时遂迁于大营，刘乃迁于斯宅，时间在明正德年间。可见刘、时二姓均为桂林中卫官军，因屯田而分居灌阳。今天，位于水车乡的大营村，其居民以刘姓为多；而位于新街镇的时官营则以刘姓居民为主。刘华全后裔不仅散居新街镇很多村落，还迁居灌阳镇、黄关镇等乡镇，成为灌阳县的大姓。据不完全统计，除时官营外，刘华全后裔分居灌阳县数十个村落，人口有数千人。

新街青箱王氏，迁灌始祖德铭，军户名王陶，居官守卫，原籍南京应天府溧阳县都司巷人，明洪武初年，授三万卫镇辽东，明宣德三年（1428 年），改调广西桂林府灌阳县守御所，领崇顺司马鞍山屯田，遂定居崇顺里（今观音阁乡辖），德铭之子怀胜于正统年间移居今地。清代以后，德铭后裔散居邻近的苦竹山、鲁草堂、大冲、岩门前、桥头上、三角头、吴家山、矮山脚、华山脚等地。第十五世运容于清嘉庆年间由岩门前移居今黄关镇陡水王家铺。另一支王姓原籍江西吉安府永新县鹅公大丘桂花树脚，迁灌始祖王文忠，于洪武初年来灌，宅居县治北门，传七世孝泉，于明万历年间，由北门移居今灌阳县灌阳镇板栗山。

叶官村委会所在地两岔江，居民姓氏很多，主要有贺、文、王、邓、刘等。据《灌阳姓氏通书》记载，贺姓原籍江西吉安府永新县，迁灌始祖仁禄，“洪武初年领兵来灌，驻防屯田，择居离城十五里金字岭寨山凸山下，地名叶江村”，即杉木屯，传十三世至贺盛，于清康熙年间移居两岔江。据《灌阳县地名志》记载，魏家村魏姓祖籍武昌江夏县，“始祖源奎，号泗三，传至三世志贤，于明永乐年间，从桂林营拨军来灌阳，择居叶官营”，后裔散居今地，以姓名村。熊姓也是杉木屯卫所屯军后裔，祖籍湖南永州府道州龙村，迁灌始祖朝让，字道良，明洪武年间迁居灌阳，原居县治北郭，后移居杉木屯。尹家冲於姓祖籍湖广黄州府黄冈县，迁桂始祖於名，“洪武元年军务来灌”，传至第十代尹信，于清初迁居范所垌。唐官屯、李官屯、徐官屯均位于今黄关镇北部，灌江流经此地；位于全沙公路（全州县—平乐县沙子镇公路）旁的后锁村应该是由后所演变而来，村民黄姓，“始祖黄细，由江西吉安府泰和县随明洪武军来灌，传五世道先一支，传至十世太聪，于清康熙年间，由板桥铺村移居此地”[①]。

附近很多村落的居民也是卫所屯军的后裔。据《灌阳县地名志》记载，早禾田村胡姓为胡受七后裔，十三世启胜于

① 或认为后锁村名源于村后山形如锁。待商榷。

清康熙年间由上白沙移居此地；刘姓为刘华全之裔孙，十四世永福于清乾隆年间由时官屯迁来；杨姓始祖为杨真，原籍江西南昌府，于明洪武初年因军务来灌，屯田于李官屯立宅，传至五世甲志，于明正德年间由李官屯移居此地。同样来自李官屯的还有原籍江西吉安府安福县的刘姓，迁灌始祖启贤，字绍禹，迁灌时间不详，传十二世祖仁，于清康熙年间由李官屯迁居珠碧洞（今属黄关镇联德村）。

在与兴安、江永等瑶族聚居区交界的灌阳新圩西部和水车东部山区，也有卫所屯驻点，其中最典型的是陈家卫，部分屯军后裔也落籍在此。据《灌阳县地名志》记载，陈家卫今名陈家背，陈姓迁灌始祖托夫，随父由茶陵迁全州深浦洞陈家田，继迁塘卫村，弟兄分居，定居灌阳下乡，以姓故名陈家卫，后演变为陈家背。水车德里蒋姓“原籍江苏常熟县猪屎巷芋苗塘，始祖德远，明洪武二年随军南下从征来灌，屯至广西灌阳，定居开德里”，弘治年间，长房孔纲留居开德里，二房孔纪、满房孔绅则迁居景德，明清时期，蒋姓后裔陆续散居钟家湾、三皇洞、八工田、旱禾田、对门江、衣胎地、西江、龙塘边、罗家坪等地。渣塘吴姓原籍江苏苏州府，迁湖北武昌府通山县，始祖开元，传至八世善述，号降生，于明洪武二年（1369年），官居指挥，奉命带军来灌屯粮，居下乡渣塘村。据族谱记载，伍家湾伍氏祖籍江西，迁居全州升乡圳头村。据《灌阳姓氏通书》记载，伍全甫生于元至正元年（1341年），自幼好学，博通经史，喜骑射，技勇过人。

当元末四方不靖，投笔从戎。明太祖起义师，乃奏京师，应募随营效力。洪武初，命征南将军廖永忠分道攻取广西。全甫为行军参谋，所向有功。部队隶兴隆卫军，奉委署理都司事。以军功卓异，荐升游击。洪武二年（1369年），奉委镇守桂林。未几，偕左军翟有翼、右军胡通六，播种灌阳屯，相宅于恩溪，村名伍家湾，子孙居此。除时间和职官的记载混乱外，上引族谱中有关伍氏迁居灌阳的记载还是大致可以与桂林中卫拨军来灌阳屯田之事相互印证的，可见族谱记载并非空穴来风。

三、灌阳卫所官军的籍贯构成

《灌阳姓氏通书》所载的100多个姓氏中，有37个姓氏是以卫所为依托的明代军事移民的后裔。表2-5大致反映了明代灌阳卫所军事移民的籍贯构成情况：

表2-5　明代灌阳卫所移民籍贯构成表

籍贯	姓氏
南直隶	德里蒋氏，青箱王氏，沙罗源李氏，马渡桥李氏，李家桥李氏，三树戴氏，李官郑氏，鹤龙郑氏，大营时氏，三树徐氏
江西	板栗山王氏，时官刘氏，源口刘氏，板桥黄氏，白沙胡氏，李官杨氏，仙源洞吴氏，杉木贺氏
湖广	车头蒋氏，芳田李氏，羊落山卿氏，王家湾易氏，渣塘吴氏，仙源洞於氏，正江史氏，龙云徐氏，大营徐氏，叶官魏家魏氏，关上雷氏

续表

籍贯	姓氏
河南	龙炼邓氏，官田胡氏，大堰上赵氏，西山梁氏
广西	陈家卫陈氏，伍家湾伍氏，小龙陶氏，三树尹氏
合计（个）	37

由表2-5可以看出，明代灌阳的卫所移民籍贯构成比较复杂，其中来自湖广、江西、南直隶各州县的移民数量最多，也有少数来自全州的，这可能与全州垛集军改戍本地有关。

有些族谱中有关始迁祖的地位、职位、事迹多有拔高之嫌，不可全信。但如果我们能够结合其他记载进行分析，就会发现还是有据可查的，并非完全是空穴来风。今新街镇叶官村魏家魏姓迁灌始祖源奎，号泗三，原籍湖北武昌府江夏县人，“于明洪武五年，豫章侯收集南京天长卫小旗；洪武六年，因粤西不庭，由京师奉旨来粤；洪武十二年，改设广西桂林右卫军管”。《魏氏族谱》详细记载了其迁入灌阳和其世系传承的情况：

始迁祖源奎，原籍湖北武昌江夏县人，娶金氏，生二子：天受、天礼。天受袭父职，为桂林右卫总旗，卜水东门暂寓为宅，于洪武三十一年，收补总旗管军。明永乐十年七月，领旨带兵征进交趾谅山府化州，与贼战，被伤身亡。天受妻黄氏，生二子：志清、志贤。志清一支居临桂东乡沙田莫家村；志贤守父职，从桂林营拨兵来灌阳，屯于叶官营。……志清娶王氏、苏氏，生二子：贵、弘（失继）。贵承父职，明宣德三年九月收补总旗管军，天顺五年，领军征进浔州府大藤峡，杀贼有功，天顺八年六月，奉旨钦升本所千户职。成化三（二）十一年四月告终，诰奉（封）昭信校尉。贵妻陈氏，生锐，字守信，仍承父职，明成化十三年任授千户职。明正德二年征进马平县，杀贼有功，于明嘉靖二年六月告终，诰封武略将军。锐妻汪氏，生三子：淮、汉、淳。淮，字汝州，号勇，生明正德五年，任百户职，征进广东潮州府饶平县，杀贼有功，升本所千户，诰封武略将军。淮妻蔡氏，升育韬、育元；汉生育英、育才、育吉、育贤；淳生育凯、育德，世居临桂沙田莫家。

上述记载可与《桂林右卫武官选簿》相互印证。《桂林右卫武官选簿》“署副千户、实授百户魏育元”条记载了其详细世系，现摘录如下：

内黄查有，魏锐，江夏县人，高祖魏四三，洪武五年收集，选充天长卫小旗，八年，改设桂林右卫后所，故。曾祖魏添受补，并充总旗，宣德二年，征浔州，阵亡。父魏贵补，并总旗，天顺五年征剿武宣东乡、那榄等处，节次杀贼，斩首三颗，有功，升试百户，八年，遇例实授，成化十一年，故。锐系嫡长男，袭实授百户。魏育韬系桂林右卫后所百户功升副千户，未任先故。魏淮，嫡长男，先因年幼，已与百户俸优给，今出幼，袭副千户。伊父正德年功次革册未到，暂与袭升，候册到定夺。

嘉靖七年，钦准袭职。一辈魏四三

二辈魏添受

三辈魏贵

四辈魏锐，旧选簿查有，成化十一年十一月，魏锐，江夏县人，系桂林右卫后所故百户魏贵嫡长男，钦与世袭。

五辈魏淮，旧选簿查有，正德八年六月，魏淮，江夏县人，系桂林右卫后所老疾副千户魏锐嫡长男，伊祖原系功升试百户，遇例实授。父袭职，获功升前职。本人照例革去仍祖遇例一级加功升一级，该与替实授百户。副千户功次已载八辈选条。

六辈魏育韬，旧选簿查有，正德十四年六月，魏育韬，江夏县人，系桂林右卫后所故百户魏淮嫡长男，钦与全俸优给，至正德二十二年终住支。

七辈魏三略，旧选簿查有，嘉靖十八年十月，魏三略，年三岁，江夏县人，系桂林右卫后所故副千户魏育韬嫡长男，照例与全俸优给，至嘉靖二十九年终住支。嘉靖三十年十月，魏三略，年十五岁，江夏县人，系桂林右卫后所故副千户魏育韬嫡长男，优给出幼袭职。

八辈魏育元，旧选簿查有，嘉靖三十六年十二月，魏育元，年三十六岁，江夏县人，系桂林右卫后所故绝副千户魏三略亲叔。查伊曾祖魏贵以试百户遇例实授，祖锐袭，以征广西功升副千户。父淮，革替实授百户，以剪灌巢功，复升副千户。兄、侄沿袭，所据广西功次无名。今本舍量革袭署副千户事实授百户。

九辈魏震之，万历六年八月，魏震之，年三十二岁，江夏县人，系桂林右卫后所故副千户魏育元嫡长男。查伊父原袭署副千户事实授百户，隆庆六年，府江等处擒斩贼级四名颗，万历二年正月，升实授副千户。今本舍照旧系副千户，比中三等。

十辈魏继祖，万历四十四年二月，大选，过桂林右卫后所副千户一员，魏继祖，年二十岁，系桂林右卫后所故副千户魏震之嫡长男，比中一等。

《桂林右卫武官选簿》中的第一辈魏四三即《魏氏族谱》所载魏源奎，号泗三；第二辈魏添受即《魏氏族谱》中的魏天受，为泗三长子；据《魏氏族谱》可知，《桂林右卫武官选簿》中的第三辈魏贵实际上是魏天受之孙。我们知道，《桂林右卫武官选簿》中的“辈”并不具有血缘意义，只是表示承袭顺序。据《魏氏族谱》记载，魏天受生二子，其中长子志清承袭父职，继续在桂林城驻守，其后裔承袭情况不仅见于《桂林右卫武官选簿》，还在灌阳《魏氏族谱》中多次出现，而且明确记载其定居地为临桂莫家村。志清之弟志贤则于“从桂林营拨兵来灌阳，屯于叶官营”，其身份应该是军舍。《桂林右卫武官选簿》中只载军职承袭，因此志贤一系只见于《魏氏族谱》记载，而不见于《桂林右卫武官选簿》。综合《桂林右卫武官选簿》和《魏氏族谱》的记载，我们可以得出结论：武昌府江夏县人魏四三（泗三）于洪武五年（1372年）以南京天长卫小旗身份随征广西，洪武八年（1375年）改调桂林右卫后所。魏四三去世后，其长子添受（天受）补职，升总旗，于宣德二年（1427年）征浔州时阵亡，魏贵袭职并升百户；《桂林右卫武官选簿》没有交代袭职者魏贵与被袭者魏添受的关系，据《魏氏族谱》可知，二人实际上是祖孙关系。《魏氏族谱》中有关魏天受于永乐十年（1412年）七月征交趾并战死一事，不见于《桂林右卫武官选簿》。结合二者所载，可以推测：《桂林右卫武官选簿》所载宣德二年（1427年）“征浔州，阵亡”的应该是添受长子、魏贵之父志清。志清战死后，其子孙世袭百户，因功升桂林右卫后所副千户之职，而志清之弟志贤则以军舍身份来灌阳屯田。因屯戍而迁入桂林的江夏魏氏由此分为两支，一支从桂林城水东门迁居临桂沙田莫家村，一支则因屯田迁居灌阳叶官营（屯），其后裔散居今灌阳县新街镇很多村落。

灌阳县的情况当然不是个案，可揭示明代军事移民本地化的一般轨迹。

第三章

俍兵东迁与壮族分布格局的重新调整

俍兵即"狼兵"，是明代乡兵的一种，特指广西西部地区壮族土官拥有的地方武装。关于"狼兵"的名称、含义及其来源，史料记载不一。明代柳州人徐秋鹗曾说："西粤夷以十数，獞最大。别种略识书字，杂用汉法，曰狼。狼，土兵也，领印为州，间亦名郡、县，总之曰土州。诸狼俗不商贾，产良马，治农外，惟攻弓剑、甲胄器，人人善骑射战斗。"[①]"以其出自土司，故曰土兵；以其有头目管之，故曰目兵；又以其多狼人，亦曰狼兵。"[②]"狼兵"实际上是桂西壮族的一种部落兵。徐松石认为，所谓"狼人"，是桂西壮族的一种，称为"良僮"，

① 徐秋鹗：《平叛序》，载戴耀修、苏濬纂《广西通志》卷三十七《艺文志三》，广西人民出版社，2013年据天启二年补刻本影印，第771页。

② 谢君惠修，王尚贤、马神征纂《梧州府志》卷十二《兵防志·目兵》，广西人民出版社，2013年据崇祯四年刻本影印，第690-691页。

“明代广西西部良僮应募为兵，称为狼兵”[1]。从语言学的角度来看，桂西地区部分壮族居住在石山包围的平地或凹槽中，壮族南部方言将“狼”读作“lungz”，或“lungj”“lungh”“lung”，与“狼”的粤语发音十分接近。因此，所谓“良”或“狼”应该是汉族对桂西壮族土兵称谓的译音，是一种他称。

有学者认为，“‘狼兵’之称的出现以及‘狼人’成为一个特定群体的族称都与明中期狼兵东进大藤峡地区建立武靖州此一历史进程密切相关”[2]。以镇压大藤峡瑶族农民起义为代表的军事行动为契机，朝廷频繁征调桂西土官部落武装力量前往广西东部、广东甚至江西等地戍守，特别是明代中期以降，“狼兵”大量迁居广西各地，从而导致壮族的地理分布格局被重新调整，影响了明清数百年广西历史的发展。

---

① 徐松石：《粤江流域人民史》，载《民国丛书》第二编第16册，上海书店，1990年，第97页。

② 唐晓涛：《狼兵的“消失”——大藤峡地区武靖州被裁撤后“狼”的身分变化》，《广西民族研究》2007年第2期。

第一节　从临时征调到授田以耕：俍兵东调的制度变迁

明朝政府对桂西壮族土官强化控制的重要举措就是将俍兵纳入朝廷的统一管控之下，“听征调、守卫、朝贡、保塞之令”，俍兵需要随时听从明朝官府的统一调遣，“召之戍则戍，召之征则征”。随着形势的变化，朝廷对征调桂西俍兵的具体做法也在不断调整。嘉靖初年，王守仁镇压八寨和大藤峡瑶族农民起义，对俍兵更番制度进行系统调整，规定了各土州县的出兵人数、戍守时间、戍守地点。与此同时，官府又将桂西俍兵迁至桂东地区，拨给他们土地，使其“且耕且守”，是为耕兵。隆庆、万历以后，朝廷镇压古田和府江起义，将耕兵制度推广到广西大部分州县，从而导致桂西俍兵的大规模东迁。

一、从临时征调到更番戍守

“以夷制夷”“以蛮制蛮”是明朝统治者的一贯立场。洪武十七年（1384年），广西都指挥使耿良在给朝廷的奏折中称：“田州知府岑坚、泗城知府岑善忠率其土兵讨捕瑶寇，多树功绩。臣欲令选取壮丁各五千人，立二卫，以善忠之子振、坚之子永通为千户，统众守御，且耕且战。此古人以蛮攻蛮之术也。”[①]此建议遭到朱元璋的反对。永乐以后，朝廷开始征调桂西土司部落武装。据史料记载，永乐二年（1404年），浔州府“猺贼猖獗，调来狼兵征剿，获胜班师回籍”[②]。这是官方史料中第一次出现有关“狼兵”的记载。正统、景泰年间，两广地区民众起义频繁，朝廷征调俍兵进行镇压已成常态。成化六年（1470年），两广总督开府梧州，即调归顺州“土兵一千名戍守梧州，事定乃发回安业”[③]。明代中期以后，卫所体制遭到严重破坏，“所领屯田，典卖都尽”，军队“一有调遣，相率逃亡”，而广西各族民众起义则愈演愈烈，在官军兵力不足的情况下，土司武装遂成为中央王朝镇压各族民众起义的主要依靠力量，“凡征剿猺獞山巢，多用狼兵”[④]。

奉命出征的俍兵一般只能领取数额不多的行粮，抢获的战利品可归其所有，土官和俍兵实际所获并不多。加上远途出征，难免造成人员伤亡，因此“土官多推避不肯效力”。嘉靖初期，“左右两江兵骄骜，不受调”。弘治年间，全州、义宁等地瑶族农民起义，朝廷调集桂西俍兵镇压，但双方交战伊始，俍兵即一哄而散，官军孤立无援，都指挥使马瑄被乱

---

① 张廷玉等撰《明史》卷三百一十八《土司传》，中华书局，1974年，第8245页。

② 吴志绾修、黄国显纂《桂平县志》卷四《猺狼图志》，乾隆二十三年刻本，第4页。

③ 《镇安府志》卷七《兵防志·土兵》，乾隆二十一年刻本，第33页。

④ 《明孝宗实录》卷八十，弘治六年九月庚申条，台湾“中央研究院”历史语言研究所，1962年，校印本，第1531页。

军杀死。

俍兵由青壮年男性组成，其常年外调，严重影响了桂西地区的生产。景泰四年（1453年），总兵官陈旺奏："思恩土兵调赴桂林哨守者，离本府辽远，不便耕种，税粮宜暂免。"天顺元年（1457年），"户部奏：思恩存留广西操练军一千五百人，有误种田纳粮，乞分为三班，留五百人操练，免其田粮七百七十余石；放回千人耕种，征其粮千五百四十余石，俟宁靖日放回全征"[①]。朝廷经常征调俍兵，不仅加剧了俍兵的负担，还引起了土官的抵制。

因为俍兵征调的负面影响越来越大，官府被迫作出调整。明代中期以后，卫所体制逐渐被破坏，加上自然环境恶劣和征战频繁，导致广西卫所官军人数剧减，地方局势日益严峻，朝廷越来越依赖桂西俍兵，"一有征发，辄藉狼兵"[②]，"大者数千计，小者百计，行之既久，兵日骄恣，民且苦兵"[③]。弘治末年，思恩、田州改流以后，土官多次发动反对官府的军事行动，导致桂中地区的社会动乱日益严重。桂中政治中心柳州"在万山中，城外五里即贼巢，军民至无地可耕，而官军素罢不任战"，陷于腹背受敌、四面楚歌的窘境。时任右江

① 张廷玉等撰《明史》卷三百一十八《广西土司二》，中华书局，1974年，第8230-8240页。

② 戴耀修、苏濬纂《广西通志》卷二十三《兵防志二·耕兵》，广西人民出版社，2013年据天启二年补刻本影印，第433页。

③ 汪森辑《粤西丛载》卷二十四《戍兵》，载《景印文渊阁四库全书》第1467册，台湾商务印书馆，1983年，第707页。

卯庆参将沈希仪认为，“欲大破贼，非狼兵不可”。嘉靖七年（1528年），两广总督王守仁“以征调频数，人不堪命，因议更番戍守之法”[①]。王守仁随即以两广总督府名义通告各土司及各相关官府：

照得各州土兵征调数频，本非良法，非但耗费竭财，抑且顿兵挫锐。必须各州轮年调发，一以省供馈之费，一以节各兵之劳，庶几土人稍有休息之期，而官府亦获精锐之用。已经行仰该司遵照备行。南丹官族莫振亨即就练选勇敢精锐目兵三十名，躬亲统领，照依克定前赴广西省城听调杀贼，果能输忠报效，立有奇功，即与奏准袭该州官职。自今八月初一日为始，至下年八月初一日止，却调东兰州土兵，依期更替。自今各州目兵，军门断不轻易调发，致令奔疲劳苦，亦决不姑息隐忍，纵令骄惰玩弛。但有稽抗迟误，违犯节制，轻则量行罚治，重则拿究，革去冠带，又重则贬级削地，又重则举兵诛讨，断不虚言。通行各土官兵目知悉，仰改心意，毋蹈前非，自贻后悔。去后今据所呈为照，本院军令既出，难再轻改，失信下人。但本官呈称雕剿缺兵，固亦一时权宜，况称原系本州先年自愿报效，不在秋调之数，亦合姑从所请，暂准取调。为此牌仰，本官即便会同镇守太监傅伦，仰行该州土官韦虎林照数精

① 戴耀修、苏濬纂《广西通志》卷三十二《外夷志二·土兵征戍》，广西人民出版社，2013年据天启二年补刻本影印，第671页。

选目兵，前赴省城，听各官调遣剿贼。待三两月间事毕，随即撤放回州，遵照军门批行事理，依期更班听调，不许久留失信。其所呈雕剿事宜，悉听会同三司掌印守巡、兵备等官，依拟施行，事完之日，通将获过功次、用过钱粮数目开报查考，俱毋违错。仍行总镇、总兵、镇巡等衙门知会。[①]

自此，以土兵轮流戍守广西各军事要地成为定制，并且官府逐渐出台了相关的具体措施。嘉靖八年（1529年）规定，“轮戍柳州府土兵，那地州一千名”；嘉靖三十年（1551年）规定，“轮戍上林鱼峰三里地方，思恩府九司目兵六百名，每季一换”；戍守梧州的俍兵“自万历元年九月起，泗城州出兵四千名，戍一年；归顺州兵三千名，都康州兵一千名，共一年；向武州兵一千五百名，奉议州兵一千名，并上林县兵五百名，共一年；思明府兵二千名，思明州、迁隆峒兵各一千名，共一年；忠州兵二千名，龙英州一千名，万承州五百名，太平州二百名，安平、恩城二州各一百五十名，共一年。以五年一次，轮流出兵，定限每年九月初旬到镇”[②]。万历二年（1574年），又对俍兵戍守桂林省城作出具体规定：“镇安府、湖润寨共一年，思恩各土司一年，田州一年，江州并上映、

① 王守仁：《调发土兵》，载金鉷修、钱元昌等纂《广西通志》卷一百十二《艺文》，广西人民出版社，2009年据雍正十一年刻本影印，第1826-1827页。

② 应檟初辑、凌云翼嗣作、刘尧诲重修《苍梧总督军门志》卷十一《兵防八》，全国图书馆文献缩微复制中心，1991年，第137页。

下雷二峒共一年。每年共出兵三千名，四年一次，轮戍省城。”万历四年（1576年），“议准：东兰、南丹、那地三州每州出兵五百名，专戍柳州，每年于九月初旬上班，二月放回各州。敢有迁延不服调遣及兵不足数者，俱听参究”①。

广西俍兵主要来自镇安府、田州、东兰、那地、南丹、归顺等桂西壮族地区以及南宁府所辖土州县。各土州县调兵数量往往与其实力大小一致，经过逐渐调整，到万历时期，基本上形成定制。据《殿粤要纂》记载，具体调兵数量如下：

庆远府所辖东兰州额调征兵2000名，战马300余匹；南丹州额调征兵3000名，到万历前期，又“加兵二千名”，调兵总额达到5000名；那地州额调征兵2000余名；永定长官司“土官浸弱”，“听调兵原额六百名，因荡平十寨，设立头盔堡，调兵住守，遇调仅出兵一百五十名”；永顺长官司额调兵1000名；永顺副长官司“土狭兵微”，额调兵500名；忻城“遇征调出兵一千名”。

南宁府所辖土州县也有俍兵外调，其中归德州额调兵500名，后加调1000名，戍省兵90名；果化州额调兵400名，青铜、武罗二堡共出兵200名，戍守省兵90名；忠州额调兵2000名，马100匹，“土酋犹喋喋戍兵之负累，果尔，以僉卒而靡实饷”；下雷州遇征调出兵1000名，戍省兵480名。

① 申时行等重修《明会典》卷一百三十一《兵部十四·镇戍六·广西》，商务印书馆，1936年，第2685页。

思恩府所辖9个土巡检司“兵民纳粮听调”，除了那马土巡检司无征调任务外，其余8个土巡检司均需调集土兵到广西各地戍守，按照“每田一围出兵一名”的原则，各土巡检司抽调不同数额的俍兵轮番戍守桂林等地，“凡遇征调，自备粮糗”。其中：兴隆土巡检司额调征兵2000名，戍省目兵30名；白山土巡检司额调征兵1700名，戍省目兵287名；定罗土巡检司额调征兵1200名，戍省目兵230名；旧城土巡检司额调征兵1000名，戍省目兵221名；下旺土巡检司额调征兵800名，戍省目兵211名；安定土巡检司额调征兵400名，戍省目兵115名；都阳土巡检司额调征兵400名，戍省目兵9名；古零土巡检司额调征兵400名，戍省目兵38名。此外，9个土巡检司还要出兵戍守思恩府城。思恩府城外“东、西二哨，募兵一百名，置二长，以领守城目兵三百名，议照九司所辖城头多寡为差，每城头守四日，依期出兵，官目亲领赴府防守”，目兵“自裹粮食，不支饷，惟给花红犒赏”。

思明府“境界交南”，是明朝政府抵御安南的前沿防线。该府遇征调出兵2000名，戍梧兵1500名；下石西州“户不满百，其土酋斤斤奉法”，额调征兵300名；迁隆峒设有念梯、板蒙2隘，兵500名，另有戍梧额兵750名。

镇安府“僻处山洞，泉流灌溉，田事逸而岁入充，地饶人众，足以雄诸部落”，额调征兵4000名；所属湖润寨“所辖十三村，兵力虽微，征调勇往”，戍省兵240名；上映峒元代为州，明初降为峒，“土酋愿广征兵额赋，以图恢复”，“额调征兵三百名，戍省兵四百二十名”。

由广西布政使司直辖的土州县也需承担派兵更番戍守的义务。龙州号称“兵固将悍”，“足以控制南交，为百粤藩篱”，有3关、24隘，防守土兵达1320名，还有听调兵7000名。江州额调征兵1500名，戍省兵700名。泗城州号称面积“辽阔，兵力最劲”，“额调征兵视诸土司独多，戍梧兵三千名”。田州原为土府，嘉靖年间降为州，直隶广西布政使司，“自土司众建，势杀党分”，历年“征调时赴，睥睨不生”，额调征兵10000名，马700匹，戍省兵1800名，马100匹；其所属上林土县“地层峦峻岭，兵力强健”，额调征兵1000名，戍梧兵375名。奉议州戍梧兵750名。归顺州元代为峒，属镇安府，“后以战功升州，得直隶，地固窄狭，戍调独多，盖勇于敌忾者”，额调征兵500名，戍梧兵2350名。都康州额调征兵2000名，马50匹，戍梧兵750名。向武州“其民尽力陇亩，兵亦强健”，额调征兵500名，戍梧兵1125名。安隆长官司元代为三十六寨地，洪武年间土官“岑子德以讨平苗贼，授长官，其后从征累功，得予冠服”，万历年间额调征兵1000名。

武靖州是广西东部地区唯一的土州，始设于成化年间，“凡遇地方有警，调耕守桂平、平南、贵三县俍兵一千五百名、战马八十匹”。

对这些轮番戍守省城、梧州、柳州等地的俍兵，朝廷给以行粮和赏银。“其粮赏，每月粮、盐，大小头目各折银一钱九分七厘五毫。每季犒赏，大头目每名八钱，小头目每名一钱，散兵每名五分。每年犒赏，大头目每名一钱，小头目、散兵每名三分。俱于府贮饷银支给。”[①]由于征调俍兵数额较多，行粮和赏银开支成为广西地方政府的沉重负担。

二、“且耕且守”的耕兵制度

明代前期，被朝廷征调到东部的俍兵一般在战事结束后即返回原籍。一旦俍兵撤走，各种反明势力又死灰复燃。更番戍守的俍兵固守在桂林、梧州、南宁、柳州等政治、经济和军事中心，对外围地区也是鞭长莫及。嘉靖时期，巡按广西御史冯彬认为：“广西之患，莫甚猺、獞，与其召募以防贼，不若召募以剿贼，据其巢，耕其土，凡贼之美田肥土，我兵无不愿得之者，因其愿而令之，蔑不胜矣。”[②]对以俍兵更番戍守进行调整已是迫在眉睫。

事实上，这种调整早在正统年间已经开始。正统二年（1437年）十月，时任广西总兵官山云奏称，“浔州府平南等县耆民赴臣处言：浔州切近大藤峡等山，瑶寇不时出没，劫掠居民，阻截行旅，近山多荒田，为贼占耕。而左、右两江土官地方人多田少，其狼兵素勇，为贼所惮。若选头目起领

① 谢君惠修，王尚贤、马神征纂《梧州府志》卷十二《兵防志·目兵》，广西人民出版社，2013年据崇祯四年刻本影印，第690页。

② 汪森辑《粤西丛载》卷二十六《明朝驭蛮》，载《景印文渊阁四库全书》第1467册，台湾商务印书馆，1983年，第737-738页。

前来屯种一带近山荒田，断贼出没之路，不过数年，贼徒坐困，地方宁靖矣。臣已会巡按御史、三司等官计议，诚为长便，乞如所言，量拨田州等府族目土兵分界耕守”，朝议“从之”[①]。成化初期，两广总督韩雍“奏原上隆州岑铎迁治碧滩，立城堡，仍将附近藤峡贼人占种并绝户田土拨与所管内土兵耕种。后左江寇定，复徙归德、思恩等处狼甲于浔，护守复业农土，即以故绝遗田与之耕食，有粮无差”[②]。对于被调到东部地区屯种的耕兵，官府不仅拨给他们田土，还提供种子、耕牛、农具等生产资料，给予赋税征收方面的优惠。正德十三年（1518年）五月，两广总督陈金上疏，称府江“北抵桂林，南连梧州，其中上下八百余里，两广舟船必由之路，民夷杂处，居无城郭之限，苗贼据险出没，江道阻塞，近虽调兵征剿，而林箐深密，不能尽殄，时复潜出为患”，建议“调柳、庆土民及田州土兵三、四十［千］人，分拨府江一带耕种荒田、牛、种，暂给行粮，五、七年之后，量科税，立总、小甲，联络管束，无事则耕种立业，有警则互相应援”。“兵部议，金所言虑远法详，俱从之。”[③]从明代中期开始，朝廷常常就地安置征调的俍兵，分给他们土地，使其

① 《明英宗实录》卷三十五，正统二年十月戊午条，台湾“中央研究院”历史语言研究所，1962年，校印本，第673–674页。

② 金鉷修、钱元昌等纂《广西通志》卷二十六《屯田》，广西人民出版社，2009年据雍正十一年刻本影印，第495页。

③ 《明武宗实录》卷一百六十二，正德十三年五月甲寅条，台湾“中央研究院”历史语言研究所，1962年，校印本，第3117–3118页。

"且耕且守"，是为耕兵。至此，朝廷对俍兵的征调由"事平之后遣散放归"转变为"事平之后，复籍狼兵为守，统以土官，仍以其地界之"[①]。万历初平定府江瑶族农民起义后，广西巡抚郭应聘上《府江善后议》，其中第六条是"处分田粮"，针对府江两岸战乱之后田多荒芜的现状，调桂西俍兵来此屯种，"各土司屯种者，人给田十亩，兵领加给有差。授田之初，养以月粮，资以牛、种，三年之后，计亩科粮三升，蠲其徭差。著为令"[②]。

除了官府直接征调桂西俍兵屯戍各地外，官府还支持地方士绅出面招募桂西"狼人"到各地屯垦。天顺七年（1463年）闰七月，"梧州府郁林州以军门檄仰容县、北流支帑金四十七两、马五匹，行赍文牒，委官季秉、招主胡孟坚、耆民李仕秀，给榜至归德州，拨狼官族黄平、黄忠、黄员、韦副、韦高等，率狼兵九百六十三家妻子前来容县、北流，委典史邓免送入北流小劳一二里立营，镇守石门、相思、古罗、六郎、西山等处"，"复拨目兵黄白、阮英、甘应、莫显等二十四家，同招主前去北流罗下、三里、白米、文油等处耕守"。成化元年（1465年）冬，又"拨兵小甲黄钦、黄锦等带兵二十家，同招主前往扶来，兼界广东合水寨，镇守容县石羊山、大凹等

① 戴耀修、苏濬纂《广西通志》卷二十三《兵防志二·耕兵》，广西人民出版社，2013年据天启二年补刻本影印，第433页。

② 谢启昆修、胡虔纂《广西通志》卷一百九十九《前事略二十一》，广西师范大学历史系中国历史文献研究室点校，广西人民出版社，1988年，第5319页。

处”[①]。需要注意的是，上述由招主出面组织招募的“狼人”并不属于官方直接控制的“狼兵”或“耕兵”，但其同样需要承担“防猺”的职责，在某种程度上也就有一定的准军事化特点[②]。

见于史料记载的最早耕兵始于桂东南地区。容县僻处边陲，“有明以前，地皆猺人”。正统四年（1439年），“两粤诸猺叛乱，而容邑之石羊山、灯盏、肚村、大南、榕木、四荒诸处盘踞巢穴，剽掠尤甚”。为了弥补官军力量的不足，官府“始招狼兵插住，以御猺乱”，“狼兵灭寇，田业与开垦”，“奏闻报可，随檄归德州各寨拨兵于信地安插”。正统九年（1444年），“复因辛墟招贤人阴通罗面六居村贼首邓盘记，连结岑溪三十六山赵家，从贼攻劫村堡，檄土司黄高，拨其族黄海、头目梁荣等带妻兵九十三家来容县住插，护民耕种”。景泰元年（1450年），大藤峡起义军转战容县等地，“各堡狼目与贼战，杀获从贼八十有七，狼兵阵亡亦三十一名，地方以次渐

① 易绍德、王永贞修，封祝唐、黄玉年纂《容县志》卷二十八《旧闻志三》附录“狼人”，民国十四年铅印本，第8-9页。

② 招主制度是明代广泛存在于广西东北部地区和广东西部地区的一种地方代理人制度，在这种制度下，以桂东和粤西地方豪强招募瑶族、壮族人民进行耕种，由地方豪强向官府申报田亩和田赋等。参见任健敏：《明代前中期两广瑶壮地区招主控制体系的形成与扩散》，《中央民族大学学报（哲学社会科学版）》2021年第1期。事实上，招主体系下被招募而来的瑶族、壮族人民与“耕兵”的差别还体现在“耕兵”所耕种的田地是由官府拨给的，前者则是耕种荒废田地；招主是介于朝廷与瑶族、壮族人民之间的代理人，而负责统辖“耕兵”的“狼总”“狼目”则只是由国家授权的管理人。二者均承担“防猺”的职责。

尔宁息”。从天顺至成化初年，大藤峡起义军在侯大苟、侯郑昂等人率领下，先后攻陷博白县城和梧州府城，官军毫无招架之力。万历元年（1573年），“本州知州调回原兵，其不愿回者听。狼目惟黄典长留容县”[①]。由此，部分归德州俍人留居容县。

大藤峡地区是明代瑶族、壮族农民起义的核心地区，自洪武以来，朝廷多次发兵镇压，但“兵撤之后，时出行剽，自浔至武宣，江道不通者数十年”[②]。成化元年（1465年），两广总督韩雍等率16万大军，五路并进，平定侯大苟领导的大藤峡起义军。次年，韩雍提出善后之策，其中之一便是以上隆州土官岑铎率部前往大藤峡地区戍守，“将附近断藤峡原被贼人占种并有司绝户田土拨与耕种，五年之后，照依上隆州则例输纳报效粮米”[③]。成化三年（1467年），韩雍在碧滩奏设武靖州，岑铎“部兵二千，来任州事”，其所辖俍兵均得到一定数额的田地。为了解决大藤峡地区“田土为墟”的问题，韩雍又“议招归德、思恩等处狼家，徙浔护守，以绝户田给之，纳粮免差”。岑铎死后无嗣，“部兵渐散”。正德十六

---

① 易绍德、王永贞修，封祝唐、黄玉年纂《容县志》二十八《旧闻志三·附录“狼人”》，民国十四年铅印本，第8–9、11页。

② 戴耀修、苏濬纂《广西通志》卷三十三《外夷志三·战功善后》，广西人民出版社，2013年据天启二年补刻本影印，第686页。

③ 韩雍：《处置地方经久大计疏》，载应槚初辑、凌云翼嗣作、刘尧诲重修《苍梧总督军门志》卷二十三《奏议一》，全国图书馆文献缩微复制中心，1991年，第243–244页。

年（1521年），以田州知府岑猛之子岑邦佐“继之”。但岑邦佐“益肆凶残，部民无罪而赤族者无虑数百。又占管狼家，以为部落，夺其田而卖之，如彼私产”。可见，桂平县的东迁壮族包括两部分：一部分是从归德、思恩等处招募来的“俍家”；另一部分是岑铎的“部兵”，来自上隆州。俍兵、俍家承种田地有“纳粮免差”的优惠，刺激了其开垦土地的积极性，“原额之外，各狼私置亦混狼田，奸猾吏民又以逃亡产业招狼住种，见户田税诡寄狼名”，导致“民田日削，民差日重”[①]。

隆庆、万历时期，朝廷相继平定府江、古田后，均将桂西俍兵安插各地，拨给田地，屯戍驻防，“而在在皆耕兵矣”，耕兵制度达到高峰。

桂林府古田县是一个以瑶族、壮族为主的多民族聚居区，有明一代，瑶族、壮族的反抗从未停止。景泰至隆庆初年，韦朝威、韦银豹领导的起义军前仆后继，占领了包括古田县城在内的广大地区。据《明穆宗实录》记载，隆庆四年（1570年）二月，南京太仆寺少卿殷挺伦上疏，称：

广西毒民惟獞，而獞所畏服惟狼。先年古田之寇虽时出时没，然未敢深入，由防守有狼兵，而声威振之也。自顷岁

---

① 翁万达、田汝成：《议藤峡善后》，载戴耀修、苏濬纂《广西通志》卷三十三《外夷志三·战功善后》，广西人民出版社，2013年据天启二年补刻本影印，第691页。

议减狼兵，置募兵，已复尽革狼、募二兵，而用闽、浙兵。如捕鼠者易猫以犬，犬虽大，不如猫捷，非鼠所畏也。臣尝稽之往牒，访诸故老，讲求御之法宜，莫如调狼兵占地而责之屯守。盖土官以得地为利，而古田素称膏腴，尤其所觊觎也。宜择调东兰、那地、南丹三州土官，令亲领精锐狼兵各一、二万名，给以行粮，资以响导，进据古田要害，田畜其中，日夜探贼所往，遣谍购求，戒以窝容，并剿勿赦。

在此，殷挺任明确提出将实行耕兵制度作为解决古田问题的关键。隆庆五年（1571年）春，两广提督李迁、广西巡抚殷正茂等人调集11万左右江土兵平定古田地区。为了强化对古田地区的控制，朝廷一方面将古田县升格为永宁州，另一方面又“改常安、富禄、桐木三镇巡检司为土，召东兰州族目韦显忠承管常安，那地州族目罗永山承管富禄，南丹州族目莫崖承管桐木，各提兵二千，世守其地”[①]。

万历元年（1573年），朝廷大征府江，两广总督殷正茂等“条陈三事”，其中第三条即是“处田粮”，“言猺、獞所占三洞、两岸、仙回土田，除清还民外，尚七万余亩，议拨今立土司，募兵领，每名十亩，头目量加，初年给饷，并处牛、种，三年后量科，亩三升。其防守调征外，一切差徭尽行蠲

① 应檟初辑、凌云翼嗣作、刘尧诲重修《苍梧总督军门志》卷二十一《讨罪五》，全国图书馆文献缩微复制中心，1991年，第210页。

免”，户部议覆，“报可”[①]。随后，朝廷在平乐县设立水浐、龙头矶二营，招集耕兵屯守，其中“水浐营耕兵八百五十五名，给屯田八千五百五十亩；龙头矶耕兵二百一十七名（旧志作二百一十八名），给屯田三千四百六十六亩四分，且耕且守，控制诸猺”[②]。岑溪县与广东罗旁山区相邻，岑溪瑶族、壮族与罗旁瑶族、壮族相互接应，长期坚持斗争。万历八年（1580年），朝廷发兵平定广东罗旁瑶族起义后，随即在岑溪县筑大峒城，设北科镇，“核北科田三千六百余亩，招獞目韦月率耕兵三百名，分一十四营，屯耕把守”；万历二十四年（1596年），岑溪瑶族发动起义，杀死耕兵头目韦月及其所率的耕兵300多人，“田产抛荒”，官府命令来自田州的俍兵头目徐胜“带领所部药弩狼兵到岑随征”，战事结束后，“遂留胜防守北科，其狼兵三百二十名给与北科峒田三十五顷七十亩，令其屯耕，名曰兵种，无事把守本境，有事听调随征”[③]。平乐和岑溪也因此成为明代耕兵数量最多的地区。

---

① 《明神宗实录》卷十三，万历元年五月丙午条，台湾“中央研究院”历史语言研究所，1962年，校印本，第435页。另据光绪《永安州志》卷八《文记》收录的郭应聘《府江善后议》，其中第六条是“处分田粮”，称“两岸、三峒诸区，核赋遗田计四十万亩有奇，旧属平乐、荔浦、永安者，令民复业输徭赋如故，各土司屯种者，人给田十亩，兵领加给有差。授田之初，养以月粮，资以牛、种，三年之后，计亩科粮三升，蠲其徭差。著为令”。

② 黄大成纂修《平乐县志》卷六《兵防·耕守》，康熙五十六年刻本，第2页。

③ 何梦瑶纂修、刘廷栋续纂《岑溪县志》卷二《兵防志·狼兵》，乾隆九年刻本，第46页。

各地耕兵由土舍统辖，由把总、头目、小甲等对耕兵进行直接管理，官府授予他们一定面积的田地。由于各地条件不同，他们所得到的田地数量“多寡不等”，有的土舍所得到的田地面积多达数百亩，头目、小甲则得到40～80亩，耕兵授田面积多的达数十亩，少的只有3～5亩。除了授予田地使其耕种外，官府还给一些地方的耕兵发放数额不等的鱼盐银，有的则“不给鱼盐”。

授予俍兵土地，使其“且耕且守”，一方面是由于战乱频繁，桂东地区遭到严重破坏，土地荒芜，急需招民垦耕；另一方面则是桂西地区山岭险峻，缺少耕地，也需要向外发展。由于“狼人利于得田，不惮重迁”，朝廷对于出守的土酋和俍兵，均授予一定数额的田地，“各以其等为差，兵多者千计，受田万余，兵少者百计，受田千余”[①]。俍兵分到不同数量的田地，需要向官府缴纳一定数量的田赋，可免除其他差役，只需承担军役，具有“寓兵于农”的性质。俍兵因此拥有了一小块赖以生存的土地，土官及其下属各级土目则因此拥有数额巨大的土地，成为地主。在此背景下，将桂西俍兵迁往桂东地区，既可以解决朝廷兵力和劳动力不足的困境，也有助于解决桂西俍兵生存资源缺乏的问题。耕兵承种田地，需要向官府缴纳一定数量的田赋，在一定程度上可以增加官府

① 戴耀修、苏濬纂《广西通志》卷二十三《兵防志二·耕兵》，广西人民出版社，2013年据天启二年补刻本影印，第433页。

的收入。因此，耕兵的设置可谓一举三得。

朝廷征调俍兵征剿或耕守，其目的是通过所谓“名器”或“金帛之赐”来笼络甚至利诱土官、土兵为朝廷卖命。但土兵“穷年外处，月饷无几”，经济上毫无保障，因此，“武夫悍卒多不乐役，第以老疲充数。到伍以后，潜归相属，其名存，其实亡”。俍兵本为获取耕田、人口、牲畜等战利品而出战，一旦不能满足其需求，便动辄作乱，会造成地方社会的严重动荡。嘉靖四十三年（1564年），“八寨蛮贼纠永淳县灵竹狼兵劫横州钟黄、渌蓝等村，东山贼纠狼兵劫乐山乡”[①]。朝廷过于依赖俍兵，也导致土官的权力膨胀，南宁“自瑶夷不靖，仗力于俍，用致诸酋稍骄，难尽束以法”[②]。因此，耕兵制度的实行，客观上导致官府的武装占田愈演愈烈，加剧了广西地方社会的动荡。

第二节　俍兵的来源与地理分布

由于制度设置的不同，明代东迁的桂西俍兵大致可以分为临时征调、更番戍守和耕兵3种身份。临时征调的俍兵一

① 纪堪谨等续修《南宁府志》卷四十《杂类志》，广西人民出版社，2008年据宣统元年石印本影印，第1570页。

② 杨芳纂《殿粤要纂》卷三《南宁府图说》，范宏贵点校，广西民族出版社，1993年，第309页。

般在战事结束以后会回到其原来的土州县。更番戍守的俍兵原则上有期限，时间一般为半年或者一年，期满后也会回到原土州县，改由其他州县的俍兵接替，但由于具体实施过程中受各种因素的影响，会有少量戍兵落籍轮戍地方。耕兵则是固守一地，从官方获得一定数量的土地进行耕种，同时承担地方防守任务，具有“且耕且守”的性质。由于对土地的高度依赖，耕兵最后往往落地生根，完成本地化过程。因此，促使桂西俍兵进入桂东并定居的主要因素是耕兵制度的实行。

一、更番戍守的俍兵的来源与地理分布

更番戍守的俍兵指的是被征调到桂林等政治中心驻守，有一定的戍守时间，轮流上班，只领取行粮的俍兵。他们在广西东部地区的分布相对比较集中，主要是在桂林、梧州和柳州，也有部分轮戍俍兵分戍其他州县，但人数较少。

俍兵戍守桂林始于何时无从详考，但至迟在景泰初年，已有来自思恩的1500名俍兵哨守桂林城[①]。嘉靖时期，戍守桂林城的俍兵人数为1800名，来自田州、江州、下雷州、上映州、镇安府、湖润寨、归德州、果化州等8个土府、州、

① 张廷玉等撰《明史》卷三百一十八《广西土司二》，中华书局，1974年，第8240页。

县、寨以及思恩府所辖9个土巡检司。其中“田州戍一年，兵一千八百名；九土司戍一年，兵一千八百名；江州兵七百名、下雷州兵四百八十名、上映峒兵四百二十名，共戍一年；镇安府兵一千三百八十名、湖润寨兵二百四十名、归德州兵九十名、果化州兵九十名，共戍一年。以上四年一次，周而复始”，后又从中“拨守平乐四百名”[①]。因此，戍守桂林城的俍兵人数实际只有1400名。万历二年（1574年），戍守桂林的俍兵人数增至3000人，由镇安、思恩、田州等土州县派出俍兵更番戍守，其中“镇安府、湖润寨共一年，思恩各土司一年，田州一年，江州并上映、下雷二峒共一年。每年共出兵三千名，四年一次，轮戍省城”[②]。

梧州府城号称“三江总汇，两粤咽喉”，地理位置非常重要。成化以后，梧州府城又是两广总督、广西总兵和总镇的驻地，是岭南地区的军事中心。俍兵戍守梧州府城起源早，数量也大。早在成化初年，两广总督韩雍开府梧州，即调镇安府归顺州“土兵一千名戍守梧州，事定乃发回安业”[③]。嘉靖七年（1528年）王守仁实行“更番戍守之法”后，对戍守各地的俍兵数量做了规定，其中“戍梧者四千名，皆由泗城、归顺、都康、思明、迁隆、向武、奉议、上林、安平、忠州、

① 戴耀修、苏濬纂《广西通志》卷三十二《外夷志二·土兵征戍》，广西人民出版社，2013年据天启二年补刻本影印，第671–672页。

② 申时行等重修《明会典》卷一百三十一《兵部十四·镇戍六·广西》，商务印书馆，1936年，第2685页。

③ 《镇安府志》卷七《兵防志·土兵》，乾隆二十一年刻本，第33页。

龙英、太平、恩城、万承等土司，各有差等，一年一戍，周而复始”①。万历二年（1574年），对戍守梧州的俍兵来源做了调整，规定“泗城州一年，归顺、都康二州共一年，向武、奉议二州并上林县共一年，思明府、思明州、迁隆峒共一年，龙英、忠州共一年，每年出兵四千名，五年一次，轮戍梧镇”②。万历十七年（1589年），总督刘继文“题减一千名”，使戍守梧州的俍兵人数降到3000人，仍由来自泗城、归顺等15个土州县的俍兵轮番戍守，其中“泗城州戍一年，兵三千名；归顺州兵二千二百五十名、都康州兵七百五十名，共戍一年；思明府并一千五百名、思明州兵七百五十名、迁隆峒兵七百五十名，共戍一年；向武州兵一千一百二十五名、奉议州兵七百五十名、上林县兵二百七十五名、安平州兵一百一十二名，共戍一年；忠州兵一千五百名、龙英州兵七百五十名、太平州兵一百五十名、恩城州兵一百一十二名、万承州兵三百七十五名，共戍一年。以上五年一次，周而复始”，“内拨守贵县二百名”③。实际上每年戍守梧州的俍兵数量只有2800人。此后，戍守梧州的俍兵数量进一步减少。万历三十二年（1604年），总督戴耀“题减一千名”，“即于各土司前

---

① 谢君惠修，王尚贤、马神征纂《梧州府志》卷十二《兵防志二·目兵》，广西人民出版社，2013年据崇祯四年刻本影印，第689页。

② 申时行等重修《明会典》卷一百三十一《兵部十四·镇戍六·广西》，商务印书馆，1936年，第2685页。

③ 戴耀修、苏濬纂《广西通志》卷三十二《外夷志二·土兵征戍》，广西人民出版社，2013年据天启二年补刻本影印，第672页。

数内三分减一”。万历四十五年（1617年），“左江道详允抽四百名防守上思州地方，粮食仍在梧州府支解”；万历四十八年（1620年），曾一度“议全撤”，虽然“寻复议调”[①]，但再也恢复不到3000人的规模。崇祯初年，“戍梧正数止一千六百名，每年不到者常三四百名”，实际人数在1200左右。俍兵的内部组织比较严密，“其差等则有散兵、马上枪兵、步下丫兵、步下枪兵、腰牌兵、弩手、鸟铳手、火兵、散手、旗手，有战马”。俍兵所使用的武器主要有枪、刀、弩、牌、铳，但“无盔甲、弓箭，空拳者居多”。朝廷对俍兵实行分级管理，“有先锋小头目，有官族大头目，而总坐营司统之”，“每五日，大、小头目赴道叩首”。其训练也与戍守梧州的卫所官军和班军不同，“平时不随操，每操则于官兵外执一竿排站，名曰摆围”。戍守梧州的俍兵以前“散处郡城外各山巅水滨”，崇祯年间，迁入城内，“住大教场垣外，自盖茅屋，数名共一间，去则焚讫”[②]。由于俍兵“捐室庐亲戚远来，穷年外处，而月饷无几，殷厚精壮者多不乐役。其来也，或以老弱具数，或以犬马抵数，或不能足全数，或不如期至，或至中途称病而逸。至梧，则正数已缩。注名后或逸去，或称病，或称死，或雇前次之愿留者长戍，或雇本地之愿代者暂点，或告不服

① 谢君惠修，王尚贤、马神征纂《梧州府志》卷十二《兵防志二·目兵》，广西人民出版社，2013年据崇祯四年刻本影印，第689-692页。

② 谢君惠修，王尚贤、马神征纂《梧州府志》卷十二《兵防志·目兵》，广西人民出版社，2013年据崇祯四年刻本影印，第690-692页。

水土，或称营工乡间，或称打柴山中，甚或有收宰盗牛者，有为盗者，有横行者”[①]。因此，戍守梧州的俍兵数量不多，其战斗力也不高，不仅未能发挥维护地方稳定的作用，反而成为引起地方动乱的重要因素。

以柳州为中心的桂中地区介于桂东流官统治区与桂西土官统治区之间，少数民族起义频仍，八寨、古田、庆远、府江等地的反抗力量均对柳州造成严峻威胁，卫所力量根本不足以应付。弘治至正德年间，田州、思恩府相继改流以后，思恩、田州土官残余势力蠢蠢欲动，时任右江参将沈希仪“以为欲大破贼，非狼兵不可。右江狼兵惟那地最劲。乃请于军门，以那地兵二千戍柳州。柳之有戍狼兵自公始”[②]。嘉靖八年（1529年）规定，“轮戍柳州府土兵，那地州一千名”[③]；万历四年（1576年），“议准：东兰、南丹、那地三州每州出兵五百名，专戍柳州，每年于九月初旬上班，二月放回各州。敢有迁延不服调遣及兵不足数者，俱听参究”[④]。到万历七年（1579年）前后，戍柳兵数又有所减少，规定

① 谢君惠修，王尚贤、马神征纂《梧州府志》卷十二《兵防志·目兵》，广西人民出版社，2013年据崇祯四年刻本影印，第693页。

② 唐顺之：《沈紫江广右军功志》，载谢启昆修、胡虔纂《广西通志》卷二百九十七《前事略十九》，广西师范大学历史系中国历史文献研究室点校，广西人民出版社，1988年，第5251页。

③ 应槚初辑、凌云翼嗣作、刘尧诲重修《苍梧总督军门志》卷十一《兵防八》，全国图书馆文献缩微复制中心，1991年，第137页。

④ 申时行等重修《明会典》卷一百三十一《兵部十四·镇戍六·广西》，商务印书馆，1936年，第2685页。

“东兰州戍守一年，南丹州戍一年，那地州戍守一年，各兵二百名”[①]。

上思州城和平乐府城也有少量更番俍兵戍守。

上思州原为土州，由黄氏土官世袭统治。弘治十八年（1505年），改为流官，隶南宁府，“土酋苗裔自是绝袭”。“改流之初，兵政未修，交夷、土司不时内侵”，于是朝廷陆续在上思州设立那堂等营堡，一方面抽调南宁府各卫所旗军驻防，“召募汉兵镇守”；另一方面又增设堡兵，但堡兵“不经训练，难以制敌”[②]。

轮戍平乐的俍兵系从桂林府分拨而来。平乐位于府江腹地，“路当四达，人集五方，林深溪险，猺、獞杂居”[③]。更番戍守桂林的俍兵来自桂西各州县，人数达1800人，后抽调400人戍守平乐府城[④]。

由上述资料可以看出，更番戍守的俍兵来源非常广泛，几乎涉及左、右两江以及桂西北各土府、州、县，其所派出的兵员额数则根据各土府、州、县实力而不同，田州、思恩、泗城、镇安、那地、南丹等实力雄厚的土府、州、县派出的

---

① 戴耀修、苏濬纂《广西通志》卷三十二《外夷志二·土兵征戍》，广西人民出版社，2013年据天启二年补刻本影印，第672页。

② 苏士俊纂修《南宁府志》卷二十二《武备志》，广西人民出版社，2008年据乾隆八年刻本影印，第908页。

③ 黄大成纂修《平乐县志》卷六《兵防·耕守》，康熙五十六年刻本，第13页。

④ 黄大成纂修《平乐县志》卷五《兵防·戍调》，康熙五十六年刻本，第11页。

兵力动辄数千，归德、果化等则只有不到100人。俍兵在桂东地区的分布非常集中，主要分成桂林和梧州、柳州等政治、军事中心，在一些州县也有零星分布。

二、耕兵的来源与地理分布

与更番戍守的俍兵相比较，“且耕且守”的耕兵的来源更加复杂，其地理分布也更加广泛。特别是万历以后，随着耕兵制度的逐渐完善，俍兵几乎遍及广西中部、东部和南部地区各州县，“通省共耕兵一万五千九百三十三名，共给田二千八百一十顷九十九亩二分四厘五毫”[①]。其地理分布如表3-1：

表3-1　明代广西耕兵分布表[②]

分府耕兵数（名）		分州县耕兵数（名）		备注
桂林府	1833	临桂县	328	
		灵川县	100	
		兴安县	40	“兴安县无兵田，但有狼兵四十名，每名岁给鱼盐银三两。”
		永宁州	792	
		义宁县	113	
		永福县	460	

① 戴耀修、苏濬纂《广西通志》卷二十三《兵防志二·耕兵》，广西人民出版社，2013年据天启二年补刻本影印，第433页。

② 资料来源：戴耀修、苏濬纂《广西通志》卷二十三《兵防志二·耕兵》，广西人民出版社，2013年据天启二年补刻本影印，第433-455页。

续表

分府耕兵数（名）		分州县耕兵数（名）		备注
柳州府	5475	宾州	1103	
		象州	527	
		马平县	271	
		柳城县	500	
		罗城县	512	
		融县	31	
		来宾县	994	
		上林县	209	
		雒容县	605	此为原额，见在只有380名。其中高天堡原额耕兵101名，见在12名；大河堡原额耕兵60名，见在4名；石崖堡原额耕兵61名，见在17名；平头堡原额耕兵301名，见在276名；界牌堡原额耕兵51名，见在46名；三板原额耕兵31名，见在25名。
		武宣县	179	
		迁江屯田千户所	544	
庆远府	374	河池州	65	
		天河县	55	
		思恩县	100	
		宜山县	154	其中平定堡耕兵148名，武律堡耕兵16名，下青泉堡耕兵“无定数”。

续表

分府耕兵数（名）		分州县耕兵数（名）		备注
平乐府	5172	永安州	615	
		平乐县	1085	瑶族、壮族耕兵。
		富川县	20	
		贺县	144	
		修仁县	523	
		昭平县	2785	
梧州府	1574	岑溪县	320	
		怀集县	461	
		北流县	264	
		陆川县（土狼）	156	耕兵称为俍兵。
		兴业县	373	分守黄桑峡、芊蒙峡、木头峒、番平峡的耕兵头目均称“狼目”。
浔州府	295	桂平县		“兵无数，田二百三十九顷六分二厘九毫。”
		平南县		“兵无数，田一百一十九顷四十四亩一分有奇。”
		贵县	295	“田一百四十六顷六十一亩五分有奇。”
南宁府	1210	横州	1030	“田无亩，粮八百九十八石三斗一升有奇。”
		永淳县	180	
合计	15933			

由表3-1可以看出，耕兵数最多的是柳州府和平乐府。这与两府的地理位置和局势有关。

柳州府地处桂中地区，附郭马平县与忻城、上林等毗邻，是壮族聚居之地。永乐年间，马平五都壮族农民趁广西卫所官军南征交趾守卫空虚之机起事，广西都指挥史韩观率军镇压之，“斩首万余级，马平十八里之民尽被屠杀，其存者三不得一”，“耕民日少，沃壤荒芜”，当地豪势之家往往招募壮族群众来耕种。弘治、正德年间，古田起义进入高潮，马平、雒容等地的壮族“聚党响应”，“官兵莫之谁何”，“马平田土蚕食几尽，县拥空籍耳”。嘉靖二十四年（1545年），两广总督张岳、总兵陈圭等率兵7万镇压渔窝、马鞍等寨，“马平之三都、四都，来宾之北五，凡渠魁皆自投军门，愿为编民”[①]。万历二年（1574年），朝廷派官军、俍兵大征雒容，“抚其余党降之，乃于雒容县编甲，分屯厄塞”，在三板桥设堡，“屯土兵百人，核贼遗田九百二十五亩给之耕守”；又“于柳城核遗田，复安劳堡，募兵八十名，给田粮五十余石，耕守之；又募足里厢堡兵一百二十名，分其半于境村立堡，以头目莫希颜及其子显学分领之，给遗田，得禾一十二万八千六百九十余把，以充兵食”。“自是柳州安堵矣。”[②]迁江、

① 戴耀修、苏濬纂《广西通志》卷三十三《外夷志三·战功善后》，广西人民出版社，2013年据天启二年补刻本影印，第681-682页。

② 戴耀修、苏濬纂《广西通志》卷三十三《外夷志三·战功善后》，广西人民出版社，2013年据天启二年补刻本影印，第685页。

上林二县与八寨、忻城毗邻，瑶、壮等各族频频起事。明朝中期，朝廷多次用兵。嘉靖七年（1528年），两广总督王守仁抚定思、田之乱，但困扰已久的八寨问题并未得到彻底解决。万历二年（1574年），“十寨蛮为乱，巡抚广西都御史郭应聘抚安之”；万历六年（1578年），“北三诸巢贼大掠柳、宾，广西副都御史吴文华讨平之”；次年，“十寨复乱，总督刘尧诲、巡抚张任奉命讨平之”，刘尧诲、张任联名上疏，提出了设三镇、迁卫所、议屯田等善后之策，“周安、古卯为一镇，思吉、古钵、罗墨为一镇，古蓬、都者、剥丁为一镇，各建一城，鼎足并峙，以土官族目各授土巡检职衔，部兵千人，世守其地”，“以堡寨田给三镇官兵”；又“增设营堡于河池、咘咳、北三，令各土司兵分屯善后”[①]。据万历《广西通志》记载，万历年间，屯守宾州各堡的“耕守官兵一千一百零三名”，其中分布在安城乡的耕兵33名，田803亩，“头目一名，田九十亩四分六厘，兵多寡不等”；古蓬镇耕兵共62名，“官四十八亩，兵二顷三十七亩，多寡不等”；石门、常兴、永安、界田、威杨、宁旺、剥丁、从庆、恩伏、都者、武化、镇夷等12个堡共有耕兵250名，“头目田八亩，小甲四亩，兵三亩”；思吉镇“土舍一名，兵一百二十四名，田四顷七十五亩三分，内土舍一，分田八十五亩五分，兵多寡不等”；板

① 郭棐纂修《宾州志》卷十一《经略志》，书目文献出版社，1990年据万历十五年刻本影印，第110-113页。

塘、落墨、独山、板良、险阳、板末、古钵、渡边等8个村堡共有耕兵176名，“给田多寡不等”；周安镇“官兵九十三名，田一千二百四十七亩九分四厘九毫，官给田七十九亩有奇”；巴傍等30个村有耕兵202名，“给田多寡不等”。

平乐府的耕兵数量仅次于柳州府，达5172名，主要分布在府江沿岸各州县。隆庆末至万历初，朝廷出兵大征府江，两广总督殷正茂、广西巡抚郭应聘等上疏《府江善后议》，提出将荔浦县南源、修仁县丽壁、永安州古眉寨等巡检司“悉革罢，易为土司”，招募桂西土兵驻守，“以三洞、东西岸、仙回、高天分给土目领耕”，“俾其世守”[①]。万历元年（1573年），“题准广西清出猺、獞占据田土，除平乐、荔浦、永安原系民田拨还耕种办纳赋役外，其余俱拨今立土司，募兵领种，每兵给田十亩，其大小头目酌量加添，三年后方行升科，每亩止征米三升，一应差役悉行蠲免”[②]。三洞又称三峒，指的是上峒、中峒和下峒，其中中峒和下峒均位于荔浦县，“中峒地方设兵九十八名，给田一万三千八百八十亩有奇，耕守分辖十七堡；下峒土司设兵五百七十二名，给田八千六百六十亩有奇，耕守分辖十四堡”[③]。中峒地方由把总齐凯统领，“下峒属之土舍覃文举”，“东岸属之土族岑仁，领田一万五千

① 陆焞纂修《昭平县志》卷八《文记》，光绪十七年刻本，第4页。

② 李树楠修、吴寿崧等纂《昭平县志》卷三《田赋部·钱粮》，民国二十三年铅印本，第71-72页。

③ 胡醇仁纂修《平乐府志》卷九《武备·耕兵》，雍正四年刻本，第43页。

二百亩有奇”[1]。齐凯，“浙江山阴人，以兄齐祝曾官南宁照磨，立功于此，遂世守焉，后因不职，废革”；覃文举，“庆远府宜山人，因父宦荔浦教谕，立功于此，遂世袭，明末，印失，遂废”[2]。昭平是广西耕兵人数最多的县，多达2785名。昭平地处府江中游，原为平乐县昭平堡，万历初年大征府江，万历四年（1576年）析平乐县地置昭平县；次年，将富川县上五都、二五都拨归昭平县；万历六年（1578年），又将贺县招贤、西水二里以及苍梧县王姜里拨归昭平县。昭平设耕兵，其中“仙回诸兵领田八千二百六十亩有奇”[3]。永安州旧为立山县，洪武年间，府江流域瑶族农民起义，“邑民陷于草寇，户损过半”，废县，改立古眉巡检司。成化十三年（1477年）两广总督朱英奏立永安州后，为了解决州境无卫所官兵、守御空虚的问题，官府调集五屯屯田千户所和桂林各卫旗军驻扎于州城，又调南丹土州总管李恭著“领土兵剿永安平峒诸堡瑶，事平，使为平峒土舍，世袭”，管辖平硐堡、木匠堡、六章堡、高天堡、古带堡、古蘸堡、喇崖堡、平坦堡、乃们堡、横旁堡、伏峒堡等11堡，共辖耕兵392名。嘉靖年间，又“立榕垌堡世袭土舍覃满，管榕垌堡、东堡、乃昙堡、吴村堡、大山湾堡、乃要堡、上樟堡、下樟堡、小山

---

① 《平府江记》，载陆焞纂修《昭平县志》卷八《文记》，光绪十七年刻本，第8页。

② 胡醇仁纂修《平乐府志》卷九《武备·土舍》，雍正四年刻本，第49页。

③ 《平府江记》，载陆焞纂修《昭平县志》卷八《文记》，光绪十七年刻本，第8页。

堡、乃得堡、黄岭堡、以喇堡、峡口堡，共十三堡，耕兵四百一名”。以上合计24堡，耕兵793名[①]。管辖榕峒等13堡的覃满“亦南丹人，嘉靖间调剿榕峒，平后，为土舍，与平峒同”[②]。万历初年大征府江后，在府江沿岸各地设耕兵，其中永安州“高天、古带诸兵领田二千二百亩有奇”，他们与位于平乐、荔浦、昭平的三洞、两岸耕兵“各画地分界，设堡戍守”[③]。恭城县的耕兵和俍兵来自桂西南丹等土州。明朝洪武年间，“势江源瑶乱，破县城，戕官吏”，朝廷招募桂西俍兵征剿，“有莫祥才者，率庆远府之河池州、宜山县及南丹州等处黄、韦、陈、周、石、唐、欧、赖、莫、贲、谭、覃、徐、祝、陆、廖、雷、马、梁、蒙、容、李、罗等二十三姓之药弩手三百、民壮五百，克复城池，即以功授白面寨巡检司。其弩手民壮，均给照赐地方租税，俾子孙永享焉”；以莫氏为首的“庆远二十三姓之土兵，受田屯守，随而家居恭城”[④]。耕兵分散在恭城县内各堡，其中凤凰堡“耕兵七十二名，堡田三顷二十九亩；水源堡有田百亩，兵十人”；马骝源原有土

---

① 李炘纂修《永安州志》卷十三《武备部·营制》，嘉庆十八年刻本，第1–2页。

② 李常霆、邓文渊修，吴缵周等纂《永安州志》卷四《兵志第五》，光绪二十四年刻本，第2页。

③ 《平府江记》，载陆焞纂修《昭平县志》卷八《文记》，光绪十七年刻本，第8页。

④ 蒙起鹏等纂修《广西通志稿·民族二·恭城县》，广西人民出版社，2017年据民国三十八年油印本影印，第2659页。

兵，但久已“田荒兵散”[①]。平乐县是平乐府附郭，除从戍守省城的俍兵中分拨400名俍兵戍守府城外，还从桂西等地招募了数量不少的耕兵。万历初年大征府江之后，“设立水浐营耕兵八百五十五名，给屯田八千五百五十亩；龙头矶耕兵二百一十七名，给屯田三千四百六十六亩四分零，且耕且守，控制诸猺”[②]。这些耕兵散处各堡，“星罗棋布”，成为朝廷维持地方社会秩序稳定尤其是府江水道安全的重要依靠力量。清人黄大成曾说：

平邑路当四达，人集五方，林深溪险，猺獞杂居。而府江两岸有猿猱之所不能升而鸟雀之所不得度者，彼猺人乃窟穴其中，出没其地，若履康庄而驰坦途，毋怪乎明之中叶，劳我师徒，而烦我甲兵也。自韩、殷诸公平乱之后，于府江上下布置极其周详，在平邑则水浐营、龙头矶，共留兵一千零七十二名，分给猺田及新垦田，共计一万二千零一十六亩零，令其且耕且守，于是盘诘奸宄，扼守要害。故府江之得以历久敉安，实赖耕兵之星罗棋布也。[③]

---

① 胡醇仁纂修《平乐府志》卷九《武备·耕兵》，雍正四年刻本，第43页。

② 黄大成纂修《平乐县志》卷六《兵防·耕守》，康熙五十六年刻本，第12页。

③ 黄大成纂修《平乐县志》卷六《兵防·耕守》，康熙五十六年刻本，第13–14页；另见全文炳修，伍嘉猷、罗正宗纂《平乐县志》卷六《武备志·营堡》，光绪十年刻本，第12–13页。两者所载文字稍异。

浔州府地处大藤峡核心地区，有明一代，瑶、壮各族民众的起义络绎不绝。成化三年（1467年），韩雍平定大藤峡瑶族农民起义之后，在碧滩设置武靖州，“开创衙门，筑立城堡，以遏贼冲”，不果，改建于府城西，以田州府上隆州土官岑铎为知州，领所部兵2000余人镇守；成化十八年（1482年），将武靖州迁至桂平县大湟江口。弘治年间，岑铎死后无嗣，其所部土兵逐渐失散。正德十六年（1521年），朝廷以田州土知府岑猛次子继任武靖州土知州。这些土兵耕种瑶族群众遗下的田地，“与编民同效贡赋，其田膏腴力耕，无越志”[①]。府城北部的紫金山与永安州、象州、武宣交界处“皆有隘路”，“自大藤峡贼煽乱，人迹罕通，猺贼据以为窟，迨平定之余，招狼人守隘口”；府城以西35公里有石梯山隘口，号称“浔郡之险要”，天启二年（1622年），瑶族群众“胡扶记作乱，狼民陈明威等征获其党，遂于其山内近水之地，招五姓等垦荒成熟，渐成村落”[②]。贵县“险阻绵亘，瑶壮错居”，有奉议卫、贵县守御千户所、向武州旗军外，官府还在此“设镇置官，增募兵，各堡相望，指臂相使，缓急相应”，防御不可谓不严，“各镇营堡官兵、打手、弓兵、民款、家

① 杨芳纂《殿粤要纂》卷三《武靖州图说》，范宏贵点校，广西民族出版社，1993年，第305页。

② 吴志绾修、黄国显纂《桂平县志》卷四《紫金山隘口》，乾隆二十三年刻本，第3页。

兵、狼兵共九百六十一名”[①]。另据《皇清职贡图》卷四记载，“明正德时，粤西流贼四起，贵县民多逃亡，田地荒芜。因狼人征贼有功，使耕其地，遂居县属五山、九怀之中，长子孙焉，世役耕猎为生，亦有粗知汉字者”。俍兵进驻平南县始于成化年间，“大藤峡猺叛，调归德、思恩等处狼甲把守隘口，用备战御，拨贼田及绝户产与之耕食。属通判管辖，每年调赴守城。万历间，裁汰三分之二”[②]，人数为120名，“抽调守城二十名，余各把守隘口，护民耕种，例以九月拨守，三月归农”[③]。据同治《浔州府志》记载，浔州府原有俍兵共937名，其中桂平县597名、平南县120名、贵县220名。万历年间裁汰之后，桂平县的俍兵减至195名。

其他州县也有数量不等的俍兵。其名虽为俍兵，但均为“且耕且守”，长期屯驻，也属于耕兵。

桂林府所辖灵川、灌阳、兴安、阳朔、永宁等州县均有俍兵分布。明末，南丹州俍兵“奉调到灵川，剿平红苗，给与田山，使分居六、七两都，把守各隘，其人多韦姓”[④]。灌阳县俍兵征调始于何时无考，到万历时期，“狮子、三峰二堡

---

① 杨芳纂《殿粤要纂》卷三《贵县图说》，范宏贵点校，广西民族出版社，1993年，第301页。

② 张显相修、黎士华纂《平南县志》十二《军政·狼兵》，广西人民出版社，2015年据道光十五年刻本影印，第232–233页。

③ 李仲良修、玉星烛纂《平南县志》卷三《军政志·狼兵》，广西人民出版社，2016年据乾隆二十一年刻本影印，第240页。

④ 陈文美修、李繁滋纂《灵川县志》卷四《人民一·种族》，民国十八年石印本，第13页。

狼兵四十名”[①]，后分拨栗木堡4名，狮子堡、三峰堡各有俍兵18名[②]。兴安“为南楚、东粤水陆之会”，战略地位非常重要，尽管无卫所，但兵力不少，除有来自桂林、全州、灌阳各卫所的官军和湖广班军常年驻守外，还有民款、打手、弓兵、俍兵共220名[③]。古田是明代广西瑶族、壮族农民起义的另一核心地区，义军攻打省城，长期占据古田、雒容等县治，严重威胁到明朝廷在广西的统治秩序。弘治、嘉靖年间，朝廷多次调集土军、汉军进行征剿，均以失败告终，官军损失惨重。隆庆五年（1571年），两广总督殷正茂、广西巡抚郭应聘、广西总兵俞大猷等领土军、汉兵14万，分兵7道，一举平定古田起义。殷正茂等人“奏定东兰、南丹、那地三土州官族韦显忠、罗永善、莫罗领常安、桐木、富禄三镇土巡检职事，世守其地”，“核诸遗田三万一千九百余亩，分给诸兵，且耕且守”。到万历二十年（1592年）前后，“计常安、富禄诸戍籍不能逾四百人，桐木仅百人耳”[④]。阳朔、永福二县“丛冈环亘，民夷错居”，也是少数民族聚居地，“自古田扇

---

① 杨芳纂《殿粤要纂》卷一《灌阳县图说》，范宏贵点校，广西民族出版社，1993年，第80页。

② 黄志璋纂修《全州志》卷二《建置志·营堡》，康熙二十八年刻本，第13页。

③ 杨芳纂《殿粤要纂》卷一《兴安县图说》，范宏贵点校，广西民族出版社，1993年，第56-57页。

④ 戴耀修、苏濬纂《广西通志》卷三十三《外夷志三·战功善后》，广西人民出版社，2013年据天启二年补刻本影印，第678-679页。

乱，江道为梗，二邑诸巢无不响应者”[①]。万历二年（1574年），官军平定之，“遂议分兵屯守阳朔县金堡顶、遇龙、翠屏、伞山各堡，共戍兵三百九十四名，永福县大岭、陂角堡共屯兵六百四十七名，海湾等堡屯兵二百一十名，核贼田一万一千八百一十亩给兵，且耕且守”[②]；还“于横木、界牌二地置堡，发狼兵防护，其附堡旷地，听各兵垦耕，以资行粮”[③]。

梧州府属各县均有俍兵。苍梧县是梧州府附郭，县境东南部与岑溪县上、下七山接壤，是瑶族聚居地，万历六年（1578年），“设七山镇于长行乡下二堡，弹压猺峒，以世职官领之”[④]。设俍总、头目等统辖各地耕兵，“时兴业、北流、陆川俱有狼总统领。容县水陆乡甘垌狼总黄胜凤，头目则张芳也”。万历元年（1573年），“本州知州调回原兵，其不愿回者听。狼目惟黄典长留容县”[⑤]。岑溪东北部的上、下七山和东南部的六十三山等100余巢，“悉猺蛮盘踞”，他们与广东

① 戴耀修、苏濬纂《广西通志》卷三十三《外夷志三·战功善后》，广西人民出版社，2013年据天启二年补刻本影印，第678-679页。

② 戴耀修、苏濬纂《广西通志》卷三十三《外夷志三·战功善后》，广西人民出版社，2013年据天启二年补刻本影印，第680页。

③ 杨芳纂《殿粤要纂》卷一《阳朔县图说》，范宏贵点校，广西民族出版社，1993年，第60页。

④ 蒯光焕、李百龄修，罗勋等纂《苍梧县志》卷十二《兵防下·兵制》，同治十三年刻本，第6页。

⑤ 易绍德、王永贞修，封祝唐、黄玉年纂《容县志》卷二十八《旧闻志三·附录狼人》，民国十四年铅印本，第8-9页。

罗旁瑶族相互呼应，频繁起事。万历三年（1575年），潘积善率众起事，自称平天王，两广总督凌云翼发兵十多万平定之。万历六年（1578年），潘积善降，“归田输赋，得比编户”。“罗旁既平，设官兵一千二百名驻岑溪”，分设黄、赤二营。但随即发生兵变，“群盗蜂起”[①]。万历末年，“獞猺稍知敛迹，参戎罕至，惟把总一员领官兵四百驻守而已，而北科遂以狼总徐胜领官兵一十九营屯守”[②]。万历时期，陆川县有俍兵70名，用于守城，“给田米五百一十三石一斗零五合耕食”[③]。北流“县属额设世袭狼总四名，狼兵二十四名，在四楼上看守城池、衙署、仓厫、税厂，支更值宿”[④]。据民国《北流县志》记载，这些“狼人来自宾州”，“因兵不足守城，拨宾州狼人三百名来县，给田自耕之食”，“不隶民籍，别设狼总、狼目以统之”；入清以后，俍兵得以保留下来，共设有俍总2名、俍目12名、俍兵57名，分为上、下两班。成化十六年（1480年），大藤峡农民军攻入博白县城，“焚县城及县署”，两广总督韩雍下令“增兵守邑中险要，并设狼兵守石

---

① 何梦瑶纂修、刘廷栋续纂《岑溪县志》卷三《大事志》，乾隆九年刻本，第2–3页。

② 何梦瑶纂修、刘廷栋续纂《岑溪县志》卷二《兵防志·狼兵》，乾隆九年刻本，第46–47页。

③ 杨芳纂《殿粤要纂》卷二《陆川县图说》，范宏贵点校，广西民族出版社，1993年，第279–280页。

④ 徐作梅修、李士琨纂《北流县志》卷十《武备·屯地》，光绪六年刻本，第3页。

梯、牛颈隘口”[①]。兴业县有俍人，称为土俍，“在兴德乡，耕山采樵”，“习甲骑，应募为狼兵”，“明成化间，调集征剿匪寇，拨给食田，奉有条禁，无得买卖、侵占”，“向拨兵二十四名，分守各隘，每隘一狼总统之”[②]。

横州是南宁府俍兵最多的州。横州“北接于宾，东界于贵，宾与贵之八寨、镇龙、五山等地皆贼巢也”[③]，瑶族、壮族农民的起义活动经久不息。正德年间，官府“募狼人杀贼，以田给之，为世业，设狼目总焉，惟应调遣，不供杂役”[④]。来自归德州的俍兵分守乐山、端峰、从化、高登等四乡，“以防宾、贵之外瞰”。万历时期，横州俍兵总额达到992名，设俍总统辖。俍总、俍兵均得到一定数额的田地。其中乐山乡俍兵300名，给田米231石；端峰里俍兵200名，给田米139石；从化乡俍兵300名，给田米240石；高登里俍兵192名，给田米196石，“令各耕食”，“不支饷”[⑤]。

思恩府武缘县“外通八寨诸山贼及归德、罗阳等土州”，

---

① 任士谦等修、朱德华等纂《博白县志》卷十二《纪事·前事》，道光十二年刻本，第2页。

② 王巡泰纂修《兴业县志》卷四《风俗》，乾隆四十六年刻本，第16–17页。

③ 杨芳纂《殿粤要纂》卷三《横州图说》，范宏贵点校，广西民族出版社，1993年，第322页。

④ 谢钟龄等修、朱秀等纂《横州志》卷五《防抚志》，光绪二十五年刻本，第25–26页。

⑤ 杨芳纂《殿粤要纂》卷三《横州图说》，范宏贵点校，广西民族出版社，1993年，第322–323页。

“地最险，民性剽悍”。明初曾在此设立武缘守御千户所，但永乐、宣德以后，“尺籍凋耗，戎伍脆薄”，官军人数剧减，到万历时期，只剩下233人。官府除了签发本地农民为民壮，充当各巡检司、堡寨的弓兵、民款，还从桂西土州县征召俍兵100名戍守何旺堡[①]。

俍兵勇猛善战，除戍守本省之外，明王朝还不时征调俍兵跨省远戍或作战。早在宣德七年（1432年），“陈蒙烂土副长官张勉奏，所司去卫远，地连古州生苗，与广西僚洞近，化从寨长韦翁同等煽乱，乞立堡，并请调泗城州土兵一千镇守，从之”[②]。景泰元年（1450年），“广东左布政使揭稽奏：高要县贼首吴长能等纠众劫杀乡村，欲连友贼黄萧养攻肇庆，署都指挥彭英等率官军、俍兵攻其巢寨，破之，斩长能及其党一千七百余人”[③]。进入广东的俍兵又称“僮兵”。“狼与僮，皆广西之狼人也。成化间，都御史韩雍以高郡多盗魁，招住各口隘，拨荒田以俾之耕，而蠲其徭役，无事则耕守，有事则调遣”。其中“茂名狼兵六百六十名，信宜狼五十寨，共兵五百九十五名，化州狼二十村，共兵一百九十四名，电

① 杨芳纂《殿粤要纂》卷四《武缘县图说》，范宏贵点校，广西民族出版社，1993年，第422-423页。

② 张廷玉等撰《明史》卷三百一十六《贵州土司传》，中华书局，1974年，第8189页。

③ 《明英宗实录》卷一百九十《废帝郕戾王附录》第八，景泰元年三月乙卯条，台湾“中央研究院”历史语言研究所，1962年校印本，第3907页。

白獞兵一百三十五名”[①]。时属广东的廉州府灵山县内有壮族，据《皇清职贡图》记载，“本广西俍兵，明天顺时奉调征□，遂就此生聚，散处县属之十万山中，性质粗悍，又谓之山人”。廉州府有天王山，位于合浦县与广西贵县交界处，附近设有丹竹隘、沙尾隘、腾柯隘，明代“为山寇出没之地，设狼兵防守”。弘治十四年（1501年），“贵州贼妇米鲁作乱，提督王轼请调［岑］接[②]领土兵二万，营于砦布河，因敕接自备两月饷，克期赴调”[③]。正德年间，因征讨江西华林等处农民起义，曾“调广西田州土兵二万人、镇安土兵一万人进剿”[④]。嘉靖年间，田州、那地等地的俍兵成为东南抗倭的主力，甚至长城沿线，也能看到俍兵的身影。时人称：“边事急，有司专一调三省（湖南、广西、四川）土司为长策。”[⑤]万历二十七年（1599年），为征讨四川播州土司杨应龙之叛乱，御史涂宗睿上征播之策，认为“非籍土兵，未易得志”。据《钦定续文献通考》记载，兵部议行广西抚臣，“于南丹、

① 郝玉麟修、鲁曾煜纂《广东通志》卷二十三《兵防志》，雍正九年刻本，第22–23页。

② 即泗城州土官知州岑应之弟岑接。

③ 张廷玉等撰《明史》卷三百一十九《广西土司传三》，中华书局，1974年，第8259页。

④ 毛奇龄撰《后鉴录》卷二《江西华林东乡靖安大帽山诸贼》，载《续修四库全书》第432册，上海古籍出版社，2002年据崇祯四年叶氏赐书楼刻本影印，第222页。

⑤ 张廷玉等撰《明史》卷九十一《兵制三》，中华书局，1974年，第2252页。

东兰、泗城诸土司，每州选三千人，合之得万人，赴四川进征。许之”。广西俍兵成为明朝政府最重要的军事依靠力量之一。

第三节　桂东地区的族群结构与俍人族群特征的变化

先秦时期，包括广西在内的岭南地区是壮族等南方世居民族前身百越民族的聚居地。秦汉以来，随着中原王朝势力的不断南下，百越民族及其后裔不断向西、向南收缩，汉族、瑶族等其他民族在广西的活动空间进一步拓展。唐宋以降，朝廷对广西东部、西部地区实行不同的统治体制，以流官管治东部地区，西部地区则仍由少数民族首领管理。这种土流分治的二元体制进一步加剧了广西少数民族的分化。汉族人口数量在广西东部地区已经形成一定优势，而原来聚居在广西东部、东南部地区的壮族则被分割开来，壮族聚居地区进一步集中在桂西地区。明代，大量桂西壮族以征兵、轮戍或耕兵身份迁往桂东、桂北、桂中、桂东南甚至广东西部地区，导致壮族的地理分布格局发生了重大变化。随着时间的推移，东迁壮族的身份、谋生手段甚至文化习俗均发生了深刻变化，从而对明清广西的族群结构变化产生了长远影响。

一、多族群杂居：俍兵东迁与桂东、桂中地区的族群结构

明代，俍兵东迁造成桂西壮族向桂东、桂中地区迁移，其直接后果就是在一定程度上对广西的族群地理分布格局进行了重新调整，构建了多族群杂居的族群结构，影响了明清时期广西民族关系甚至整个历史发展的进程。

由于地理上的分隔尤其是与中央朝廷关系的不同，自秦汉以来，百越民族内部的分化日趋严重。聚居在今广西东部地区的百越民族不断接受来自中原地区的影响，逐渐被纳入中原朝廷的统治范围。在今广西西部地区，由于地理、军事和政治等因素的影响，朝廷势力难以直接渗入，只能实行羁縻—土司制度，采取土官世袭统治、"因其旧俗"、"不赋不税"等方式，对桂西地区实行间接的管控。在广西东部的山区，也有很多百越民族后裔游离于国家秩序之外，成为"化外之民"。由于相互之间的隔膜，从朝廷派来的官员和外来文人不可能从族源上了解广西族群的构成，其对广西族群的认识基本上源于广西少数民族与朝廷的关系及朝廷对广西少数民族的态度。唐代以前不用说，即使是在朝廷力量已经深入广西大多数地区的宋代，掌握书写权的外来文人对有关广西族群结构及其族群特征的描述依然是非常碎片化的。

南宋时期成书的《桂海虞衡志》《岭外代答》基本上代表了宋人的认识水平。范成大在桂林任官多年，著《桂海虞衡

志》以记其所见所闻，其中《志蛮》专门记载广西乃至整个岭南、西南地区少数民族的情况。周去非所著《岭外代答》中记载了瑶、“蜑”、“土人”、“西南夷”（五姓蕃）等少数民族的地理分布、社会组织、谋生方式、习俗等。

这种情况到明代依然未有大的改观。正德、嘉靖时期，出身于奉议卫（驻贵县）的广西右江参将沈希仪曾上疏称：“狼兵亦猺、獞耳，猺、獞所在为贼，而狼兵死不敢为非，非狼兵顺而猺、獞逆也。狼兵隶土官，猺、獞隶流官。土官令严，足以制狼兵，流官势轻，不能制猺、獞。”[①]万历《广西通志》将岭南民族聚居区分为瑶（生瑶、熟瑶、白瑶、黑瑶）、壮（生壮、熟壮，“与生瑶、熟瑶大抵相类”）、仡、侗、僚人、伶、水人等，“狼”并不是一个独立的族群名称，而是指称桂西土官统治下的部落武装。广西巡抚杨芳于万历三十年（1602年）主持编纂《殿粤要纂》，其出发点是“企图从统治少数民族聚居的广西的必要上来编纂”，对各府、州、县的民族构成有详细介绍，大致能够反映明代万历时期广西的族群结构，从中可以看出，“狼兵”、“狼人”、耕兵不仅与汉族相互杂居，也与其他少数民族杂居在一起。就广西总体而言，“错编户于蛮瑶，不当十四五”[②]，少数民族依然占有

---

① 张廷玉等撰《明史》卷二百十一《沈希仪传》，中华书局，1974年，第5593页。

② 杨芳纂《殿粤要纂》卷一《广西总图说》，范宏贵点校，广西民族出版社，1993年，第36页。

较大比例。入清以后，这种状况仍然存在，而且由于有粤东、福建、湖南等地移民的加入，广西族群杂居的状况更加复杂。

乾隆《桂平县志》将县内的少数民族分为瑶、壮、俍三种。道光《桂平县志》卷十五《诸蛮》将“邑中所习见”的“蛮”分为“狼人”“獞人”“猺人”“山子”“蜑家”等5种，其中“邑之狼人散见于西南各里，北河三里无之”[①]。到道光时期，桂平县已“无猺人，其族类在平南县境内鹏化、大同二里……所处聚落有平林、龙军、白牛、绿竹等名，与修仁、永安、象州诸猺村接壤。其居依山架木，覆以青茅，人栖其上，下顿牛畜”；但在与平南接壤的桂平紫金山、罗宜山等地，“猺人时有往来，批山种植，诚实不欺，但不能久居，三四年后即去”。桂平县的山子也是瑶族的一支，“居深山，伐木种地，性极淳良，语作鸟音，然皆解说官话……今亦寥寥无几矣”。蜑家主要散居于桂平县沿江地区，是唯一的水上族群，“浔州两江有住家之船，名为五蓬艇，大小不等。各处步口又有小渔舟，皆住眷属，本处人呼为蜑家”；他们以捕鱼、操舟为业，“中有黠者，或作两厂簰夫，或与口岸人民往来习熟，贷其赀装造五蓬船，整理光理，迎送远近客人，上下于贵县、平南间”[②]。

---

① 袁湛业修，黄体正、王维新纂《桂平县志》卷十五《诸蛮》，道光二十三年刻本，第1-2页。

② 袁湛业修，黄体正、王维新纂《桂平县志》卷十五《诸蛮》，道光二十三年刻本，第5-8页。

到清末民初，桂平县汉族与瑶、壮等族群的界限已经十分模糊。但在壮族聚居地区，其印记并未完全消失，在县境北部的宣一、宣二里，“则无村无獞，十罗、九古之名，皆獞村也”。所谓“十罗”，是指罗旺、罗欧、罗坪、罗行、罗交、罗塘、罗活、罗山、罗宜、罗璧；“九古”，则是指古宜、古冬、古带、古程、古楞、古到、古林、古望、古重等9个村落，“俱在宣二里”。县境西部的武平里也是壮族散居地区，人数“甚众”，“风俗虽已由质趋文，而家常言语犹存其旧”[①]。“十罗”“九古”等齐头式地名命名方式，正是这些壮族聚落形成过程中留下的历史印记[②]。

平乐府位于广西东部地区，发源于猫儿山的桂江贯穿境内，故称为府江。明代，平乐府所辖平乐、富川、恭城、贺县、荔浦、修仁、永安、昭平等州县均是汉、瑶、壮等民族聚居地区，“瑶、僮十居七八”[③]，“县为民村者，一百一十有五，

① 黄占梅等修、程大璋等纂《桂平县志》卷三十一《纪政十一·风俗》，民国九年铅印本，第48页。

② 笔者曾先后就壮语地名问题请教过广西师范大学历史文化与旅游学院蓝武教授（壮族）和合山市住房和城乡建设局凌虎贵先生（壮族，对合山地方历史文化有研究）。据蓝武教授介绍，“古”是植物冠词“棵”的意思，“罗”读“拉”“那”，意为“田”。凌先生介绍，“罗”，多作“拉”“洛”，意为“在……下面的寨子”；“古”又作“果”，也是壮语地名常用词。两种解释并不完全一致，不知何者为是，应该属于不同地区的方言。

③ 杨芳纂《殿粤要纂》卷二《平乐府图说》，范宏贵点校，广西民族出版社，1993年，第193页。

为瑶、僮村者，不啻倍焉”[①]，无论是人口数量还是村落布局，少数民族均占据多数。在乡间，瑶村、壮村与民村、军屯点相杂，府江两岸更是耕兵戍守的堡与瑶、壮族聚居的村落相混分布。县城则有因戍守、仕宦或经商而来的江浙、湖广、广东、江西等地移民。康熙《平乐县志》引天启年间平乐知县郑圭所著《平乐纪略》称：“平乐民蛮杂居，俗亦蛮夏参焉。城中聚处五方流寓，东粤、三楚为多。”荔浦位于平乐府境西部，“其民獞居十之五，猺二分，流与土共三分焉”[②]。明朝万历年间，永安州还是一个以瑶族、壮族为主的多民族杂居地区，来自桂西的耕兵戍守的各堡散布于全境，与瑶族聚居区相杂[③]；至清代，永安仍然是“百姓居三，猺、獞居七”。瑶族主要聚居在东平、龙定和群峰，共70村，按其与官府的关系等，又可分为“梗瑶”“良瑶”两类。由于长期杂居，相互影响，其风俗逐渐同化，“良猺与獞略同，獞则与民相近”[④]。富川县也是瑶族、壮族聚居，瑶族主要分布在七都、上九都、一六都各源，壮族则主要分布在一六都之古田、花山等地，其中古田黄姜、大营、老婆湾、瓦窑、鹅窑、长村等六寨“为内八源门户”，明代，“生员周真议招獞丁留驻此地，以备御防，即今日黄姜

① 杨芳纂《殿粤要纂》卷二《平乐县图说》，范宏贵点校，广西民族出版社，1993年，第198页。

② 许之豫纂修《荔浦县志》，据康熙四十八年刻本抄，第1页。

③ 杨芳纂《殿粤要纂》卷二《永安州图》，范宏贵点校，广西民族出版社，1993年，第202页。

④ 李炘纂修《永安州志》卷十六《夷民部》，嘉庆十八年刻本，第6页。

韦、莫、覃三姓是也”。到清代中期，古田、花山壮族“渐次有读书作文游庠序者”[1]。昭平县位于府江下游，万历初年建县后，征召大量桂西“狼人”来此耕守。贺县壮族多于瑶族，其中壮族人“散居乡村，衣服、饮食与齐民无异，惟妇女服饰稍别，今皆一色矣。其语音历世不改，人鲜能辨，然皆习官话，与汉人相通，敦诗说礼，所在皆有，身列胶庠者后先相望，由明经、孝廉入仕籍者且相接踵。其余耕凿相安，皆知教子弟读书识字，几不辨其为獞矣”；“猺居山冲，亦聚族成村”，尽管仍然保持其风俗，但到清初，“其就居乡村之猺，与汉民比屋，则服食无或异，今亦知向学应童子试者矣；即居山冲者，间有延识字汉人为师，课子弟，风亦日变”[2]。恭城县有瑶、壮等少数民族，其中瑶族人“散居各乡”，壮族人则是明代以耕兵和俍兵身份来自南丹等地。清代，壮族人聚居在县境东乡南坪、东寨一堡，有周家湾、东寨、西寨、小寨等10多个村落，“周、黄、陈、石等数姓聚族丛居，自相姻娅”，“无编籍，多佃人田”，皆“立有头目”[3]。

可见，经过明代以卫所为依托的军事移民和俍兵东迁，广西各地以瑶、壮、汉为主体的多民族聚居格局已经形成。这种族群聚居对明清时期广西族群结构与族群关系产生了深刻影响。

---

① 叶承立纂修《富川县志》卷十二，乾隆二十二年刻本，第8页。

② 全文炳修、苏煜坡等纂《贺县志》卷七《风俗》，光绪十六年刻本，第10–11页。

③ 胡醇仁纂修《平乐府志》卷十《猺獞》，雍正四年刻本，第31–32页。

二、由兵到民：俍兵身份及其组织管理方式的变化

明朝将桂西俍兵征调到桂东地区，对其身份定位是非常清晰的，就是依赖其强大的作战能力以镇压和威慑桂东地区的百姓。无论是哪种性质的俍，其身份首先是“兵”。更番戍守桂林、梧州、柳州等地的俍兵可以获得朝廷发放的月粮作为报偿；耕兵中有的可以从官府领取鱼盐银，有的则不领取鱼盐银，而是耕种朝廷拨予的田地，所得收获完全归自己所有，不需要向朝廷缴纳田赋，或者只需要缴纳少量田粮，此即所谓“当差免役”。随着时间的推移，俍“兵”的属性逐渐削弱，乃至完全消失，最后转变成“民”。

唐晓涛在对桂平县俍兵身份转变乃至消失的过程进行深入分析后指出：清代，由于绿营兵的存在，“从制度上言，俍兵基本上不再是朝廷依凭的军事力量，所以就失去了存在的依据。不过，事实上，清初在桂东以及广东西部原来的俍兵屯戍地，俍兵的名称仍在文献中出现，为数不少的具有准军事身份的俍兵一直存留，地方有警时仍有调遣使用的情况，并且也仍使用俍兵这个称呼，虽然其性质已经等同于民防”[①]。由此可见，军事职能的弱化乃至消失是“俍兵”身份转变的关键。就浔州府而言，俍兵基本上

---

① 唐晓涛：《俍傜何在——明清时期广西浔州府的族群变迁》，民族出版社，2011年，第76页。

沿着两种不同的方向演变：第一种是被保留的俍兵，被编入保甲，有单独的俍丁册，俍户要缴纳“甲首”和“均徭”两项差役米粮，但其主要职能仍然是应兵役，继续承担守城等军事职责；第二种是被裁撤的俍兵及其家属，不再编入单独的俍丁册内，而是与民一体编户，直接转化为“民”，“俍”的身份逐渐消失。

“且耕且守”，兵农合一，是俍兵制度的主要特点。早在明代，随着桂东、桂中地区社会秩序的恢复，部分俍兵的军事职能已经开始逐渐弱化甚至消失，转变为从事耕种的农民。成化年间，来自归德、思恩等府、州的俍兵迁入大藤峡地区，把守隘口，“遂拨贼田及各绝户之产与之耕食，有粮无差。每年自九月调赴守城，三月放令归农”，“藤峡既平，分隶各县，统属本府通判管辖”[①]。由于俍兵、俍家承种田地有“纳粮免差”的优惠，刺激了其开垦的积极性，他们“引类招朋，杂居民里，有司因循，稽考无法，原额之外，各狼私置亦混狼田。奸猾吏民，又以逃亡产业招狼住种，或以见户田税诡寄狼名，射影差役。土官岑邦佐又占夺而擅卖之”，导致“民田日削，民差日重”[②]。时“猺酋侯胜海居弩

① 吴志绾修、黄国显纂《桂平县志》卷四，乾隆二十三年刻本，第4页；魏笃修、王俊臣纂《浔州府志》卷十八《经政志·狼兵》，同治十三年刻本，第16-17页。

② 翁万达、田汝成：《议藤峡善后》，载戴耀修、苏濬纂《广西通志》卷三十三《外夷志三·战功善后》，广西人民出版社，2013年据天启二年补刻本影印，第691页。

滩，有厚赀田庐”，武靖州俍兵头目黄贵、韦香“谋有之”嘉靖十六年（1537年）五月，“贵、香遂诱刺胜海于市”[①]侯胜海之弟侯公丁愤而率众起兵。翁万达、田汝成平定侯公丁起兵后，针对这种混乱局面，建议“清狼田以正疆界”设置专门的俍田册，“选廉干官员履亩丈量，为之疆界，各书一册，册内狼丁易世，而姓名不更，自置私田及承佃绝业原非册内开载者，附本家为畸零，狼户与民户一体粮差”[②]此举不仅承认俍兵的土地所有权，而且对俍田耕种者需要承担的义务做了规范，“每米一石，甲首则科米五斗，均徭则编米五斗，册内狼丁虽已物故，传之子孙，而原招姓名，永不更改。自置私田及承佃绝业，原非册内开载者，遇造黄册，俱附注本甲，名为畸零。狼户与民一体粮差，不许推陷别甲”[③]。这一措施对于加快俍兵向编户齐民的转变具有重要意义。

清朝统一广西以后，桂平县的俍兵已被“免其守城之役”，但“地方有警，仍照旧例调遣”。康熙、乾隆年间，为了弥补地方防御力量的不足，朝廷曾一度重新启用俍兵，贴

---

① 田汝成：《藤峡纪略》，载应槚初辑、凌云翼嗣作、刘尧诲重修《苍梧总督军门志》卷二十九《集议》，全国图书馆文献缩微复制中心，1991年，第380页

② 翁万达、田汝成：《议藤峡善后》，载戴耀修、苏濬纂《广西通志》卷三十三《外夷志三·战功善后》，广西人民出版社，2013年据天启二年补刻本影印，第691页。

③ 翁万达：《处置藤峡事宜议》，载应槚初辑、凌云翼嗣作、刘尧诲重修《苍梧总督军门志》卷二十九《集议》，全国图书馆文献缩微复制中心，1991年第384–385页。

防地方。康熙三十年（1691年），两广总督石檝“查粤西水陆塘汛制兵单弱，用狼民贴防。……每塘派拨附近四名在汛贴守，春夏农忙之际，以二名守塘，二名归耕，更番迭换。至秋收后，四名俱令在塘贴汛”，“仍统属本府通判管辖”。雍正六年（1728年），“裁汰所有狼兵，悉归同知管辖”，“后奉文归县管理”[①]。位于桂平县武平里的石梯山隘口原有俍兵戍守，始于天启二年（1622年），入清以后，“狼人悉安耕种，日事樵采，箐林奥密之处，若彼其濯濯者矣”[②]。平南县“旧设狼兵一百二十名，抽调守城二十名，余各把守隘口，护民耕种，例以九月拨守，三月归农”；“叠经裁汰，康熙四十一年，又将六陈、南安汛狼兵裁汰，沿江九塘各照减去二名”[③]。康熙四十二年（1703年），知县高之霖“详定上、下九塘共拨狼兵十八名”[④]。这些俍兵散布于罗零、蒙化、川一、惠政等里，耕种田地，“沿袭因循，从无征发，历年既久，狼田陆续典卖，狼兵散失逃亡”。乾隆二十二年（1757年），“知县李仲良查明实存狼兵三十八名”，除了“归农耕御

① 吴志绾修、黄国显纂《桂平县志》卷四，乾隆二十三年刻本，第5页；魏笃修、王俊臣纂《浔州府志》卷十八《经政志·狼兵》，同治十三年刻本，第17-18页。

② 吴志绾修、黄国显纂《桂平县志》卷四《石梯山隘口》，乾隆二十三年刻本，第3页。

③ 魏笃修、王俊臣纂《浔州府志》卷十八《经政志·狼兵》，同治十三年刻本，第18页。

④ 李仲良修、玉星烛纂《平南县志》卷三《军政志·狼兵》，广西人民出版社，2016年据乾隆二十一年刻本影印，第240页。

八名”外，其余30人分别拨防县前、渡口、岐岭、丹竹、燕子、武林、樟村、乌江、古雍、相思等塘，人数1～4名不等[①]。对俍兵的操练由知县掌管，“每岁农隙之侯，调赴县城，由县会营操练一次，俾资防捕”。道光十二年（1832年），知县张显相又将“归农兵八名”列入征发对象，“每岁冬月操练后拨赴水路三卡，协同查缉，春月放还”[②]。大量俍兵散归民间，与民杂处，“种类颇繁衍，安其生业”。随着其身份由兵到民的转变，俍兵的战斗力已经基本丧失殆尽，“此辈悉属耕农，在汛时只知接递公文，不请武事”[③]。

作为俍兵存在的经济基础，俍田受到朝廷的严格控制，俍兵只能耕种，不能随便处置。但事实上，由于各种原因，明清时期俍田的买卖、典当非常普遍。平南县设立俍兵之初，官府将县属罗零、蒙化、川一、惠政等里税田106顷80亩“分给各兵耕管”，耕种者需要向官府缴纳一定数额的田粮。但随着时间的推移，“沿袭因循，无从征发，历年既远，狼田陆续典卖，狼兵散失逃亡”[④]。乾隆二十二年（1757年），知县李仲良进行清查，“除散失典卖不计外，实存狼兵三十八

① 张显相修、黎士华纂《平南县志》十二《军政·狼兵》，广西人民出版社，2015年据道光十五年刻本影印，第234页。

② 魏笃修、王俊臣纂《浔州府志》卷十八《经政志·狼兵》，同治十三年刻本，第19页。

③ 张显相修、黎士华纂《平南县志》十二《军政·狼兵》，广西人民出版社，2015年据道光十五年刻本影印，第234页。

④ 张显相修、黎士华纂《平南县志》十二《军政·狼兵》，广西人民出版社，2015年据道光十五年刻本影印，第233页。

名，粮米二百零九石六斗三升九合二勺，该税四十八顷九十八亩一分一厘”，“另立军田户三十八户，给照耕管，不许典卖”。但到道光时期，已是“田去粮存者十之四五”。由于平南民间土地买卖“第以署券为准，出入多寡，往往任意增减，贫户以田出售者止图得利，富人餤以重价，使之减写税米，无不依从，故田去而粮犹存者比比皆是，胥吏催征，止知向原户根是问，拘提拷比，受累无穷”①。至此，俍人失去土地，很多人成为佃农，与其他编户齐民已无区别。清代，广西各州县地方志中的《田赋志》所载纳税田亩中，均包含了数量不少的“狼田”。

在耕兵聚集的平乐府，我们几乎可以看到与浔州府“狼兵”“狼人”消失类似的过程。

府江两岸是明代耕兵分布最密集的地区。屯守平乐县水浐营、龙头矶的耕兵主要负责防御府江水道。清代，“若猺若獞亦渐次革其鸠心，化其鹰眼，共安于耕凿，而与编氓无异矣”，耕兵的军事防御功能基本上消失，“乃以耕兵悉隶于邑，止供差役，而免其防守。自此而耕兵之名虽存，而耕兵之实则废矣”②。康熙年间，平乐知县黄大成鉴于县内“兵单地广”，而原有“各堡耕兵虽化为编氓，然规模尚在，制度犹

① 张显相修、黎士华纂《平南县志》十《民赋·田粮》，广西人民出版社，2015年据道光十五年刻本影印，第187–188页。

② 黄大成纂修《平乐县志》卷六《兵防·耕守》，康熙五十六年刻本，第12页。

存，现设有练总统辖”，组织程度较高，主张继续发挥耕兵的防御功能，“令其于农隙时勤加练习，于岁终之时则较其优劣以赏罚之，别其勤惰以奖励之，教之以亲上保民之义，训之以抚猺恤獞之方，于以无事则耕，有事则守”[①]。水浐营、龙头矶拥有的田地数额巨大。其中水浐营耕兵855名，给屯田8550亩；龙头矶耕兵217名，给屯田3466.4亩。在明末清初的动乱中，屯田失额严重，“顺治十六年，已清出九十八顷五十二亩零入王赋矣”，到康熙三十六年（1697年），又“奉文改兵为民，但供差役，不事操守”，耕兵已经完全等同于编户齐民了。荔浦县中峒、下峒原有耕兵670名，给田22540亩，分守31堡，其中守御鸡冠堡、羊厄堡、高段堡和上下大塘堡的耕兵共224名，“明末兵乱，民散田荒，编入里排供差，立有保甲”；华盖堡、金峒堡、新安堡、高峒堡原有耕兵屯守，到清代雍正年间，“俱入保甲，编为民户”。明末，永安州耕兵尚有田270亩，“坐落平峒、榕峒等处”，到清初顺治十六年（1659年），这些田均“已清出入正赋矣”[②]，“征银一百零一两四分九厘一毫二丝”[③]，耕兵由此转变为承担国家赋税的编户齐民。

---

① 黄大成纂修《平乐县志》卷六《兵防·耕守》，康熙五十六年刻本，第14–15页。

② 胡醇仁纂修《平乐府志》卷九《武备·耕兵》，雍正四年刻本，第43–44页。

③ 李炘纂修《永安州志》卷十三《武备部·耕兵》，嘉庆十八年刻本，第2–3页。

这种情况在其他地区同样存在。明末，横州有俍兵992人，其中乐山乡500名、从化乡300名、高登里192名，“除拨防镇横、山心二堡兵四十名，东西二关兵八十名，鸡利、马騮二隘兵三十四名外，余俱拨守四乡”。入清以后，“革前明世充之卒，停远戍之军”，但官府仍招募70名俍兵防守州城和鸡利等6个隘口，“每年十月朔起，半在州守各要路，半在乡守各隘口，二月归农”[①]。俍兵成为亦农亦兵的特殊群体。

由此可见，清代，“狼兵”名目仍然保留，但俍兵的军事职能进一步削弱，其“民”的身份得到进一步加强，由“兵”转变为“民”已是不争的事实。

随着俍兵身份变迁，“狼”的管理和组织方式实现了由土官统辖到州县控制的转变。

明代，朝廷征调俍兵戍守或屯耕某一地区，均由其所在土州县长官统领，俍兵听命于土官，由土官直接管理和指挥。根据史料记载，田州等桂西土州的基层组织为城头，“土人以村落所聚名之也”；8个城头编为1甲，“每甲编二大头目，二副头目”，大头目“食租五百石，或四百石，或三百石不等”，小头目则“食租七八十石，或五六十石不等”[②]。这种组织管

① 谢钟龄等修、朱秀等纂《横州志》卷五《防抚志》，光绪二十五年刻本，第13页。

② 刘颖：《请处置田州事宜疏》，载金鉷修、钱元昌等纂《广西通志》卷九十九《艺文》，广西人民出版社，2009年据雍正十一年刻本影印，第1607页。

理方式也被东迁俍兵所沿用。驻守梧州的俍兵，仍由大、小头目统领。武靖州俍兵最早由西隆州知州岑铎及其子孙指挥统领；岑铎死后无嗣，由田州府知府岑猛之子岑邦佐继任武靖州知州，统帅俍兵。嘉靖十六年（1537年），翁万达、田汝成平定大藤峡后，建议“选廉干官员履亩丈量，为之疆界，备书一册，册内狼丁易世，而姓名不更，自置私田及承佃绝业原非册内开载者，附本家为畸零，狼户与民户一体粮差”[①]，但未成功。到万历时期，“邦佐之嗣已绝，浔州府通判权知州事，俍兵归之桂平、平南、贵县三县，俱如翁、田二公议”[②]，部分俍人被编入里甲。平乐县水浐营、龙头矶俍兵共计1074人，设立头目、小甲统领，清康熙三十六年（1697年），“奉文改兵为民，但供差役，不事操守，革去头目、小甲名色，设乡约、练总以统摄之。是耕之田尚仍旧额，而守之兵已非昔制矣”[③]。永安州的耕兵由土舍统领，清代“土舍堡目七名，堡兵三百一十名，田二十七顷十二亩一分八厘，坐落平峒等处，征银一百零一两四分九厘一毫二丝，此

① 翁万达、田汝成：《议藤峡善后》，载戴耀修、苏濬纂《广西通志》卷三十三《外夷志三·战功善后》，广西人民出版社，2013年据天启二年补刻本影印，第691页。

② 汪森辑《粤西文载》卷十二《左江土司志》，载《景印文渊阁四库全书》第1465册，台湾商务印书馆，1983年，第652页。

③ 黄大成纂修《平乐县志》卷六《兵防·耕守》，康熙五十六年刻本，第12页。

田顺治十六年已清出入正赋矣”[①]。据万历《广西通志》记载，永宁州是桂林府耕兵数量最多的州县，共设有兵田、赡田31900亩，“每狼兵一名，给田一围，头目一名，给田二围，官属及管事等一名给田一围”，“每围计田二十亩”。到万历二十年（1592年）前后，“常安、富禄诸戍籍不能逾四百人，桐木仅百人耳”[②]。清初，其田地进一步减少：富禄镇只剩兵田1388亩、膳田320亩；常安镇也只剩兵田1680亩、膳田320亩；桐木镇俍兵甚至“久经裁汰，田归民户输纳”。由于永宁“界连柳郡，猺獞杂处”，官府添设巡检驻辖常安、富禄二镇适中之地，仍以俍兵巡防堡隘，将上述3700多亩膳田、兵田“循例分给耕种，免其升科，以资养赡”，同时“将头目、管事人等革去”[③]。可见，官府对俍兵的控制更加直接。

三、由“俍”到“民”：东迁壮族族群身份与特征的变化

从族源上说，桂西地区土官所辖的俍人、俍兵与散居于桂东流官地区的“壮”是同源的，都是百越民族的后裔。由

① 李炘纂修《永安州志》卷十三《武备部·耕兵》，嘉庆十八年刻本，第2–3页。

② 戴耀修、苏濬纂《广西通志》卷三十三《外夷志三·战功善后》，广西人民出版社，2013年据天启二年补刻本影印，第678–679页。

③ 金鉷修、钱元昌等纂《广西通志》卷二十六《屯田》，广西人民出版社，2009年据雍正十一年刻本影印，第496页。

于地理上的长期隔离，特别是其与王朝之间关系的不同，在社会进程、社会组织和谋生方式等方面，“俍”与“壮”存在明显不同。但万历《广西通志》卷三十三《外夷志三》已不载“俍”这一族群。这应该与万历时期“武靖部落既散，苗裔亦渐绝，归我版图”[①]有关。

在明清时期文人的眼中和笔下，“狼”与“獞”是截然不同的两个族群，已经逐渐汉化是“狼人”的主要特征。与数量庞大的桂东世居壮族和其他族群相比，以俍兵身份前往广西东部地区的桂西壮族在人数上处于绝对劣势，他们长期远离故土，与当地居民杂居在一起，其风俗习惯等各方面都受到当地文化的深刻影响。“狼兵”“狼人”族群身份的逐渐淡化早在明代中后期已经肇端。入清以后，这种同化现象更加普遍，主要表现在俍人子弟入学接受儒学教育、汉语方言和风俗习惯以及自我认同的转变等方面。

明清时期，中央王朝和地方官府均将推广儒学教育作为“化民”的第一要务。两广总督朱英于成化十三年（1477年）永安州设立后即令参议谢绶、知州彭粟创建永安州学；到康熙四十七年（1708年），地方官又在州治右“捐创义学一区”，“延社师，给书籍、笔墨，叙民间子弟而教之”[②]。清代，朝

① 杨芳纂《殿粤要纂》卷一《广西总图说》，范宏贵点校，广西民族出版社，1993年，第37页。

② 李炘纂修《永安州志》卷十八《艺文部下》，嘉庆十八年刻本，第15页。

廷在瑶族、壮族聚居地区设立学校，实行教化，“猺人遣子就试，斑襕化为青衿”[①]。儒学教育的推广，成为俍人族群认同转变的重要推手。乾隆年间，桂平县的俍人“散处村落，其起居服饰与齐民齿，力穑输赋，间有读书肄业掇青衿者”[②]。道光年间，散居桂平县境西南地区的“狼人”“居处、服食与齐民同，且有读书考试游泮者”[③]。明清两代，永安士人“登贤书者接踵”。永安州汉族与瑶族、壮族由于长期杂居，相互影响，导致其风俗逐渐趋同”，“良猺与獞略同，獞则与民相近”[④]。富川县古田、花山壮族明代来自桂西，到清代中期，“渐次有读书作文游庠序者”。明代，苍梧县设有俍兵，驻守七山镇，到清初，县境“南五乡有狼兵”，到同治年间，俍兵后裔“皆编户，无异齐民，间有读书入泮者”[⑤]。从归德州等桂西地区迁入容县的俍兵长期留驻，耕戍结合，最后落籍。由于长期与当地汉族、瑶族等杂居，其文化也逐渐汉化。到清代中期，容县的“狼人亦渐化而为民矣”。由于受汉文化影响程度不同，俍兵内部已经发生分化。散居平南县的俍兵后

① 周硕勋修、王家宪纂《廉州府志》卷四《风俗》，乾隆二十一年刻本，第8页。

② 吴志绾修、黄国显纂《桂平县志》卷四《猺獞图志》，乾隆二十三年刻本，第2、4页。

③ 袁湛业修，黄体正、王维新纂《桂平县志》卷十五《诸蛮》，道光二十三年刻本，第1–2页。

④ 李炘纂修《永安州志》卷十六《夷民部》，嘉庆十八年刻本，第6页。

⑤ 蒯光焕、李百龄修，罗勋等纂《苍梧县志》卷六《风土下》，同治十三年刻本，第29页。

裔内部分化为生、熟两种，其中熟俍“居瓦屋，种稻田，尝出市货财，与民无异”[①]；县城以北15公里的川一里“民、猺、獞杂处，狼则自耕自食，獞则佃耕为业”[②]；川三里、川四里、乌路里“俱民、狼杂处”或“民、猺、狼杂处”[③]。乾隆时期，“虽有狼之名，而饮食、居处无异齐民。今子孙蕃衍，习学成名，不复有民、狼之别”[④]。时属广东布政使司管辖的合浦县亦有俍兵。合浦地处“粤西沿边，前明成化间，应募为狼兵”。县境归德图置有俍田，“乃明韩襄毅公征大藤峡调赴合浦，防御山隘，即令且耕且守，故其后裔犹世承其业”。到清代，合浦县的俍分化为生、熟两种。其中生俍基本上保持其原有文化特性，熟俍则“居瓦屋，务耕种，常出山市货，与民交易，无敢作恶者”[⑤]。

作为一种重要的族群标签，东迁俍兵及其后裔所操语言的变化是其族群特征变化的重要表现。戍守梧州府城的俍兵来自桂西泗城、归顺、都康、思明、迁隆、向武、奉议、上

---

① 李仲良修、玉星烛纂《平南县志》卷四《诸蛮志·狼》，广西人民出版社，2016年据乾隆二十一年刻本影印，第290页。

② 李仲良修、玉星烛纂《平南县志》卷一《疆域志·风俗》，广西人民出版社，2016年据乾隆二十一年刻本影印，第96页。

③ 李仲良修、玉星烛纂《平南县志》卷四《诸蛮志》，广西人民出版社，2016年据乾隆二十一年刻本影印，第293页。

④ 张显相修、黎士华纂《平南县志》卷五《舆地二·风俗·瑶狼壮蛋人附》，广西人民出版社，2015年据道光十五年刻本影印，第110页。

⑤ 周硕勋修、王家宪纂《廉州府志》卷四《风俗》，乾隆二十一年刻本，第5页。

林、安平、忠州、龙英、太平、恩城、万承等14个土州县，轮番戍守，一年一换，人数在3000人左右。由于制度设计上的漏洞，部分俍兵常年戍守，逐渐与当地人杂居，其族群特征逐渐淡化。崇祯年间，轮戍梧州的俍兵来自归顺州、都康州，其大、小头目“皆解汉语”。

大量壮族的东迁，进一步改变了明代壮族的地理分布格局，客观上也推动了汉族与壮族、瑶族之间的民族融合。

第四章

卫所屯田
与明代广西地方社会

明代，广西有组织的屯田主要有三类：第一类是组织卫所官军开展的屯田；第二类是朝廷将桂西俍兵征调到桂东、桂中地区进行戍守，拨田耕守；第三类是在南丹等地开展的商屯。广西的商屯规模小，影响不大，基本上可以忽略不计。俍兵的屯田问题已在上一章论及有关俍兵东迁问题的专题中做了讨论。卫所官军屯田不仅是明代卫所体制的经济基础，而且是以卫所为依托的大规模军事移民迁入广西以至于最后完成本地化的关键因素，屯田所在地往往就是明代卫所移民聚居的村落。从这个意义上说，卫所屯田不仅对明代广西地方社会经济发展产生了深刻的影响，还在一定程度上构建了明代以后广西的人群结构与聚落分布格局。

第一节　明代广西卫所屯田数量与分布

卫所官军屯田是朱元璋为了解决明初经济凋敝、兵饷不足的现实困难而采取的重要措施。“国初，兵荒之后，民无定居，耕稼尽废，粮饷困乏，初命诸将分屯于龙江等处。后设各卫所，创制屯田，以都司统摄，每军种田五十亩为一分，或百亩，或七十亩，或三十亩、二十亩不等。军士三分守城，七分屯种。又有二八、四六、一九、中半等例，皆以田土肥瘠、地方冲缓为差。又令少壮者守城，老弱者屯种。余丁多者，亦许。其征收则例，或增减殊数，本折互收，皆因时因地而异云。”[①]洪武、永乐年间，朝廷先后出台了一系列有关屯田的政策。洪武十八年（1385年），国子祭酒宋讷“请令各边屯田”；洪武二十一年（1388年）九月，“令天下卫所督兵屯种”[②]。洪武二十六年（1393年）又规定：“凡边防郡县守御去处新立卫分，拨军开垦荒田屯种，须要计算顷亩数目及田地肥瘦、人力勤惰，务在不旷征徭，不失军饷。”[③]永乐初年，朝廷连续“更定屯田则例”，制定了有关屯田考核的红牌制度，“定屯田赏罚条例”。永乐二年（1404年）四月，“更定

① 申时行等重修《明会典》卷十八《户部五·屯田》，商务印书馆，1936年，第473页。

② 徐学聚编《国朝典汇》卷一百五十六《兵部二十·屯田》，台湾学生书局，1965年，第1800页。

③ 申时行等重修《明会典》卷二百二十《工部二十二·开垦》，商务印书馆，1936年，第4057页。

天下卫所屯田，守城军士，视其地之夷险要僻，以量人之屯守为多寡。临边而险要者，则守多于屯；在内而夷僻者，则屯多于守；地虽险要而运输难至者，屯亦多于守”[①]。同年七月，“兵部臣言，屯军年六十之上及残疾、年幼者，宜令耕种自食，不拘比较赏罚之例。从之”[②]；同年十二月，又“令各处卫所屯田，若官员军余家人自愿耕种者，不拘顷亩，任其开垦，子粒自收，官府不许比较”[③]。宣德四年（1429年），行在户部尚书郭敦在其奏疏中称：“近年，各卫所不遵旧例，下屯者或十人，或四五人。虽有屯田之名，而无屯田之实……今拟在京、在外卫所，下屯之数，不问正军、老幼、余丁，必依旧额补数，令其屯种……从之。”[④]可见宣德时期屯军失额已经非常普遍，以至于朝廷不得不下令以余丁来补充屯军，从事屯田的人群已经由卫所官军扩及卫所官军家属了。

① 《明太宗实录》卷三十，永乐二年四月甲午条，台湾“中央研究院”历史语言研究所，1962年校印本，第552页。

② 《明太宗实录》卷三十三，永乐二年七月庚寅条，台湾“中央研究院”历史语言研究所，1962年校印本，第589页。

③ 徐学聚编《国朝典汇》卷一百五十六《兵部二十・屯田》，台湾学生书局，1965年，第1802页。

④ 《明宣宗实录》卷五十一，宣德四年二月乙未条，台湾“中央研究院”历史语言研究所，1962年校印本，第1224页。

一、广西军屯的开展

广西地处边疆，经济发展水平较低，又远离中原地区，粮饷运输困难，组织卫所官军开展屯田是解决大量卫所官军粮饷供应的重要手段。为此，朝廷出台了很多针对广西的具体措施。

由于明军进入广西之初肩负着艰巨的作战任务，根本无法分出兵力开展屯田，因此可以肯定，广西的屯田并不是与卫所的建立同步展开的，而是始于基本完成广西的军事任务之后的洪武后期和永乐时期。洪武年间，“时柳州马平、迁江、来宾三县居民多死于兵，荒土相望，因招土兵耕守其地”，并“开设土官衙门，辖土夷头目凌文斌等一十七人”；洪武二十五年（1392年）九月，朝廷以这些土兵为基本力量，设置迁江屯田千户所，设流官千户1人，“以掌所事”；凌文斌等头目“后征剿有功，升百户十四员，颁印建置百户所”。与其他普通守御千户所不同，迁江屯田千户所不仅其主力来自本地的土兵，而且“官兵俱不支俸粮，惟领剿过蛮贼田耕种当差”[①]。此后，广西新设卫所均在开设之初即开展屯田。洪武二十九年（1396年）四月，广西布政使司官员上疏称“新设南丹、奉议、庆远三卫及富川千户所岁用军饷二十余万

① 郭棐纂修《宾州志》卷十《兵防志》，书目文献出版社，1990年据万历十五年刻本影印，第93页。

石，有司所征不足以给”，“上命俱屯田”[①]。为了解决官军垦耕所需耕牛不足的问题，同年七月，朝廷“遣中使至桂林等府市牛，给南丹、奉议等卫屯田军士”[②]。隆庆四年（1570年），官军平定古田，作为善后之策，两广总督殷正茂于次年奏设古田守御千户所，“核诸遗田三万一千九百余亩，分给诸兵，且耕且守”[③]。

卫所旗军一般分为征操军和屯军两部分，也分别称为守御旗军和屯旗军。屯军和征操军的比例各地不一，一般是“军士三分守城，七分屯种。又有二八、四六、中半等例，皆以土田肥瘠、地方冲缓为差”[④]。事实上，这只是一个大概的规定，不可能得到严格落实。在具体操作中，不同地区的卫所在不同时期用于屯种的军士数量并不一样，总的原则是因时、因地、因事而异。在卫所设立初期，广西各卫所用于屯种的屯军人数相当大，奉议等卫所基本上是全员从事屯垦。洪武二十九年（1396年）四月，“奉议卫奏：本卫地控蛮峒，若俱出屯种，设有缓急，卒难调用，宜以三分守城、七分屯田为便。上不

① 《明太祖实录》卷二百四十五，洪武二十九年四月己丑条，台湾“中央研究院”历史语言研究所，1962年校印本，第3559页。

② 《明太祖实录》卷二百四十六，洪武二十九年七月己巳条，台湾“中央研究院”历史语言研究所，1962年校印本，第3575页。

③ 戴耀修、苏濬纂《广西通志》卷三十三《外夷志三·驭夷》，广西人民出版社，2013年据天启二年补刻本影印，第678页。

④ 申时行等重修《明会典》卷十八《户部五·屯田》，商务印书馆，1936，第473页。

许”[①]，仍旧维持了全员屯垦的旧例。宣德十年（1435年）十二月，广西都指挥佥事田真上疏称：“洪武间，各卫军士屯田十分之七，近年征差逃故者多，遂将余丁老幼足之。且余丁递年供应正军，复令屯田，实为重困。乞将老幼如例屯田，余丁优免。事下行在户部覆奏，从之。”[②]可见洪武年间广西各地卫所屯军所占比例大致在70%以上，部分卫所甚至全员屯田。从事屯种的除了屯军，还有军余甚至附于卫所的老幼人口。

为了确保军屯生产的正常展开，官府根据土地的肥瘠、远近以及各地田地的富余程度，授给从事屯田的官军一定数量的田亩，每名军士法定的授田面积被称为“分地”。按明朝廷规定，各地屯田“以都司统摄，每军种田五十亩为一分，又或百亩，或七十亩，或三十亩、二十亩不等”[③]。在不同地区、不同时期，“分地”的实际面积有所不同，江南地区在20亩上下，北方沿边地区则在百亩以上。广西各卫所屯军分地面积也不尽一致。驯象卫原来位于十万大山脚下，专职捕象，并无屯田职责，“每军拨与六石”，洪武二十二年（1389年）迁至横州，才开始屯田，“立五所屯田，总、小甲分官，各以百户统之”；嘉靖三十二年（1553年）“奉勘合事例，照旧每

① 《明太祖实录》卷二百四十五，洪武二十九年四月乙丑条，台湾“中央研究院”历史语言研究所，1962年校印本，第3559页。

② 《明英宗实录》卷十二，宣德十年十二月丙午条，台湾“中央研究院”历史语言研究所，1962年校印本，第218页。

③ 申时行等重修《明会典》卷十八《户部五·屯田》，商务印书馆，1936，第473页。

军一名与田三十亩，该粮六石，领种纳粮”[①]。柳州卫各卫所在马平等县内开展屯田，“每军一名，承田二十亩”[②]。万历八年（1580年）五月，两广总督刘尧诲、广西巡抚张任、广西巡按胡宥提出《十寨善后事宜》，其中一条即是“议屯田以示优恤”，其中提到南丹卫从宾州移至上林三里镇，“各里残破之地，不拘军屯、民产，割自杨渡水为界，尽作南丹卫屯田，尚存残民亦虽准充耕兵，人给田三十亩，岁纳子粒六石。三年之后，方照数开征”[③]。上述史料表明，广西各卫所屯军分地面积大多在20～30亩之间，明显低于每军50亩的额定标准，而且由于受到社会频繁动乱的影响，很多屯田经常处于“贼占”“无征”的状态。

屯军从事耕作，需要按一定比例将收成上缴至卫所屯仓，称为“屯田子粒”，也称屯粮。屯粮征收数额在不同时期、不同地区并不统一。洪武时期，“亩税一斗”，成祖即位后厘定屯田科则，规定“每军田一分，正粮十二石，收贮屯仓，听本军支用；余粮十二石，给本卫官军俸粮”[④]。按照50亩分

---

① 方瑜纂修《南宁府志》卷七《兵防志》，广西人民出版社，2008年据嘉靖四十三年刻本影印，第393页。

② 王锦修、吴光升纂《柳州府志》卷十九《兵制》，柳州市博物馆，1956年据乾隆刻本翻印，第12页。

③ 《明神宗实录》卷一百，万历八年五月辛卯条，台湾“中央研究院”历史语言研究所，1962年校印本，第1991页。

④ 张廷玉等撰《明史》卷七十七《食货一》，中华书局，1974年，第1884页。《明史》将其时间记为洪武三十五年，即建文四年（1402年），实际上是成祖即位当年。

地计算，每亩征收屯粮超过4斗。永乐十二年（1414年），朝廷对此做出调整，除旗军自用12石外，余粮减免一半，只需缴纳6石。洪熙元年（1425年），再次重申“每军减征余粮六石，共正粮一十八石上仓”[①]。正统二年（1437年），又“免军田正粮归仓，止征余粮六石”，平均每亩只征收屯粮1斗多。“屯粮之轻，至弘、正而极，嘉靖中渐增，隆庆间复亩收一斗。”[②]为了激发广西各卫所军士从事屯垦的积极性，官府出台了少纳或免征子粒的优惠措施。洪武三十年（1397年），即“诏迁江千户所土兵免纳税粮”[③]。永乐二年（1404年），“以广西各县屯田开设屯所，拨官军屯种自食，不纳税粮”。但这种优惠措施并没延续多久。正统八年（1443年），“题准广西桂林等卫所屯田，每军加给十亩。如有余剩田地，即令军舍及勾补军旗如数拨给，照例纳粮”[④]。据嘉靖《广西通志》记载，广西卫所屯田所征子粒普遍高于亩征1斗的惯例，达到亩征2斗的水平，客观上加重了屯军的负担。

对于屯田所需耕牛、犁耙等生产工具的解决，朝廷也有详细规定“凡屯种去处合用犁铧、耙齿等器，著令有司拨官

---

① 申时行等重修《明会典》卷十八《户部五·屯田》，商务印书馆，1936年，第482页。

② 张廷玉等撰《明史》卷七十七《食货一》，中华书局，1974年，第1885-1886页。

③ 戴耀修、苏濬纂《广西通志》卷二十一《兵防志一·屯田》，广西人民出版社，2013年据天启二年补刻本影印，第398页。

④ 申时行等重修《明会典》卷十八《户部五·屯田》，商务印书馆，1936年，第479、487页。

铁炭铸造发用”[①]；“凡屯种合用牛只，设或不敷，即便移文取索。若官厩数多，差人发遣。如果路途泻远，此间地方出产，可以收买，务在公私两便，就给官价，民间买用。其孳生数目，每岁年终通报”。据《明会典》记载，明代前期，总计全国卫所屯牛255664只，其中广西都司950只（水牛367只，黄牛583只）；万历时期，“见今报册屯牛共五万三千一百六十四只”，其中广西都司459只。

为了加强对屯田的组织管理，确保卫所屯田取得实效，建文四年（1402年），朝廷“令各处卫所，每卫委指挥一员，每所委千户一员提督屯种，年终以上仓并给军子粒数目造册，赴京比较。各该都司每岁仍委指挥一员督查，年终同赴京复奏”。宣德五年（1430年），“令各处屯田，都、布、按三司各委官提督”[②]。一般以各省按察司佥事任之，有的则以按察司副使负责，南京、北京还设有巡屯御史，湖广则是由布政司参政和按察司副使共同负责。广西按察司屯田佥事设立较早，“永乐五年，令浙江、江西、湖广、广西、广东、河南、云南、四川按察司增置佥事一员”[③]。正统八年（1443年）十一月，礼科主事徐朝宗“巡按广西，言广西卫所屯田废弛，盖

① 申时行等重修《明会典》卷二百二十《工部二十二·农具》，商务印书馆，1936年，第4058页。

② 申时行等重修《明会典》卷十八《户部五·屯田》，商务印书馆，1936年，第485页。

③ 申时行等重修《明会典》卷十八《户部五·屯田》，商务印书馆，1936年，第480页。

由无董治之人”，朝廷即以徐朝宗为广西按察司佥事，专督屯田。嘉靖十九年（1540年），“令清军御史带管各省屯田事宜，各该管屯田副使、佥事并分守官悉听节制”。管屯官员的职责是督促军士开展屯耕，按时按量完成子粒的征收。对于督管不力的官员，朝廷也制定了详细的惩处办法，具体办法包括住俸、降俸、降级以及改调极边卫分等。朝廷先后出台了一系列规定，严禁军官或地方豪强强占屯田。弘治十三年（1500年）“奏准，凡用强占种屯田者问罪，官调边卫带俸差操，旗军、余丁等发边卫充军，民发口外为民。凡军职舍、余及旗军余丁人等，若侵种不系用强，或不及五十亩者，依侵占官田问罪，照常发落”[①]。嘉靖六年（1527年），朝廷下令“查勘屯田，凡故军之田，占种年久，仍与领种，代纳粮草；如军现存无田者，即令退还本军为业，其余种故军之田，一人止许一分，一户止许二分，有余俱令退出”[②]，其目的也是确保屯田制度的切实开展。

二、明代广西卫所屯田数量的变化

在对广西各卫所屯田面积进行分析之前，我们首先要弄

---

① 申时行等重修《明会典》卷十八《户部五·屯田》，商务印书馆，1936年，第480–489页。

② 蒯光焕、李百龄修，罗勋等纂《苍梧县志》卷十二《兵防志·屯田》引《续通考》，同治十三年刻本，第37页。

清楚两个概念：一个是“原额”，另一个是“见存”。

万历《明会典》记载了三个不同时期的卫所屯田数：一是“原额屯田”，二是“见额屯田”，三是“新增”。其中明确标注，“见额屯田”系“嘉靖四十一年清查数”，“新增并勘出”则是“万历七年屯田御史册报数”，但唯独对“原额屯田”究竟是哪个时期的数据未做解释和说明。后人对“原额”的解释并不一致，有人认为是明朝建立初期的屯田额，有人认为是万历时期重修《明会典》时留下的数据。《明史》记载，万历时期全国“计屯田之数六十四万四千余顷，视洪武时亏二十四万九千余顷”，由此推算，洪武时期全国屯田面积接近90万顷。这与万历《明会典》所列各卫所屯田“原额”细数加总得出的89.3194顷以及《春明梦余录》卷三十六《屯田》所称“国家原额屯田八十九万二千七百八十九顷有余”基本一致。但有学者对这一数据的准确性提出了质疑。王毓铨发现，《明会典》所载四川都司、四川行都司屯田面积存在严重失误，将65万亩写成65万顷了。王氏结合康熙《四川总志》的记载，得出结论：所谓“原额屯田”面积应该在28万顷左右，是弘治时期的数额。他还根据辽东等地卫所屯田面积变化情况，推测洪武时期全国的屯田数大概在63万顷。据万历《明会典》记载，全国范围内的第一次屯田统计是在正统十一年（1446年），朝廷“令各处卫所类造屯田坐落地方、四至、顷亩、子粒数目文册”，一式两份，“一本缴合干上司，一本发该管州县，以备查考”。但具体落实效果并不理想，弘治十五年（1502年），“后湖并南京户部及各卫所俱无屯册”，于是朝廷下令再次进行清理，“今次清过屯田，行令管屯官各造册送后湖交收，将屯田顷数刻记碑阴，以图经久”[①]。这次清丈结果被录入了弘治初修《明会典》卷十九，到万历重修《明会典》时则被纂修者当成了“原额屯田”。因此，万历重修《明会典》以及地方志中所列“原额屯田”应该是弘治十五年前后的数据，而非洪武时期的数据。如此，则《明史·食货志》所称“视洪武时亏二十四万九千余顷”就是毫无根据的虚言，换言之，洪武年间的屯田数就是一笔糊涂账。

明代，广西各卫所屯田亩数散见于嘉靖《广西通志》、万历《广西通志》、《明会典》、《明史》、《续文献通考》等书，主要有弘治时期、嘉靖四十一年（1562年）和万历时期三个数据。据正德《明会典》记载，弘治十五年（1502年），广西布政使司“官田二千八百四十一顷五十四亩四分七毫，民田十一万五千六顷四十七亩三分二厘七毫”，“广西都司并所属卫所屯田共五百一十三顷四十亩”[②]。林富修、黄佐纂的《广西通志》刊于嘉靖十年（1531年），其所载“广西都司并所属卫所屯田共五百一十三顷三十亩”明显是照抄正德《明会典》

① 申时行等重修《明会典》卷十八《户部五·屯田》，商务印书馆，1936年，第488页。

② 李东阳重修《明会典》卷十九《户部四》，载《四库全书》第617册，商务印书馆，1986年，第2、6、23页。

的数据，也就是弘治十五年（1502年）的屯田数。万历《明会典》则称，广西都司“原额屯田五百一十三顷四十亩，见额屯田四千六百一十顷三十四亩六分零，粮五万五千五十四三斗四升九合四勺，内除民里征收及荒划停征田，实在屯田二千九百一十三顷三十七亩零，粮三万四千六百九十五石四斗四升一合零”，其中“原额”是弘治十五年（1502年）的数据，“见额”是指嘉靖四十一年（1562年）的清查数，“实在”则为万历七年（1579年）“屯田御史测报数”。嘉靖四十一年（1562年）的屯田数应该源于当年的清查。据《明世宗实录》记载，由于地方税粮逋负普遍和开支增多，出现了严重的财政危机，嘉靖四十一年（1562年）七月，“户部奉旨集廷臣议上理财十四事”，其中第四条即为“清屯粮”；年底，上报的数据显示，当年的“屯田子粒三百七十一万五百八十一石有奇，屯地银一十四万七千七百六十五两有奇”。成书于万历十四年（1586年）的王圻《续文献通考》直接抄录万历《明会典》所载“见额”数，标注时间为“嘉靖中”，具体是指嘉靖四十一年（1562年）。而成书于万历二十五年（1597年）前后的《广西通志》载广西“各卫所通共原额屯田五千九百二十四顷二十三亩四分六厘六毫，该粮五万零二百九十一石三斗七升五合，见在米三万三千二百八十九石八斗七升一合六勺”，其中“原额”不知是哪个时期的数据，“见在”少于万历《明会典》所载嘉靖四十一年（1562年）数据，应该是万历二十五年（1597年）前后的征粮数。可以肯定的是，明代前期，广西都司卫所的屯田数肯定不低于6000顷，按亩征1斗的屯粮征收数计算，也与“该粮”5万余石相吻合。随着明代中期卫所体制被逐渐破坏，广西卫所屯田额在弘治年间达到最低水平；经过嘉靖、万历时期对屯田进行清丈，广西的屯田数有所上升，达到4600余顷，但仍未达到明代前期的水平。

下面综合嘉靖《广西通志》和万历《广西通志》所载屯田数据，列成表4-1，以揭示明代广西卫所屯田的变化情况。

表4-1 明代广西卫所屯田面积变化表[①]

（单位：顷）

卫所	原额（具体时间不详）	弘治十五年（1502年）	见在（实在，万历时期）	备注
桂林中卫	640.46	21.6	384.30	弘治时期数据只有左、右、中、前等4个千户所的数据，后、中左、中右等3个千户所屯田数据均失载。
桂林右卫	562.97	72.2	293.84	
广西护卫	585.05	33.3	509.88	
全州守御千户所	64.71	46.43	不详	“见征如旧。”

① 弘治时期数据来自林富修、黄佐纂《广西通志》卷二十九《兵防志三·屯田》，书目文献出版社，1998，第372–378页；“原额”和“见在”均来自戴耀修、苏濬纂《广西通志》卷二十一《兵防志一·屯田》，广西人民出版社，2013年影印本，第399–401页。屯田数按照四舍五入方法，取小数点后两位，因此，总数与原书所载总数稍有不同。王圻《续文献通考》只载广西嘉靖四十一年（1562年）广西都司总屯田数，无分卫所数据，故此处不列出。

续表

卫所	原额（具体时间不详）	弘治十五年（1502年）	见在（实在，万历时期）	备注
灌阳守御千户所	98.67	19.88	不详	
柳州卫	409.43	3	252.37	只统计左、中左两所屯田数。
南丹卫	353.84	32.4	291.89	
宾州守御千户所	132.47	3.9	24.32	“除丈入南丹卫外，实在田二十四顷三十一亩八分三厘，米二百三十石四斗二升五合。”
迁江屯田千户所	133.54	319.56	不详	
来宾千户所	67.83	3	不详	
融县守御千户所	7.40	5.61	不详	“见征如旧。”
象州千户所	55.74	4.2	不详	“见征如旧。”
武宣守御千户所	10.28	7.81	不详	
庆远卫	99.97	11.1	68.19	弘治年间数据只含左、右、中、前4个千户所。万历时期，“除割永顺、永定二司外，实在田六十八顷一十八亩七分有奇，米七百三十九石七斗二升有奇”。

续表

卫所	原额（具体时间不详）	弘治十五年（1502年）	见在（实在，万历时期）	备注
河池守御千户所	116.57	12	不详	
平乐守御千户所	54.29	9.9	不详	“见征如旧。”
贺县守御千户所	23.85	9.3	不详	“见征如旧。”
富川守御千户所	260.38	14.8	不详	“除给土巷兵领种外，实征米二千二百五十三石二斗五升有奇。”
梧州守御千户所	210	210	不详	“除苍梧县代征外，实征五百三十一石三斗七升有奇。”
怀集守御千户所	496.46	49.25	不详	“除本县代征外，实征米二千八百九十七石五斗一升有奇。”
容县守御千户所	270.13	6	不详	“除本县代征外，实征米八百六十二石八斗九升有奇。”
郁林守御千户所	195.87	45.6	不详	“除北（流）、陆（川）、兴（业）三县代征外，实征米五百六十二石二斗五升有奇。”
浔州卫	216.63	15	不详	“见征如旧。”
奉议卫	52.04	不详	不详	弘治时期单位为“丘”。“见征如旧。”
贵县守御千户所	73.45	8	不详	“见征如旧。”

续表

卫所	原额（具体时间不详）	弘治十五年（1502年）	见在（实在，万历时期）	备注
向武守御千户所	6.58	6	不详	“见征如旧。”
南宁卫	414.30	31.2	368.56	弘治时期数据只含左、右、中、中左4个千户所。
驯象卫	254.46	不详	74.05	“除横州及永淳代征外，实征田七十四顷四亩六分有奇，米一千三百四十五石一斗二升有奇。”
太平守御千户所	55.65	106	不详	“除拨陀陵官目佃种外，实征米四百二十五石七升有奇。”
武缘守御千户所	11.20	14	不详	“见征如旧。”
总计	5934.22	1121.04	2267.4	

据表4-1，弘治时期广西各卫所合计屯田面积达1121.04顷。弘治时期，奉议卫等多个卫所的屯田面积是以“丘”计，无法准确计算屯田面积，但根据其征粮数618石，按照每亩征粮2斗的通例，大概可以推算出其面积在31顷；桂林中卫后、中左、中右3个千户所的屯田面积不详，共征正、余屯粮合计783石左右，每亩征粮2斗，合计屯田面积也在39.15

顷左右；平乐守御千户所多个百户所的屯田面积单位为“丘”，具体面积不详，共征粮198石，按每亩征粮2斗计算，其屯田面积约在9.9顷。弘治时期广西卫所屯田面积总数，与上文直接抄录正德《明会典》卷十九“广西都司并所属卫所屯田共五百一十三顷四十亩”[①]并不吻合。由于史料记载的缺失，我们无法得知其具体原因，推测部分卫所屯田数是弘治十五年（1502年）以前的数据。与此同时，我们发现，弘治年间的屯田数与“各卫所通共原额屯田五千九百二十四顷二十三亩四分六厘六毫”[②]更是相距甚远，不及原额十分之一，说明从洪武至弘治时期，广西卫所屯田面积出现严重减额。经过正德、嘉靖时期的续垦和万历时期的清丈，广西各卫所的屯田数有了较快恢复。万历时期，广西卫所屯田征粮“见在米三万三千二百八十九石八斗七升一合六勺”[③]。虽然未能恢复到明代前期的水平，但较弘治时期无疑有了较大增长。将万历时期广西卫所的屯田数与邻近地区相比较可以发现，明代广西卫所屯田数不仅低于湖广、广东等发达地区，甚至低于同为边疆卫所的云南、贵州地区。

① 林富修、黄佐纂《广西通志》卷二十九《兵防志三·屯田》，书目文献出版社，1998年据嘉靖刻本影印，第372页。

② 戴耀修、苏濬纂《广西通志》卷二十一《兵防志一·屯田》，广西人民出版社，2013年据天启二年补刻本影印，第399页。

③ 戴耀修、苏濬纂《广西通志》卷二十一《兵防志一·屯田》，广西人民出版社，2013年据天启二年补刻本影印，第399页。

三、卫所屯田的地理分布

明代屯田百户所又称屯所，是明代最基层的屯田组织，设置在屯田所在地，以便对屯军和屯田进行管理。屯田百户所的命名形式一般是屯田所属千户所或“百户所+管理屯田的百户姓名”。据保存至今的《万历十三年屯余唐继贺屯田挂号执照》记载，唐继贺的屯田归福州左卫右千户所屯田百户宋冬下管辖，因此，该屯田百户所名为“右所百户宋冬下屯”。据嘉靖《广西通志》卷二十九记载，广西卫所屯田的命名方式有三种：第一种是以各卫下辖的千户所、千户所下辖的百户所名称来命名，如桂林中卫、桂林右卫所辖各千户所屯田以及全州、平乐、贺县守御千户所下辖的10个百户所屯田点。第二种是以屯田所在地命名，如富川守御千户所下辖的羊溪屯、劳溪屯、河诚屯、樱桃屯、清溪屯、长莫屯、白砂屯、长市屯、马渡屯、蒲塘屯和松林屯，梧州守御千户所所辖的松柏屯、莫洞屯、枫木屯、石塘屯、古育屯等，以及容县守御千户所下辖的大阳、水口等25个屯田点。第三种是以统领屯军的“军官职位+姓名”来命名，如位于横州的驯象卫有“百户周仁所屯”“试百户彭琚所屯”以及“故百户张裕所屯”等30个屯田单位。地方志所记载的屯，更多的是指某个屯田地点，而非百户所，其名称大多根据屯田所在地的地理因素而定，如富川守御千户所、容县守御千户所各屯。

明代卫所主要设在政治中心和交通要道，这些地区往往是经济比较发达的地区，空闲荒地较少，远不能满足卫所屯田的需要。因此，卫所屯田只能往没有卫所或荒地较多的州县扩张，同一卫所的屯田也往往分布在不同州县，从而导致卫所屯田所在地与卫所驻地的隔离。

桂林中卫、桂林右卫和广西护卫均驻扎在桂林府城中，其屯田分布范围遍及桂林府各辖县以及附近的平乐府部分州县。

明代，桂林府所辖临桂、阳朔、灵川、灌阳、兴安、永福、义宁等县内均设有桂林各卫的屯田点。临桂县“原额桂林中、右二卫屯田一十顷九十二亩五分七厘”①；阳朔县设有4个屯田点，均“系桂林中、右二卫、护卫等卫所军屯种”，其中“杨焕屯，在广和里，桂林右卫军耕种；周营惠，在忠善里，桂林中卫军耕种；思的屯，在崇富里，桂林中卫军耕种；店屯，在永宁里，桂林中卫军耕种”②。全州分布有全州守御千户所和桂林中、右二卫的屯田。对于桂林中、右二卫的屯田数，全州官府并不掌握。到清康熙十九年（1680年），才陆续有“里民”将原来“未入《全书》”的上述二卫屯田“首出”，纳入官府田税征收范围。灵川县“原额屯田一十三顷八十四亩，每亩科本色米一斗，共该征米一百三十八石四

① 金鉷修、钱元昌等纂《广西通志》卷二十六《屯田》，南宁：广西人民出版社，2009年据雍正十一年刻本影印，第496页。

② 陈洪畴修，权汝骏、徐元达纂《阳朔县志》卷二《屯田》，康熙时期修，民国二十一年抄本，无页码。

斗”[①]。灵川县不设卫所，这些屯田应该属于桂林右卫等卫所的旗军。

平乐府的平乐县、恭城县、修仁县、荔浦县均有桂林中、右二卫的屯田。洪武八年（1375年），桂林左卫屯军陈华四“纠合猺人李季九等为乱”，杨文“领旗军直抵平乐府谷塘等村，剿捕之”[②]，说明桂林左卫旗军早在洪武初年已经到平乐县从事屯田。据雍正《平乐府志》记载，平乐县有平乐守御千户所和桂林右卫屯、余田54顷30亩；修仁县有桂林右卫屯田11顷98亩；荔浦县则有桂林中、右二卫屯田共53顷33亩。恭城县是桂林中卫和广西护卫屯田分布地。洪武末，恭城县“土寇雷虎子作乱，蹂躏地方，永乐二年，拨军屯田，设寨堡守御东、西、北，十九年，屯护民耕种”[③]。恭城县内的桂林中、左二卫“原额屯地九十三顷六十六亩二分”，“明季清出屯余地十一顷九十三亩有奇”[④]，正、余屯田超过100顷。

郁林守御千户所的屯田分布在郁林州以及其所辖的北流、陆川和兴业等县内，其中位于郁林州富民乡黄牌、永宁乡清

---

① 陈采宣、陈虞昭修，崔达纂《灵川县志》卷一《舆图志·屯田》，雍正三年刻本，第24页。

② 汪森辑《粤西丛载》卷二十六《明朝驭蛮》，载《景印文渊阁四库全书》第1467册，台湾商务印书馆，1983年，第727页。

③ 陶尊修，陆履中、常静仁纂《恭城县志》卷四《营制》，光绪十五年刻本，第16页。

④ 陶尊修，陆履中、常静仁纂《恭城县志》卷四《钱粮》，光绪十五年刻本，第18页；胡醇仁纂修《平乐府志》卷九《武备·屯田》，雍正四年刻本，第54页。

骨等地“各屯通共计田四十五顷六十亩，岁征子粒米五百六十八石三斗九升八合五勺”[①]。据嘉靖《广西通志》记载，北流县的屯田主要分布县境西部、西南部的罗坡、独山峒、黎村峒、旭村峒等地，面积不详，“通共米二百九十八石零一升四勺七抄”；陆川县的麻林、旭村、竹簝等地也有屯田，面积不详，“以上各屯通共子粒米一百三十七石三斗零九勺”；兴业县的泷底、枫木、独秀岭、马塘峒等地也有郁林守御千户所的屯田，“共子粒米三百三十二石一斗六升一合九勺”。

南丹卫的情况非常特殊。南丹卫设于洪武二十八年（1395年），原位于地处广西西北部的南丹州，永乐二年（1404年）十二月迁至柳州府上林县，屯种当地绝户荒田，“因哨守其地”。正统七年（1442年），南丹卫再迁至宾州城。宾州虽号称“中土富乐之乡”，但宾州原有宾州守御千户所开展屯田，南丹卫迁至宾州后，“无片田尺土之籍，但惟安居坐食，取给于宾州”[②]。南丹卫离开上林县后，其原来所耕种的屯田也就此荒废，因此，嘉靖《广西通志》没有记载南丹卫屯田。嘉靖七年（1528年），王守仁在疏陈处置八寨的善后之策时曾建议将所存南丹卫近500名官军连同家属共2000人全部迁入位于八寨中心的周安堡，“清理屯田之在八寨者，使之屯种，又分拨各贼占

---

① 谢君惠修，王尚贤、马神征纂《梧州府志》卷十二《兵防志·屯田》，广西人民出版社，2013年据崇祯四年刻本影印，第681页。

② 金鉷修、钱元昌等纂《广西通志》卷一百《艺文》，广西人民出版社，2009年据雍正十一年刻本影印，第1625页。

据之田，使各官军得以为业”[1]。由于广西布政使林富的反对，迁南丹卫于周安一事暂时搁浅。直到万历初年，才将南丹卫迁至上林县三里镇。由于其屯田大多位于八寨，动辄被占，因此其屯田面积日渐缩小。明代后期，南丹卫屯地面积不足45顷，其中前所原额屯田5顷10亩，征粮102石，但“见征正粮田一顷五十亩，粮三十石，外三顷六十亩，粮七十二石，贼占无收”[2]。南丹卫其他千户所的情况也大致如此。

由于卫所旗军具有“且耕且守”的性质，屯田点的分布既有经济上的考虑，也有军事上的原因，因此，屯田点大多位于交通要道或隘口附近，从而造成卫所屯田点的高度分散。

灌阳各屯田点大多分布在灌江干流及支流沿线以及县境与邻县接壤地区。据嘉靖《广西通志》记载，弘治年间，灌阳守御千户所屯田中“军人领种屯”共1590亩，散布在烈溪洞等98处。秀江屯位于距离灌阳县城以东10里外，是灌阳通往湖广道州（今湖南道县）的必经之路，发源于湖广永明县的秀江水（又名飞江）在此汇入灌江；叶官营（屯）、李官屯、时官屯等则位于安乐源、马山源等灌江支流河谷。桂林右卫、桂林中卫在兴安县的屯田点至少有38个，散布在东乡、南乡、西乡和北乡。容县守御千户所屯田分布在落花、峒心、林湾、雷

① 王守仁：《处置八寨以图永安疏》，载金鉷修、钱元昌等纂《广西通志》卷一百《艺文》，广西人民出版社，2009年据雍正十一年刻本影印，第1625页。

② 郭棐纂修《宾州志》卷十《兵防志·屯田》，书目文献出版社，1990年据万历十五年刻本影印，第97页。

弯、大阳、波陕、石圭、六谋、禤村、罗孛、永丰、失梳、平台、南埇、六居、六云、六圭、罗权、三豆、浪滩、大营、塘埇、严山、石马、六高、油麻、丹村、六狗、何冲、黄岗、大塘、大冲、六歪、马埒、古利、七塘、石脚、社波、思盖、何木、白饭、北村、都泊等43处。驯象卫位于横州，在其设立之初，“每军拨与六石屯粮，后因军士耗缺，立五所屯田，总、小甲分官，各以百户统之”[①]。弘治年间，尚有30处以百户（含故百户）姓名命名的屯田点，每个屯田百户所耕种的面积多的有300多亩，少的只有60亩。河池守御千户所下辖17屯，分散在河池州境各地。富川守御千户所的屯田始于永乐年间，永乐二年（1404年），“将县内被贼杀绝抛荒膏腴民田十五顷九十亩作为本所屯田，给军领种，每军一名，各三十亩，每亩科米二斗，该米六石，共子粒屯米三百一十八石。正统十三年，将县内尚遗杀绝抛荒民田二百四十四顷四十七亩八分作为本所余田，拨给军余领种”。隆庆三年（1569年），“又将余田另立一里，不使混入屯田内，每年不拘诸色人等，照田赴所上纳余粮，听本所给军”。其屯田分散在洋溪、劳溪、樱桃、白砖、蒲塘、河诚、马渡、清溪、松林、长布毛、长漠等11个地方。太平守御千户所的屯田除了分布在附郭崇善县，还分布在其所辖土州县。其中第一百户所屯田位于府治歧畔村；第二、第

① 方瑜纂修《南宁府志》卷七《兵防志·屯田》，广西人民出版社，2008年据嘉靖四十三年刻本影印，第393页。

三、第四等3个百户所的屯田均位于忠州；第五百户所屯田位于龙州；第六、第七、第八、第十等4个百户所屯田位于陀陵县；第九百户所屯田则位于左州。各百户所屯田数量不一，多的有10多顷，少的只有1顷多。

卫所屯田的高度分散固然为卫所屯田的扩展提供了空间，但也造成了管理上的不便，这成为导致屯田制度走向衰落的重要因素。

第二节　卫所屯田的扩张与广西地方社会矛盾

以卫所官军开展屯田是一把双刃剑。就国家层面而言，大量官军从事屯田，虽然解决了数额庞大的军饷供应问题，减轻了朝廷的财政负担，但是会逐渐削弱官军的战斗力。就地方而言，经过元末明初的长期战乱，各地经济遭到严重破坏，田地抛荒，人烟稀少，从明初开始开展的卫所屯田对于垦复田地、恢复经济发挥了很大作用；与此同时，卫所官军难免会凭借自身的优势地位强占民田，造成地方税亩的减少，加剧社会矛盾，尤其在一些田地较少的地区，因军民争田而引起的社会动乱层出不穷。总的来看，明代军屯的屯地来源有“空地”“闲田”“荒田”“废寺田”“绝户田”，还有一部分“没官田”。在云南、贵州、广西等地，卫所屯田的主要来源则是所谓的“夷田”“夷地”，并不全部是新垦地。广西卫所屯田来源之所以有这一特点的主要原因是广西地势以山陵为主，可开垦的荒田并不多，其结果就是卫所官军为了扩张屯田，往往将民田指为“贼田”，通过征讨，占其耕田。这一做法加剧了广西各地的社会矛盾，夺田和反夺田成为广西社会矛盾激化的主要表现。

一、卫所屯田的扩展与土地垦复

明代前期，广西卫所官军人数约为12万人，由于卫所官军均需携家眷一同前往，按照每个官军最低携带2人计算，卫所人口至少在36万。庞大的卫所人口，对广西地方财政造成了巨大的压力。因此，以卫所官军开展屯田，不仅能从根本上解决卫所人口的粮饷供应问题，还能为广西荒田的垦复提供充足的劳动力，增加耕地面积；与此同时，卫所官军大多来自农业比较发达的江淮、江南、江西和湖广地区，也有利于先进农业生产技术的传播和推广。

经过元末明初长期战乱的破坏，明代初年，广西各地土地荒芜，人烟稀少。明初，平南县“兵荒之后，民多流亡”。阳朔县“地僻俗陋，惰于耕作”。洪武二十四年（1391年），湘南、桂北地区爆发瑶族农民起义，朝廷“调兵征剿”，灌阳县“剿绝人户二十八里，田粮无人种纳”①。洪武末年，

① 单此藩修、蒋学元纂《灌阳县志》卷三《赋役志·田赋》，民国十九年据康熙四十七年刻本抄，第5-6页。

桂中地区壮族人民起事，“柳州马平、迁江、来宾三县居民多死于兵，荒土相望”[①]。景泰、正统时期，大藤峡地区瑶族农民起义频繁，藤县西部“民中盗死、徙，田野尽芜”[②]。大量荒芜土地的存在，客观上为卫所屯田的开展提供了条件。

按照“三分守城，七分屯种”的原则，广西从事屯垦的卫所官军人数至少在8万，但实际人数上远不止于此。永乐二年（1404年）七月，“兵部臣言，屯军年六十之上及残疾、年幼者，宜令耕种自食，不拘比较赏罚之例”。宣德十年（1435年）十二月，广西都指挥佥事田真针对当时广西各卫所“征差逃故者多”的局面，要求卫所中的军余和老幼人口“如例屯田”。大量军余、老幼人口加入屯田，导致从事屯垦的人口数量大幅增加。在子粒征收方面，也为军余和老幼人口从事屯垦提供优惠条件，一般为每亩科米不到1斗，低于屯田每亩征米2斗的标准。这极大地激发了军余和卫所老幼等附属人口垦荒的积极性。

正是通过包括军余、卫所老幼人口在内的卫所移民的积极屯垦，明代广西的荒田得到一定程度的垦复。尽管因地方豪强强占、隐占屯田而造成在册屯田数下降，但实际

---

① 郭棐纂修《宾州志》卷十《兵防志》，书目文献出版社，1990年据万历十五年刻本影印，第93页。

② 谢君惠修，王尚贤、马神征纂《梧州府志》卷之十一《兵防志》，广西人民出版社，2013年据崇祯四年刻本影印，第682页。

屯垦情况要好于史料记载，特别是军余已经成为卫所屯田的主力，其所屯种的余田数量远远超过旗军屯种的屯田。

洪武末年的瑶族农民起义造成灌阳县人口逃亡，田地荒芜，灌阳守御千户所和桂林中、右二卫官军、军余奉旨“屯种前田，认纳粮六千余石”。正德年间，桂林中、右二卫在灌阳县的屯田号称“三十六屯、一十五所”，耕种者既有官军，也有军余，其所耕种的屯田分别被称为正田和余田，还有官军、军余私自开垦的新增田。万历时期，桂林中、右二卫在灌阳县的15个屯田所总屯田数达到175.85顷，其中正田16.8顷、余田113.9顷、新增田45.15顷。据康熙《灌阳县志》记载，各屯田所的具体情况如下：

汪所，正田一顷三十亩，米二十四石，余田四顷五十五亩，米三十七石九斗一升，新增田一顷一十七亩，米八石二斗五升。

李所，正田四百丘，一顷八十亩，米三十六石，余田五顷七十五亩八分，米四十九石九斗二升，新增田五顷四十一亩，米三十五石二斗八升。

吴所，正田一顷五十亩，米三十石，余田五顷九十九亩，米三十五石二斗八升，新增田二顷四厘，米一十二石四斗九升。

上张所，正田三顷，米六石，余田九顷五十六亩，米八十五石五斗四升，新增田一顷九亩，米七石四斗三升。

方所，正田三顷，米六十石，余田一千五百四十二丘，七顷，米六十九石六斗一升，新增田八百二十丘，一顷二亩，米七石一斗四升。

龚所，正田二顷一十亩，米四十二石，余田三顷二十亩，米一百一十九石九斗一升，新增田四顷二十八亩，米一十九石二斗八升。

衡所，正田二百四十丘，三顷三十亩，米六十六石，余田一千六百一十二丘，十三顷，米一百二十四石，新增田二百五十九丘，税一顷，米十石。

徐所，正田九十亩，米十二石，余田二顷八十八亩，米一百二十一石七斗一升，新增田四顷二十二亩，米二十九石五斗七升。

杜所，正田六十亩，米十二石，余田二千九十九丘，十顷，米一百一十一石六升，新增田八十九亩，米六石一斗三升。

范所，正田二十亩，米二十四石，余田十二顷二十八亩，米一百九十石九斗四升，新增田六顷七十二亩，米四十七石。

冷所，正田无，余田一千九百九十六丘，八顷，米八十石，新增田五百八丘，三顷，米二十四石。

下张所，正田四十丘，米六石，余田三顷二十五亩四分，米一百三十石六斗升，新增田一顷，米一十石八升。

蔡所，正田六十亩，米十二石，余田一十一顷三十亩，米一百四十九石七斗一升，新增田二顷三十五亩，米十六石。

熊所，正田三十丘，米六石，余田一千一百三十五丘，七顷，米六十七石一斗一升，新增田二百一十六丘，一顷，米一十一石。

王所，正田一百一十丘，税九十亩，米十八石，余田一千八百九丘，税十顷十四亩，米八十石八斗四升，新增田一千八百九丘，税一十顷，共折银一两二钱六分。

以上各屯子粒，原额正、余并新增共米二千一百九十七石六斗三合六勺六抄五撮，岁收灌字廒。

上述数据应该是万历十年（1582年）前后编赋后核定的卫所屯田子粒数。需要注意的是，上述屯田点的耕地性质都包含了正田、余田和新增田等三类，而且毫无例外，正田数量远不及余田和新增田，一些屯田点的新增田甚至超过余田面积。

正统、景泰年间，八寨义军进入横州，“占据军民田土，因而荒芜者无算”，官府镇压义军后，“民逃他境者，或被杀绝，无主开耕”，于是驯象卫军舍、军余及“民有力之家，告愿开垦，增粮在卫，名为余田”，军余王环等、州民王暹等“各告开垦本州及永淳余田共一百六十四顷六亩有奇”，也远远超过54顷的“旧数”[①]。

① 方瑜纂修《南宁府志》卷七《兵防志》，广西人民出版社，2008年据嘉靖四十三年刻本影印，第393-394页。

二、军民争地与明代广西地方社会矛盾的激化

明代卫所体制以分权、相互制约为原则，为实现此意图，“在屯地的分配上往往相互交错”。都司辖地本来就与所对应的布政司辖地并不完全一致，因此，一个都司所辖卫所的屯地、屯田位于另一个州县甚至另一个布政司的情况非常普遍。屯田远离卫所驻地，导致卫所对屯田的管理鞭长莫及，加剧了屯田的流失。广西山多田少，丘陵地貌发育普遍，难以形成连片的屯田，不仅卫所驻守地与屯田地分隔，还有一个县分布多个卫所的屯田，即使在同一州县，屯田也零星分布于各地，无法成片。这种分布格局，必然造成卫所土地、人口与州县在地理分布上的相互交错。

事实上，明代广西卫所屯田的主要来源就是“绝户田”和“贼田”。洪武二十五年（1392年）开设迁江屯田千户所，“时柳州马平、迁江、来宾三县居民多死于兵，荒土相望，因招土兵耕守其地”[①]。永乐二年（1404年），将南丹卫从南丹州迁至上林县，屯种当地绝户的土地，“因哨守其地”。嘉靖八年（1529年）十月，两广总督林富建议将迁江屯田千户所4所官军迁至周安，招募右江土官，“使率其众与所迁军分耕

① 戴耀修、苏濬纂《广西通志》卷二十一《兵防志一·卫所军》，广西人民出版社，2013年据天启二年补刻本影印，第395页。

贼地，三年而后起科”[①]。隆庆五年（1571年），两广总督殷正茂镇压古田起义后，设立古田守御千户所，为了满足官军屯田，也大肆进行武装占田，“核诸遗田三万一千九百余亩，分给诸兵，且耕且守”[②]。万历三年（1575年），两广总督吴文华镇压黎福庄领导的府江起义后，下令“修屯守之政，籍贼田归之兵，籍余田归之民”[③]。万历十二年（1584年），吴文华调集汉、土兵26000人镇压周惺婆领导的府江起义，“斩首一千二十四级，生擒贼首周惺婆等一百八名，俘获男妇以千计，籍没田土以万计”[④]。明朝廷以桂西俍兵屯戍桂东地区，动辄拨给他们土地数万亩。据万历《广西通志》记载，隆庆五年（1571年），朝廷镇压古田起义军后，一方面设立古田守御千户所，另一方面则设立常安、桐木、富禄3镇，招募南丹等地土目率兵迁移至此，分给镇压土地，“且耕且守”，其中桐木镇设耕兵90名，每名给田45亩，合计1350亩；常安镇设耕兵143名，富禄镇设耕兵451名，另设土官、头目管辖，根据其身份授予不同数额的土地，其中土官授田300亩、官男100亩、官族大头目30亩、小头目25亩、兵20亩。据瞿

① 《明世宗实录》卷二，嘉靖八年十月丙子条，台湾“中央研究院”历史语言研究所，1962年校印本，第2511页。

② 汪森编《粤西丛载》卷二十八《古田》，载《景印文渊阁四库全书》第1467册，台湾商务印书馆，1983，第762页。

③ 汪森辑《粤西丛载》卷二十六《明朝驭蛮》，载《景印文渊阁四库全书》第1467册，台湾商务印书馆，1983，第741页。

④ 汪森辑《粤西丛载》卷二十六《明朝驭蛮》，载《景印文渊阁四库全书》第1467册，台湾商务印书馆，1983，第742页。

九恩《万历武功录》记载，万历六年（1578年），两广总督凌云翼镇压岑溪七山和六十三山瑶族农民起义后，夺取土地3600余亩，“募到耕兵韦月等八百人，给牛具、种子”，使其耕种。

卫所官军和耕兵为了扩大屯垦面积，往往指民为“贼”，甚至公然抢夺民田，由此引发尖锐的社会冲突，成为明代广西社会动乱的导火索。明朝官军在征讨各地过程中也往往采取“籍其田庐”的政策，剥夺农民的田地，迫使更多农民加入起义军队伍。“反夺田”也因此成为明代广西瑶壮起义军的首要斗争目标。

早在洪武二十一年（1388年），“富川县灵亭乡山、破纸山等洞瑶二千余人，占耕内地”[①]。天顺三年（1459年）八月，八寨起义农民远攻灵山，“攻陷城池，掳掠人畜，占耕石隆堡民田，势甚猖獗”[②]。据《明实录》记载，弘治、正德年间，府江地区的瑶、壮族农民在修仁、荔浦等地夺回被强占的田地，导致“粮多逋负”，地方官不得不“暂停粮税”，同时对起义军加以“抚捕”，“其占种田塘，责令还主”。从正德年间开始，岑溪、北流、陆川、郁林等地瑶、壮族农民发动起义，嘉靖三十一年（1552年），两广总督应槚发兵“征之，擒斩二百余人，籍其田庐”。这一做法引起了当地瑶、壮族农

① 张廷玉等撰《明史》卷三百一十七《广西土司一》，中华书局，1974年，第8213页。

② 林希元纂修《钦州志》卷九《历年志》，嘉靖十八年刻本，第14页。

民的持续不断的反抗。万历三年（1575年），岑溪县连城乡壮族首领潘积善自称"平天王"，他们与广东罗旁瑶族起义军相互呼应，纵横两广交界地区，沉重地打击了明朝的统治。万历六年（1578年），官军大征罗旁。面对大军压境的严峻形势，潘积善乞降，"愿归田输赋，得比编户"。朝廷在岑溪七山、六十三山等瑶、壮族聚居地设立营堡，将农民的田地拨给耕兵韦月等土目领兵屯种。据乾隆《岑溪县志》记载，万历二十三年（1595年），岑溪瑶族群众再次起兵，杀死韦月等耕兵头目。隆庆年间，两广总督殷正茂派人招抚八寨义军首领，在该地设立长官司，以那马土巡检黄旸率兵屯田守御。为了反抗土兵的夺田，万历二年（1574年），八寨农民军重新举起反抗的大旗，很快聚集成1万多人的队伍。

土地杂错带来的最大问题就是田土疆界不明，往往导致"民与军杂处，民强必占军田，军强必夺民业"[①]。灌阳僻处广西东北部，山多田少，灌阳守御千户所和桂林中、右二卫屯军在灌阳开展屯田，"认纳粮六千余石"，勉强凑足9900石的原额。但"彼时军强势大，欺压民人，又加逃亡，止得八里，被军占去田粮八百七十八石"。更为严重的是，屯军强占民田，田赋却仍然由百姓承担，出现"田归军种，粮存于民"的局面，百姓只得"分派虚赔"，从而导致"积年拖欠不

① 张霖修纂《石门县志》卷一，成文出版社，1970年，第47–48页。

完”[①]。卫所屯军的占田行为引起了地方官绅的强烈不满。弘治年间，“老人文世昶具奏，行使司徐参政亲临本县，丈量军田，足额量出，所占民田还于民；其年深有不愿还者，责令本所耕管，办纳余粮，将奉过勘合行过文移，勒碑于昭义公馆，永远不磨”[②]。康熙《灌阳县志》卷三《赋役志》载录了此碑全文，节录如下：

奉都察院巡按广西四千七百一号勘合，札付前事。该本县正二保老人文世昶奏疏：本县原额四十二里，田粮九千九百余石，洪武二十八年，猺民作乱，调军征剿，遗下残民招抚，并作十四里，田粮三千三百三十八石零，其剿绝人户二十八里，田粮无人种纳。奏奉勘合，已拨桂林中、右二卫并灌阳千户所军余屯种前田，认纳粮六千余石，军民纳足原数。彼时军强势大，欺压民人，又加逃亡，止得八里，被军占去田粮八百七十八石，田归军种，粮存于民，只得分派虚贩[赔]，积年拖欠不完。弘治八年，奏行使司徐参政临县丈量军田，足勾原数，额外量出先前占过民田数多，止将田粮三百五十余石退拨与民种纳，虚米尚有五百二十七石零。因各军耕业年久，坚执不肯吐退还民，情愿额外照田认纳，新增

① 萧煊修、范光祺纂《灌阳县志》卷十四《户赋志·征收碑》，道光二十四年刻本，第12-13页。

② 单此藩修、蒋学元纂《灌阳县志》卷三《赋役志·田赋》，民国十九年据康熙四十七年刻本抄，第5页。

粮米一千余石，造册奉缴讫。其未还田粮，仍令各民虚赔[赔]。奏乞分豁等因。备委本府周推官会同所、县，拘齐军民，查审前情是实，具由呈详。又蒙行委洪通判、桂林中卫指挥凌溥、右卫指挥徐棠荫、所县掌印官刘表等，会同拘齐二卫三十六屯、一十五所屯军、余查审，各将先年认纳新增粮数内，责令弟年种纳五百二十七石六斗，加补民赔［赔］无征之数，分派各屯军余，照数领讫，扣除民纳虚数，取具供结回缴外，今照钱粮重务，诚恐日后军民争讼，府县虽有案卷，非经年久，必须刻石，以垂日后有所考焉。理合移关本县，烦为施行等因。到县案照，先为前事已经关委去后，今准前因，拟合就行。为此，除外帖仰各里里老王佑等照依帖文内事理，即将前项奏议节略缘因并各里除豁粮米及各屯所领纳数目明白刻碑为记，以杜后争，俱无违错。

上述告示反映了明代中期灌阳内军民争田的情形。在“兵强民弱”的情况下，卫所官军趁着战乱之后当地百姓逃亡、田地抛荒的混乱局面，强占民田。这不仅直接导致地方田税收入锐减，而且民田转变为屯田后，与此相应的田赋并未随之交割，百姓“田去税存”，赔纳严重，加重了百姓的赋税负担。针对上述混乱局面，地方官府经过多次清丈，试图理顺民田和屯田之间的关系，缓和军民之间的矛盾，解决地方田赋收入锐减的难题，但实际效果并不理想。

明代屯田被私相买卖和典卖屡见不鲜，土地流转日益频繁，围绕土地权属产生的经济纠纷成为民间诉讼的主要内容，军民争讼也时有所闻。

第三节　军屯的民田化与屯田归县

明朝前期，军屯的广泛设立取得了积极效果，但“自正统后，屯政稍弛”，“屯田多为内监、军官占夺，法尽坏”[①]，到嘉靖时期，屯田已是“十不一存”了。王毓铨先生将屯政破坏的原因归为十一类，其中地方豪强势要和卫所军官的强占是主要原因[②]。明代广西卫所屯田始于洪武年间，遍及很多地区，到明代中期以后，屯军逃亡、屯田失额现象严重，屯田制度逐渐遭到破坏。

---

① 张廷玉等撰《明史》卷七十七《食货一》，中华书局，1974年，第1885页。

② 十一类原因：一是勋贵官豪势要侵夺占种；二是豪民兼并；三是巨家豪族阴以洼阜硗瘠民田抵换膏腴屯田，丘段更改，故迹莫可考；四是豪强嘱请官府将民田堪为民田；五是官屯官、官舍或官旗隐占；六是旗官典卖；七是不堪屯粮杂差，屯军私将屯地投献势要；八是或因远隔，或因无力耕种，屯军将田佃种于人，久之佃户为主，不知田之所在；九是困于赔补屯田，应当杂差，屯军逃亡，屯田抛荒；十是困于卫所官员的科索、剥削、虐使，屯军逃亡，屯田抛荒；十一是或因贫困，缺乏牛具、种子，无力耕种，遗弃抛荒。其他还有自然灾害、民间冒名顶替、临田农民侵削等。参见王毓铨：《明代的军屯》，中华书局，2009年，第290–291页。

一、明代广西军屯的被破坏和屯田的民田化

总的来看，尽管从明初开始朝廷就在广西各卫所推行屯田，以图实现以屯养军的目的，但广西并不具备开展大规模屯田的条件。一是广西山多田少，耕地资源有限，田地分散，数量不多；二是与其他内地卫所相比较，广西卫所需要承担更加频繁且艰巨的军事镇压和戍守功能，反映在屯军与征操军的比例上，就是用于守城的征操军数量较多，屯军数量有限，而且经常被征调出战，影响农时，有时甚至需要征发军余来承担镇守任务，因此，难以保证军田上有足够的劳动力投入，很多屯田只好由民户承担耕种任务。加上自明代中期以后卫所体制不断遭到破坏，广西的军田失额现象较其他地区更加普遍和严重，最后导致军田被破坏。据《明神宗实录》记载，万历二年（1574年），“广西巡按御史唐录奏：广西原额夏、秋二税共该米四十三万一千三百五十七石，屯粮六万一千二百石。国初如数输纳，军需不匮。近来民间拖欠，完纳者不足三分之一。其间贼占抛荒者固多，有藉以为名，民得其九者；有指荒为词，未荒而免者；有豪势吞占，莫可谁何者。宜行司、府、州、县、都司、卫所，将一应额办钱粮如法追征，以十分为率，每年带征二分。若怠玩拖欠者，照例参奏降罚调卫。中间贼占抛荒，宜设法整理，俾不失业。部覆从之”。可见，万历初年，广西卫所屯田的破坏已经非常普遍和严重。

关于明代卫所屯田的破坏，万历时期出任广西左参政、

万历《广西通志》总纂的苏濬有自己的看法：

> 今之谈屯政者，每曰武弁之朘削也，豪右之侵寇也，军没于利而鬻其赀，素封者并其籍而去之也。盖不独粤西然矣。然屯之不能不弊也，势也。长有家者多市田宅，遗之子若孙，未易世而其子孙不能有也，何况于军？军且付之恶有，何况于屯？故屯之不能不弊也，势也。夫粤西非中原比也，十亩之产不当五金，丈量而后，亩钟之数犹有存者，及今而核，民则民，军则军，令其名实不相混，不亦庶乎？天下未尝无任事之人，而尝患于沮格，任者未几，而议者已继，人各有心。甚矣，任事之难也。

苏氏认为屯政的破坏是不可挽回的必然趋势，其原因应该从明代卫所体制的破坏中去寻找，可谓一语中的。综合各种史料加以分析，明代广西卫所屯田制度破坏的主要原因主要有以下几种：

第一，大量屯田被强占或典卖。清顺治十五年（1658年），都察院左都御史魏裔介在论及明代军屯破坏情形时曾指出："卫所田地自明正统以后大半卖与豪强，有力之家不过量收籽粒而已。"[①]可见私相典卖屯田和军官、豪强强占屯

① 魏裔介撰《兼济堂文集》卷二，载戴逸主编《文津阁四库全书清史资料汇刊》，商务印书馆，2005年影印本，第377–378页。

田是明代中期的普遍现象。明初，朝廷对屯田实行严格保护，对军官强占屯田严加禁止。同时对私相买卖和出典屯田的行为也严加禁止，“私相买卖，军民皆发极边充军”[①]。但严苛的刑罚并不能完全阻止屯田的私相典卖。到弘治年间，“屯田政废，册籍无存，上下因循，无官查考，以致卫所官、旗、势豪军民侵占盗卖，十去其五六，屯田有名无实，所以各该卫所军士月粮，有一、二年不得关支者”，“势官豪军，侵占屯田，而久享厚利，军士嗟怨，人心未平”[②]，严重影响官军的战斗力。成化初年，大藤峡地区瑶、壮族农民起义进入高潮，起义军突破官军层层包围，严重威胁到明朝在岭南地区的统治秩序。五屯位于藤县与桂平县交界地区，早在元代，朝廷就招募来自桂西地区的壮族在此屯田，五屯由此得名。随着瑶族大量进入桂中地区，围绕土地所有权的争夺日趋激烈，五屯也因此成为瑶族农民起义的中心之一。长期的战乱，导致当地经济凋敝，“田野尽芜”。据崇祯《梧州府志》记载，成化年间，两广总督韩雍上疏请求比照迁江屯田千户所，在此设立五屯屯田千户所，利用荒地开展屯田，“其田皆为屯田赡军”，但万历以后，“军多报绝，田为势豪隐占”，官府对屯田进行清理，“清出绝田，变价四千零七十

① 徐学聚编《国朝典汇》卷一百五十六《兵部二十·屯田》，台湾学生书局，1965年，第1806页。

② 马文升：《清屯田以复田制疏》，载陈子龙等选辑《明经世文编》卷六十三，中华书局，1962年，第519页。

九两”，用于充饷。这一做法突破了禁止屯田买卖的禁令，导致大量屯田落入豪强之手。平乐守御千户所屯田位于平乐县，“屯田无多荒匿，至不□问，始则不属之本军而移之他军，继则不属之军而移之民。于是军与田俱荒矣”。到明末，“法度废弛，军士逃亡殆尽”，“存者较原额仅十之二八”[①]。明末清初，广西护卫、桂林右卫、桂林中卫设在阳朔的屯田，“军丁死亡过半，或附近居民承垦，或别军认纳熟税，批佃承种，有屯田之名，失屯田之实矣”[②]。梧州守御千户所屯田还成为藩王觊觎的对象。崇祯四年（1631年），“惠、桂两藩赡田，本县共派七十顷零二亩三分四厘七毫。其初议割民田，而士民争执，以为不便。知县王尚贤请裒余田如派数以充赡田，可省民间物力，得报可”[③]，从而导致梧州守御千户所掌握的余田数量进一步下降。

私相买卖屯田的现象也发生在桂北的灌阳县。据《灌阳姓氏通书》记载，万历三十一年（1603年），灌阳乡绅刘国华以岁贡身份出任东兰州学训导，升新宁州学教谕，后退职乡居，“为后人计，购田宅于白面山、李官屯、唐官屯，立业编户”。李官屯、唐官屯均为桂林中、右二卫屯田点，可见其屯田被买卖应该不是个案。

---

① 胡醇仁纂修《平乐府志》卷九《武备·屯田》，雍正四年刻本，第55–56页。

② 陈洪畴修，权汝骏、徐元达纂《阳朔县志》卷二《屯田》，康熙时期修，民国二十一年抄本。

③ 谢君惠修，王尚贤、马神征纂《梧州府志》卷七《赋役志·屯余田》，广西人民出版社，2013年据崇祯四年刻本影印，第408–409页。

在桂中地区，卫所屯田被地方豪强隐瞒占耕的情况时有发生。据万历《宾州志》记载：南丹卫所辖8个千户所中，左、右、中、前4个千户所均有屯田长期处于“贼占无收”的状况；宾州守御千户所原额屯田150.64顷，该征屯粮米1313石4斗，宣德五年（1430年），“宾州豪民谢再鲜、林鉴等佃种、隐占绝军蒙丁贰等五十五户屯田四十一顷八十九亩一分九厘，该粮米三百八十九石九斗四升一勺五抄；上林县豪民韦汝利、潘茂等佃种、隐占绝军□仲贞等六十一户屯田五十四顷八十八亩六分三厘，该粮米七十二石七十六升五合八勺。正统年间，被豪民韦汝利等盗卖与土官知府岑瑛，共三十三顷九十二亩四分二厘，该粮米二百五十三石九斗二升九合三勺五抄，设立古零、那学、通感、下畔四堡，拨兵耕守，头目覃益领种”。明代中期，宾州守御千户所的屯田已经所剩无几。

第二，屯田的民田化。这也是明代卫所屯田制度遭到破坏的主要表现。

导致卫所屯田民田化的重要原因是屯田耕种者身份的转变。从理论上讲，卫所屯田的耕种者应该是正军，卫所官军领取分地，缴纳屯粮，官舍、军余不承担屯田任务。永乐二年（1404年）七月，“兵部臣言，屯军年六十之上及残疾、年幼者，宜令耕种自食，不拘比较赏罚之例”。宣德十年（1435年）十二月，广西都指挥佥事田真上疏称：“洪武间，各卫军士屯田十分之七。近年征差逃故者多，遂将余丁老幼足之。且余丁递年供应正军，复令屯田，实为重困。乞将老幼如例屯田，余丁优免。事下行在户部覆奏，从之。”[①]军余甚至老幼人口成为屯田的重要承担者。

明代田赋征收数额根据田地性质、等级而不同。据《明史》记载：“初，太祖定天下官、民田赋，凡官田亩税五升三合五勺，民田减二升，重租田八升五合五勺，没官田一斗二升。”[②]洪武时期，“亩税一斗”；成祖即位之初，“始定科额，每军田一分，正粮十二石，收储屯仓，听本军支用，余粮十二石，给本卫官军俸粮”[③]，按每分地为50亩计算，平均每亩高达4.8斗，远较民田为重，“各都司卫所下屯军士，其间多有艰难”。这导致屯军或耕种余田的军余、佃种屯田的百姓想方设法将屯田转化为民田。为了减轻屯军的负担，朝廷在永乐二十年（1422年）即下令屯军“除自用十二石外，余粮免其一半，止纳六石”。洪熙元年（1425年），“令每军减征余粮六石”；宣德十年（1435年），“诏各都司卫所下屯军士正粮子粒十二石，给军士用，不必盘量，止征余粮六石，于附近军卫有司官仓交纳”；正统二年（1437年），“令每军正粮免纳上仓，止征余粮六石。科则至是始定”[④]。“屯粮之轻，至弘、

---

① 《明英宗实录》卷十二，宣德十年十二月丙午条，台湾“中央研究院”历史语言研究所，1962年校印本，第218页。

② 张廷玉等撰《明史》卷七十七《食货一》，中华书局，1974年，第1896页。

③ 申时行等重修《明会典》卷十八《户部五·屯田》，商务印书馆，1936年，第482页。

④ 申时行等重修《明会典》卷十八《户部五·屯田》，商务印书馆，1936年，第482页。

正而极，嘉靖中渐增，隆庆间复亩收一斗。”[①]由于屯军负担的减轻，耕种屯田成为有利可图的事，“正粮为应得之物，屯产亦遂为固有之私，典卖迭出”，私相买卖、典租屯田的现象日益普遍，导致屯田私有化日趋严重。明人孙承泽认为，“屯法之坏，一坏于余粮之免半”，“再坏于正粮之免盘”[②]，指的就是这种情形。

以民户耕种卫所屯田的情况在广西很常见。

梧州守御千户所的屯田分为两类，一类是正军屯种的屯田，另一类是军余耕种的余田。据崇祯《梧州府志》记载，梧州守御千户所原额屯、余田共计210顷，其中屯田12.5顷，余田197.5顷，分别由旗军和军余耕种。“永乐年间，军士全伍调征交趾，遗下屯、余田，暂令附近苍梧县民佃耕。”后来官军陆续回伍，但县民耕种的屯田已经无法全额收回。正统十一年（1446年），官府“清查存税，前田分拨军民领种”；嘉靖二年（1523年），又规定“军种屯、余田在本所征解，民佃余田在苍梧县征解”，从法律上确保了县民耕种屯田的权利。由于地方豪强占耕和军官隐没，梧州守御千户所屯田面积逐渐减少，“万历以前，余田失额三十九顷七十八亩一分零”，通过万历十二年（1584年）的清丈，屯田额恢复到205.77顷。但从万历后期开始，梧州守御千户所再次失去大

① 张廷玉等撰《明史》卷七十七《食货一》，中华书局，1974年，第1886页。
② 孙承泽撰《春明梦余录》卷三十六《户部二·屯田》，《四库全书》本。

量的屯田。天启元年（1621年），梧州守御千户所“总军种屯、余田”一共只有44顷[①]，其中“本所实征军种正屯田一十三顷八十四亩零六厘，该米二百七十六石八斗一升零；上余田三顷二十九亩二分零，该米四十九石三斗九升零；中余田五顷六十九亩六分零，该米五十六石九斗六升零；下余田二十顷一十七亩二分零，该米一百四十八石二斗零七合”。与此同时，“本县附征”的民佃余田数量急剧增加，“总民佃余田共税一百五十八顷六十六亩三分零，粮米一千四百三石八斗五升零，递年起运本府广储仓一千二百二石一斗三升零，每石折征银五钱，共银六百一两六分零”，其中“上余田二十三顷一亩九分零，该米三百四十五石二斗九升；中余田三十六顷三十五亩零，该米三百六十三石五斗零；下余田九十九顷二十九亩二分零，该米六百九十五石四升零”[②]。由此可见，由百姓承种的屯田数量和苍梧县征收的子粒远远超过梧州守御千户所直接掌握的数额。

容县守御千户所屯田的耕种者既有卫所官军和军余，更多的则是百姓代耕。出现这种局面的重要原因也与千户所官军的严重减员有关。据史料记载，永乐年间，容县守御千户所被全员调征安南，损失将近1000人，“遗下屯田，暂令乡

① 谢君惠修，王尚贤、马神征纂《梧州府志》卷七《赋役志》，广西人民出版社，2013年据崇祯四年刻本影印，第405-407页。

② 谢君惠修，王尚贤、马神征纂《梧州府志》卷七《赋役志·屯余田》，广西人民出版社，2013年据崇祯四年刻本影印，第405-408页。

民佃耕。及各军归伍，于正统十一年清查税田，分拨军民领种。军种屯余，由本所印官征收，解府支发兵响；民佃余田，由本县征收。自时厥后，军不自耕，招民代种，而收其租，贫则鬻与民，谓之兑食。亦有逃亡军户为乡民诡冒包食者”[①]。旗军所耕种的屯田和百姓等佃种的余田分别由容县守御千户所和容县地方政府征收粮赋。天启元年（1621年），“本所实征屯、余粮米八百六十二石八斗九升零，听各军本折备办，赴县仓库上纳；本县带征民、瑶佃粮米八百二十一石七斗零，听民、瑶本折上纳，折色每石折银三钱八分”；在本县带征的佃余田粮中，“民佃米六百五十八石六斗零，瑶佃米一百六十石二斗五升九合”。以上合计“军、民、瑶米共一千六百八十四石六斗零”[②]。

郁林守御千户所“原额屯余田共一百五十九顷八十七亩三分零”[③]，到万历初年，“失额二十五顷七十一亩九分零”。经过万历十年（1582年）的“丈复原额”，屯田面积有所恢复，万历十二年（1584年），“总屯余田一百五十六顷七十六亩六分”，其中由旗军屯种的“正屯田一十五顷六十亩，每亩科米

① 易绍德、王永贞修，封祝唐、黄玉年纂《容县志》卷十《经政志·屯田》，光绪二十三年刻本，第13页。

② 谢君惠修，王尚贤、马神征纂《梧州府志》卷七《赋役志·屯余田》，广西人民出版社，2013年据崇祯四年刻本影印，第410–411页。

③ 戴耀修、苏濬纂《广西通志》卷二十一《兵防志一屯田》，广西人民出版社，2013年据天启二年补刻本影印，第401页。其所载郁林守御千户所原额屯田一百九十五顷八十七亩一分有奇，与崇祯《梧州府志》卷七所载不同。

二斗一升”，稍高于梧州、容县守御千户所每亩科米2斗的标准；余田则由县民佃种，分为上、下两等，民佃上余田每亩科米1斗5升，下余田每亩科米7升[①]。由此可见，民佃余田的赋税明显低于军种屯田，这在一定程度上刺激了屯田的民田化。

位于北流县的罗坡峒、独山峒、黎冲峒、旭村峒等4处郁林守御千户所的屯田从正统四年（1439年）开始“给民耕种，折征粮米”，由北流县附征[②]。

驯象卫迁至横州后，开设屯田，以总甲、小甲分管，“各以百户统之，招民代耕，收租变粮，运横州军储仓上纳”。正统、景泰年间，八寨义军“越过州境，占据军民田土，因而荒芜者无算”。官府镇压义军后，“民逃他境者，或被杀绝，无主开耕”。于是驯象卫军舍、军余及“民有力之家，告愿开垦，增粮在卫，名为余田”。军余王环等、州民王暹等“各告开垦本州及永淳余田共一百六十四顷六亩有奇，该粮一千四百六十二石九斗有奇”，分为军余田、民余田两类，其中军余田123顷86亩，“带粮一千有八石五斗有奇”，民余田40顷20亩，“带粮四百五十四石四斗有奇”，余田数量及纳粮数均远超驯象卫屯田旧数[③]。

---

① 谢君惠等修，王尚贤、马神征纂《梧州府志》卷七《赋役志·屯余田》，广西人民出版社，2013年据崇祯四年刻本影印，第414–415页。

② 徐作梅修、李士琨纂《北流县志》卷十《武备·屯地》，光绪六年刻本，第1–2页。

③ 方瑜纂修《南宁府志》卷七《兵防志》，广西人民出版社，2008年据嘉靖四十三年刻本影印，第393–394页。

嘉靖时期，灌阳守御千户所屯田分为两类，“军人领种屯土名烈溪涧等九十八处，税一千五百九十亩，粮三百一十八石；民、瑶代种屯土名复顺里等处，税三百九十亩，粮七十八石”；迁江屯田千户所屯田分为三类，“甲兵佃种田三十一顷四十四亩有奇，税二百一十九石四斗八升有奇，族丁佃种田二百三十一亩九分有奇，粮一十六石二斗有奇，民户佃种田六顷八十亩有奇，粮四十七石六斗三升有奇”[①]。其中族丁和民户耕种的卫所屯田占有相当大的比例。

钦州千户所设立于洪武年间，“设屯田六十二顷，坐落城东厢新立乡、灵山县下东乡等处，拨钦州千户所百户二员领军耕种。宣德间，始罢，田归有司，给民耕种，办纳粮差”。宣德年间将钦州千户所屯田转为民耕，应该与永乐、宣德年间钦州千户所官军被征调安南导致官军人数下降、无力承担耕种有关。到嘉靖时期，“屯田之法，今已废坏，军士逃亡过半，耕种之人多非本军，皆民承佃”。知州林希元下令勘丈土地，“将勘过荒闲田地及原废未垦屯田，招人耕种，不拘军余、客居及无粮人户，但愿承田者悉与之，人给田三十亩”。先后招得军余朱镛、冯宁，客居廖达、章料记等人，新增屯田64顷80亩，科米1205石[②]。一些外来移民就此耕田纳税，

① 林富修、黄佐纂《广西通志》卷二十九《兵防志三·屯田》，书目文献出版社，1998年据嘉靖刻本影印，第373–374页。

② 林希元：《为复屯田以省转输以足军饷事》，载林希元纂修《钦州志》卷三《田赋》，嘉靖十八年刻本，第8–10页。

落籍本地，被称为“新民”。

民户、族丁等本来就是非军事人员，即使是属于预备军事力量的军余，也比正军更容易摆脱卫所的控制而转变为民的身份，其所耕之田自然也就更容易转变为民田。特别是田亩纳税情况与官学教育学生身份的取得相挂钩，进一步刺激了军余甚至正军将所耕屯田转变为民田的积极性。从史料记载可知，至迟从万历、天启年间开始，屯守平乐县的卫所官军已经有意识地转化自己的身份。明代中期，朝廷增调湖广、桂林卫官军屯守广运等堡，俗称湖广哨、桂林哨。其中桂林哨戍守广运堡，共150人，“既给有屯田耕种，又复月支粮饷，故可坐名差拨”，待遇不可谓不优厚。天启年间，戍守广运堡的桂林卫官军“竟同土著，置产入学于平”，其所种之屯田也变为民田，这成为康熙年间将平乐守御千户所官军“裁汰为民”[①]的先声。

二、清代裁并卫所与屯田归县

随着明清易代，八旗兵制、营兵制和募兵制逐渐推行，作为前朝旧制的卫所已无存在的可能，即使保留了卫所的旧名，其军事职能也逐渐消失。朝廷通过大量裁汰卫所军官并取消其世袭身份，采取屯丁改为民籍、屯地按民田起科等手

① 黄大成纂修《平乐县志》卷五《兵防·戍调》，康熙五十六年刻本，第10页；卷二《形胜·津梁》，第38页。

役，从而实现卫所人口和田地与州县行政系统的完全合并。

明末清初，卫所屯田制度的弊端已经暴露无遗。清顺治十五年（1658年），都察院左都御史魏裔介在其上疏中指出：

明制，以卫军不可战守，江南诸省有漕运之役，直隶、河南诸省有修边之役，虽役轻于民，尚有用其力之处也。今江南诸省固有运粮之役，而大江以北各直省军丁既不漕运，又不修边，不知所司何事，乃旧日千百户等官犹假借名色，滥免差徭，军丁除正赋外，其余一无所事。赋又轻于民间，民间供应兵马、征粮运草、驿递夫马、城池道路、佥解物料、马价钱粮、里甲现役，一切杂泛差徭，繁难百倍于军，军皆不与……古今偏枯不平之事，未有大于此者。议者皆知卫所可裁，但以漕运之故，以为或累于民。臣窃思漕运卫所有限，其非漕运卫所者甚多。若将不运粮卫所归并附近州县管理，则有四大利：省官吏衙役俸薪，一也；均民间差徭，除三百年夙弊，二也；有司督率权胜武弁，荒芜可垦，户口可添，三也；销明季世袭不肖之心，四也……故臣以为除运粮卫所及边方卫所不裁外，其余尽行归并相邻州县官有司管理。仰祈勅下该部详察明朝一代卫所兴废始末及本朝时势不同之故，详议以闻，此兴利除弊之大政，而亦富国安民之第一著也。[①]

① 魏裔介撰《兼济堂文集》卷二，载戴逸主编《文津阁四库全书清史资料汇刊》，商务印书馆，2005年影印本，第377-378页。

改革卫所屯田成为清初社会经济制度变革的重要内容。清代的卫所归县经历了一个漫长的过程。清军入关之初，“因明之旧，卫屯给军分佃，罢其杂役”。顺治三年（1646年），“改卫军为屯丁”。康熙十五年（1676年），“以各卫荒田在州县辖境，军地民田多影射，令檄所司清厘”。雍正二年（1724年），“从廷臣请，并内地屯卫于州县，裁都司以下官，惟代运之屯与边卫无州县可归者如故”。光绪二十七年（1901年），两江总督刘坤一、湖广总督张之洞“条议屯卫宜裁”；“明年，谕各省勘实屯地，檄屯户税契执业，改屯饷为丁粮，归州县征解”[①]。至此，卫所体制彻底退出历史舞台。清代卫所归并州县主要涉及两个层面，“一是管理组织的整合，即裁撤卫所衙门，将其掌管的行政事务移交府、州、县等地方政府管理；二是社会经济制度的整合及卫所土地、户籍、赋役制度的‘民化’”[②]。具体做法是将卫所全部裁革，其行政事务全部归并到所在的州县，一些实土卫所则直接转变为州县等行政建制。

由于明代广西卫所均为非实土，其裁并卫所的形式与同属西南边疆地区的云、贵等省改卫所为州县不同，均是将卫所直接裁革，“所属屯田悉载《全书》，归并各府州县管

① 赵尔巽等撰《清史稿》卷一百二十《食货志一·田制》，中华书局，1976年，第3499-3500页。

② 毛亦可：《清代卫所归并州县研究》，社会科学文献出版社，2018年，第2页。

征”[①]，即将屯户和屯田直接并入其所在州县。由于很多卫所的屯丁和屯田往往分散在不同州县，在清代裁革卫所的过程中，必然导致同一个卫所的屯丁和屯田分别归于其所在州县。

对广西卫所的裁革始于顺治十八年（1661年），康熙年间是裁汰卫所的高峰。康熙年间，广西先后有30个卫所被裁革，全部集中在康熙五年（1666年），裁并后的屯田分别归并于桂林、平乐、梧州、浔州、南宁、柳州、思恩、庆远、太平等9个府以及郁林州，“原额及附征屯田共一千九百一十八顷三十八亩一分四厘零”，其中“除荒”180顷1亩外，实征1738顷36亩5分。随着垦荒政策的落实，一些脱漏的屯田陆续登记入册。康熙十九年（1680年），“里民首出”215顷；雍正七年（1729年）至雍正九年（1731年），又“首报并编征新垦未入《全书》”共15顷57亩，合计“共一千九百五十八顷二十四亩六分零，应征、实征及附征首出编征首报本折米共二万零三百一十八石四斗七升八合”[②]。

桂林府所辖州县中除永宁州外，其他各州县均有归并的屯田，合计总额276顷34亩。其中临桂县“原额桂林中、右二卫屯田一十顷九十二亩五分七厘”[③]，清朝“裁汰卫所名

① 金鉷修、钱元昌等纂《广西通志》卷二十六《屯田》，广西人民出版社，2009年据雍正十一年刻本影印，第495页。

② 金鉷修、钱元昌等纂《广西通志》卷二十六《屯田》，广西人民出版社，2009年据雍正十一年刻本影印，第495页。

③ 金鉷修、钱元昌等纂《广西通志》卷二十六《屯田》，广西人民出版社，2009年据雍正十一年刻本影印，第496页。

色，屯田与民田归县征解”，“每亩科本色米一斗”[①]。兴安县分布有桂林“中、右二卫屯田五十八顷四十亩零四分五厘，每亩应征银六分”[②]。入清以后，卫所屯田归并兴安县，原额加上首出共计52顷44亩[③]。根据田亩科则，针对不同类别、不同等级的田亩，按不同税率征收，兴安县的田赋分为官、民、屯、瑶、附征等五类，“各升科不等”，其中屯田分为3个不同等级，其中“花米屯田二十三顷八十三亩五分三厘九毫，每亩应征银五分七厘一毫九丝七忽八微四纤七尘；折色米屯田九十一亩五分六厘，每亩应征银八分；折色屯田五顷八十二亩零四厘八毫，每亩应征银三分三厘三毫三丝三忽三微”[④]。大量军屯点也得以保留，其中高桥屯、竹岭屯、俸山屯、山崎屯、东山屯、上塘屯、严田屯、石康屯、平坡屯、土坡屯、莫川屯位于东乡，松明屯、扒田屯、上桂屯、阵田屯、汕塘屯、车底屯、丁源屯位于南乡，满村屯、富江屯、德润屯、山塘屯、清廉屯、茨塘屯、东车屯、六峒屯、古龙屯、鲁塘屯、仙鹤谷屯位于西乡，西山屯、南塘屯、羊角屯、苦李屯、鸣竹屯、宝峰屯、五板屯位于北乡。此外，还有中

---

① 吴征鳌修，黄泌、曹驯纂《临桂县志》卷十七《经政志·田赋》，广西人民出版社，2013年据光绪三十一年刻本影印，第455–456页。

② 张运昭修、蒋方正纂《兴安县志》卷八《经政一·田亩科则》，广西师范大学出版社，2018年据道光十四年刻本影印，第5页。

③ 金鉷修、钱元昌等纂《广西通志》卷二十六《屯田》，广西人民出版社，2009年据雍正十一年刻本影印，第497页。

④ 张运昭修、蒋方正纂《兴安县志》卷八《经政一·田亩科则》，广西师范大学出版社，2018年据道光十四年刻本影印，第3–5页。

卫屯、右卫屯等名目[①]。屯户的身份也得以延续。道光十三年(1833年)，兴安县“造报大小民丁一十二万七千三百八十七名，大小屯丁九万八千六百六十二名口”，其中东乡“屯二百九十二户”，南乡“屯九十五户”，西乡“屯五百一十五户”，北乡“屯、瑶共一百三十七户”[②]。清朝雍正年间，归并灵川县的桂林中、右二卫屯田合计11顷56亩[③]。入清以后，阳朔县的桂林中、右二卫的屯田“一体载入由单，照旧额征输”[④]。归并于义宁县的桂林中、右二卫原额屯田共31顷41亩，其中荒田1顷73亩，加上康熙十九年（1680年）“里民首出”和雍正七年（1729年）“里民首报”，全县合计有归县屯田30顷13亩6分。归并于永福县的桂林中、右二卫屯田只有15顷2亩，其中荒田3顷62亩，康熙十九年（1680年），“里民首出”14顷79亩余，但随后即有12顷57亩成为荒田；雍正八年（1730年），又有15亩“升科”，合计只有13顷76亩8分[⑤]。归并灌阳县的桂林中、右二卫和轻资守御所[⑥]屯田共57

① 张运昭修、蒋方正纂《兴安县志》卷九《经政二·军屯》，广西师范大学出版社，2018年据道光十四年刻本影印，第31-32页。

② 张运昭修、蒋方正纂《兴安县志》卷八《经政一·户口》，广西师范大学出版社，2018年据道光十四年刻本影印，第1页。

③ 金鉷修、钱元昌等纂《广西通志》卷二十六《屯田》，广西人民出版社，2009年据雍正十一年刻本影印，第496页。

④ 陈洪畴修，权汝骏、徐元达纂《阳朔县志》卷二《屯田》，康熙时期修，民国二十一年抄本。

⑤ 金鉷修、钱元昌等纂《广西通志》卷二十六《屯田》，广西人民出版社，2009年据雍正十一年刻本影印，第497页。

⑥ 应该是灌阳守御千户所。何时改为轻资守御所，不详。

顷2分，除去荒田3顷84亩2分，加上康熙十九年（1680年）里民首出轻资所屯田10亩，共有53顷29亩9分8厘[①]。在全州，卫所官军后裔以“首出”方式，将明代漏登或脱籍的卫所屯余田向地方官府登记，缴纳田赋，这是卫所移民实现本地化的重要方式。全州有全州守御千户所和桂林中、右二卫的屯田。清初，全州守御千户所土田改归地方征收，原额屯田税65顷79亩6分，除去荒税23顷25亩，“实征熟屯田税”只有37顷54亩多，每亩科米不到1斗，只有9升多[②]。对于县内桂林中、右二卫的屯田数，官府并不掌握[③]。到清康熙十九年（1680年），才陆续有“里民”将原来“未入《全书》”的上述二卫屯田“首出”，纳入官府田税征收范围。其中黄广瑶、周思誉、周思学、许兴文首出右卫前、后、中、左所屯田税26顷50亩，每亩科米1斗；颜兆云、张祥、秦玉奇、余秉、沈兴八首出“未入《全书》”右卫前、后、左、右所屯田税26顷67亩，每亩科米近1斗1升；鲁爱溪、董应林首出中卫前所屯田税1顷50亩，每亩科米1斗1升6合多；董应禄首出中卫后所屯田税61亩，每亩科米1斗；董大首出中卫中

① 金鉷修、钱元昌等纂《广西通志》卷二十六《屯田》，广西人民出版社，2009年据雍正十一年刻本影印，第498页。

② 黄志璋纂修《全州志》卷四《田赋志·屯田》，康熙二十八年刻本，第16页。

③ 金鉷修、钱元昌等纂《广西通志》卷二十六《屯田》，广西人民出版社，2009年据雍正十一年刻本影印，第497页。只载全州守御千户所屯田，不载桂林中、右二卫在全州的屯田数。

所屯田税51亩，每亩科米1斗1升7合；郭志首出中卫左所屯田税50亩，每亩科米8升2合[①]。

南宁府宣化县、横州和永淳县均有南宁卫、驯象卫的屯田，清朝统一广西后，“各卫所俱经裁汰，所属屯田悉载《全书》，归并州县管征”[②]，很多原来由军余耕种的余田也被登记入册。据史料记载，南宁府先后“归并南宁、驯象二卫原额屯、余田共三百六十七顷五十五亩四分二厘有奇”；康熙元年（1662年），“里冬报出南宁卫余田二十二顷六十二亩五分三厘三毫有奇”，雍正八年（1730年）至十二年（1734年），“劝民首报南宁卫余田地一十四顷七十四亩八分六厘有奇”；除去荒歉无征田地，全府“实在成熟屯余田地共三百六十四顷一十五亩三分三厘一毫有奇”[③]。其中宣化县“实在成熟屯余田共二百九十顷一十亩六分七厘三毫有奇”，“内屯田二十九顷一十六亩四分三毫有奇”，剩余的260顷均为余田。对性质不同的田地，官府征收科则并不一样，其中屯田每亩征收折色粮米2斗，余田每亩征收粮米7升，里冬报出并劝民首报余田每亩征收粮米7升，另有“劝民首报余田一顷一十三亩

① 黄志璋纂修《全州志》卷四《田赋志·屯田》，康熙二十八年刻本，第16-19页。

② 苏士俊纂修《南宁府志》卷十六《食货志·田赋·附屯田》，广西人民出版社，2008年据乾隆八年刻本影印，第647页。

③ 苏士俊纂修《南宁府志》卷十六《食货志·田赋·附屯田》，广西人民出版社，2008年据乾隆八年刻本影印，第644-645页。

二分八厘，尚未征科”[①]。

柳州府各卫所屯田也先后归并所在州县，其中马平、象州、来宾3县原额屯田185顷23亩9分7厘，除去荒田，实征176顷24亩7厘[②]。位于马平县的柳州卫屯余田、象州千户所军余田及屯余丁钱全部改归柳州府“附征”。雍正九年（1731年），马平县“详准归回本县拨给迁江千户所领种赡兵田税三百三十一顷二十亩九分六厘零”，共征折色银111两6钱；柳州卫屯余丁32丁银也归马平县附征，“每丁编四差银五钱，共银一十六两正”[③]。来宾千户所屯田归并到来宾县，只有3顷[④]。象州千户所屯田被归并象州附征，“军余田原无税亩升科，不征本折，止纳编银，该米四百四十四石三斗零”[⑤]。

明代，平乐府先后设置了平乐、富川、贺县3个守御千户所，桂林中、右二卫也在平乐府占有大量屯田，其屯田遍及平乐、恭城、富川、贺县、修仁、荔浦等6县。入清以后，

---

① 苏士俊纂修《南宁府志》卷十六《食货志·田赋·附屯田》，广西人民出版社，2008年据乾隆八年刻本影印，第653页。

② 金鉷修、钱元昌等纂《广西通志》卷二十六《屯田》，广西人民出版社，2009年据雍正十一年刻本影印，第501页。

③ 王锦修、吴光升纂《柳州府志》卷七《田赋》，柳州市博物馆，1956年据乾隆刻本翻印，第4、8页。

④ 金鉷修、钱元昌等纂《广西通志》卷二十六《屯田》，广西人民出版社，2009年据雍正十一年刻本影印，第502页。

⑤ 王锦修、吴光升纂《柳州府志》卷七《田赋》，柳州市博物馆，1956年据乾隆刻本翻印，第38页。

平乐府一方面加强了对原有民田的清理，另一方面则根据朝廷的指令，将“各属屯田归并于各州县”。明清鼎革之际的长期战乱，导致平乐县之民十亡八九，土地荒芜。清军收复平乐后，为了迅速恢复地方社会经济秩序，“连年招抚”。平乐守御千户所原额屯、余田54.3顷[①]，清初，原有屯田“为一二无赖之徒领屯承垦”，此时地方官“惟速垦之是务，不暇择人而畀”，只得承认现实，导致屯田集中在少数人手上。从康熙元年（1662年）开始，故明百户徐栋等人相继将所领屯田登记入册，缴纳粮赋，其中徐栋“丈出新垦并瑶田一千一百六十一亩三分，该米五十八石零六升五合，每石折银三钱”[②]；李留保领屯粮265石2斗，该银126两1钱9分；陈福领余粮128石4斗；陆六领屯粮227石2斗，该银111两3钱7分。但这些屯、余田“田米纳价，册弗隶官，佃复无名，陇亩坐落杳难稽考”。至康熙七年（1668年），陈光龙出任平乐知县，“核三姓所逋约二百余两，乃诱以自新，榜示通衢，尽豁三姓之宿欠，将亲族代累在狱者悉释之。次年秋，逋者渐出，始追其佃人之草册，银米细数，亟□而成帙，选殷实快役为总催，即诸佃户晓谕，令其止完公税，禁纳私租……嗣后始得

---

① 黄大成纂修《平乐县志》卷四《赋役·屯余》，康熙五十六年刻本，第85页。

② 黄大成纂修《平乐县志》卷四《赋役·户口·田赋》，康熙五十六年刻本，第71、84页。

按户征输，而免于沦没之患矣”[①]。恭城县是桂林中、右二卫屯田分布区，“原额屯地九十四顷六十六亩二分，又明季清出屯余地十一顷九十三亩有奇，康熙十九年里民首出九十九顷有奇，屯地并首出共二百零六顷十亩九分四厘，屯地并首出共银一千二百一十九两二钱九分八厘。屯地并首出粮一千九百六十石零五斗三升一合”；贺县守御千户所屯田也在清初被归并州县征收，其中“屯地二十三顷八十五亩三分二厘零，折粮银一百二十三两七钱二分八厘，折租银七十六两五钱，屯地折粮银一百两零七钱五分五厘，屯粮折色米二百八十七石八斗七升二合零”；修仁有桂林中、右二卫屯田分布，“原额桂林右卫屯地十一顷九十八亩八分八厘，屯粮本色米六十四石一斗四升零，内半征折色银二十五两六钱五分六厘，半征本色米三十二石七升”；荔浦也有桂林中、右二卫屯田分布，“原额桂林中、右二卫屯地并西喃屯共地五十三顷三十三亩私分九厘，屯粮三百零七石二斗五升八合零，屯粮本色米二百七十七石三斗三升八合，内折色米二十九石九斗，内半征折色银一百一十两九钱三分二厘，半征本色米一百三十八石六斗六升五合，折银六十二两”[②]。富川守御千户所官军在县境设有11个屯，清代“自裁守御所后，其田粮皆归并于

---

① 黄大成纂修《平乐县志》卷四《赋役·屯余》，康熙五十六年刻本，第85–86页。

② 清柱、王人作等纂修《平乐府志》卷二十七《武备部二·屯田》，广西人民出版社，2014年据清光绪三年刻本影印，第358–359页。

县”[①]。有清一代，富川县耕田按其性质可分为民、余、屯、兵、瑶、壮田等名目，其中余田、屯田均是由明代富川守御千户所屯田归并而来，“各则升科不等”，其中余田237顷72亩是清顺治十四年（1657年）才升科入额，由富川县统一征收[②]。

梧州守御千户所的7个屯田点分布在苍梧县冠盖乡、浔阳乡、多贤乡、东安乡等，“各屯共计田二百一十顷，粮一千六百八十三石五斗三升五合六勺二抄”[③]。清初，“编入民田，仍分四则纳税”[④]。清初，容县“存前明守御千户所屯、余、舍户田一百一十七顷五十六亩二分七厘零，内除荒二十六顷二十二亩八分四厘零，实征九十一顷三十三亩四分二厘零”。“时容之田有官、民、职、猺、佃、屯、余、舍之分，而地亩折色既多寡之不齐，且有编差与加征胖袄银两，因田异制，事例极为丛杂，乡民未克周知，书吏高下从心，恣其剖克”[⑤]，“其折收米银亦有轻重之别”。嘉庆十二年（1807年）

---

① 顾国诰等修、刘树贤等纂《富川县志》卷七《兵防·粮饷》，光绪十六年刻本，第2页。

② 顾国诰等修、刘树贤等纂《富川县志》卷五《赋役·田粮》，光绪十六年刻本，第1页。

③ 谢君惠修，王尚贤、马神征纂《梧州府志》卷十二《兵防志·屯田》，广西人民出版社，2013年据崇祯四年刻本影印，第679页。

④ 蒯光焕、李百龄修，罗勋等纂《苍梧县志》卷十二《兵防志·屯田》，同治十三年刻本，第37页。

⑤ 易绍德、王永贞修，封祝唐、黄玉年纂《容县志》卷之九《经政志一·田赋》，民国十四年铅印本，第5页。

底，地方政府“酌定加耗章程”，按照章程，民米每石折征花银1两3分，官米每石折征花银4钱3厘多，而屯米、余米和舍米每石折征花银3钱5分[①]。显然，对明代遗留下来的屯田的征收标准是最低的。经过咸丰初年的动乱，咸丰六年（1856年），苍梧知县陈师舜“以正供缺额，禀请设局查粮，派绅分里踏勘”，鉴于“其官、民、职、佃、猺、屯、余、舍各田已无从查核，因统改为民米，每租百斤派民米二升一合二勺。其折色则照旧例”[②]。至此，归并州县的屯田才算真正实现与民田同质化。

郁林守御千户所屯田分别归并于直隶郁林州及其所辖北流、陆川县，共有73顷71亩[③]。

浔州卫、奉议卫、贵县守御千户所、向武守御千户所、武宣守御千户所的屯田分别归并到浔州府桂平、贵县和武宣县。其中浔州卫屯田归并入桂平县，只有10顷41亩；奉议卫、向武守御千户所、贵县守御千户所归并到贵县的屯田也只有21顷46亩。武宣县原属柳州府，雍正年间改隶浔州府，柳州卫、武宣守御千户所归并武宣县的屯田也一同改并于浔

① 易绍德、王永贞修，封祝唐、黄玉年纂《容县志》卷之九《经政志一·田赋》，民国十四年铅印本，第6–7页。

② 易绍德、王永贞修，封祝唐、黄玉年纂《容县志》卷之九《经政志一·田赋》，民国十四年铅印本，第7页。

③ 金鉷修、钱元昌等纂《广西通志》卷二十六《屯田》，广西人民出版社，2009年据雍正十一年刻本影印，第503页。

州府，只有29顷69亩6分[1]。

清初，思恩府所属武缘、宾州、上林和迁江等州县均有卫所归并的屯田和屯丁，其中屯田161顷35亩2分6厘，屯丁118丁。武缘守御千户所屯田归并到武缘县；宾州守御千户所的屯田则归并到宾州，共20顷38亩，屯丁118丁[2]。明万历年间，南丹卫在上林县有“屯地四十四顷二十五亩七分零三毫三丝”，每年向朝廷缴纳数量不等的屯地银、屯地粮。清朝初年，“裁去南丹卫，改屯归民”，上述银、粮“俱入正项征解”[3]，只剩下5顷87亩4分。位于迁江县的南丹卫所属屯田则归并到迁江县，共101顷1亩3分[4]。迁江屯田千户所的屯田主要位于迁江县，清顺治十八年（1661年），“改所官为所目，耕兵为佃丁，编额输粮，归县管辖”，将原来迁江屯田千户所的指挥、千户、百户、头目等官改为15个所目[5]。屯田主要分布在县内最为肥沃的北泗一带，也是清代以后所目分布最为集中的地区。时至今日，迁江屯田千户所所目后裔仍然散居在来宾市迁江镇、合山市北泗镇和河里镇等地。合山

---

① 金鉷修、钱元昌等纂《广西通志》卷二十六《屯田》，广西人民出版社，2009年据雍正十一年刻本影印，第500-503页。

② 金鉷修、钱元昌等纂《广西通志》卷二十六《屯田》，广西人民出版社，2009年据雍正十一年刻本影印，第502-503页。

③ 张邵振纂修《上林县志》卷下《屯田》，康熙年间修，民国抄本，第9页。

④ 金鉷修、钱元昌等纂《广西通志》卷二十六《屯田》，广西人民出版社，2009年据雍正十一年刻本影印，第503页。

⑤ 颜嗣徽等纂修《迁江县志》卷一《乡里略·十五所所目》，光绪十七年刻本，第21-22页。

市北泗镇屯山村俗称一所，是百户凌文彬后裔聚居地，据万历四十五年（1617年）重修凌文彬墓碑记载，凌文彬“原籍山东青州人，洪武年间从征西粤地方，历战有功，升授百户，生汜、澄二子，世代相承”。凌氏为第一百户所百户，原驻守县城北门外野狸塘，清顺治十八年（1661年）裁撤卫所，改为第一所目，凌氏迁居迁江县城以西25千米的玉屏山下立屯，“食世禄，永罔替”；传至凌文彬第二十二代孙凌士恢，于宣统二年（1910年），世禄才被取消。屯山村原建有衙署、花婆庙、祠堂、文昌阁、大同楼等，20世纪60年代以后才陆续被毁①。合山市河里镇河里村东好屯俗称二所，立于道光时期的《吴氏宗祠碑》称：吴氏先祖“明洪武二年，督兵斯土，剿蛮有功，宠锡千户侯，□□□给猺蛮田地，□兵耕□，以为兵饷，按亩出租，以为官俸。无事则寓兵于农，有事则调□□□。国朝顺治十八年，裁去印绶，改兵为佃，削官为目，仍享田租，以为报功酬劳之典”②。

洪武二十八年（1395年），设庆远卫，“创制屯田”，其屯田分布在宜山、思恩2县，其中宜山县有城南、洛坡、丹栏、

① 凌尔珍重编《凌氏族谱》，1997年，第74、71、4、93页。笔者曾于1999年8月、2021年3月两次前往屯山村调研，得到凌尔珍先生大力支持，其特将其亲自重编的《凌氏族谱》赠予笔者。特此致谢。

② 此碑立于合山市河里镇河里村东好屯吴氏宗祠内。2021年3月7日，笔者在合山市文管所凌仕海、合山市住房和城乡建设局凌贵虎和张剑忠等人陪同下前往东好屯调研，只见原碑置于露天，损毁严重，文字漫漶。此碑文由合山市文管所于2008年抄录，凌仕海先生提供。特此致谢。

均庐、小曹、南番、杜韦、德胜、都街、周家庄、清潭、骆目、骆德等13个屯田点。清顺治十六年（1659年），“裁汰卫所，其田归于地亩”，“原额屯田三十五顷五十四亩六分，各升科不等”，其中宜山县原额中则屯地9顷60亩，“每亩科米五升六合”；思恩县原额上则屯田25顷94亩5分，“每亩科米二斗”[①]。河池守御千户所位于宜山县德胜镇，其屯田分布在河池州、宜山县和思恩县，其中在河池州原有如来、镇安、九门、外黄、宝剑、三家、罗山、镇南、古钵、古铭等10个屯，在思恩县有石村、梁村、万罗、廖村、周村、洛土、蒙村、驯驻、普传等9个屯，清初“裁汰卫所堡兵，其屯田荒废，或为居民隐占”[②]。

太平守御千户所屯田散布于崇善县、龙州、陀陵县、忠州等，“计田一百零六顷九十二亩，正粮一千八百六十四石”，万历以前，“将田退与土民为业，止存正余粮四百四十三石二斗一”[③]。清初，卫所屯田改归州县后，位于崇善县的屯田改归崇善，原额田地塘共10顷6亩4分7厘[④]，其余土州县的屯

---

① 李文琰修、何天祥纂《庆远府志》卷三《食货志·屯田》，乾隆十九年刻本，第11-12页；英秀等修、唐仁等纂《庆远府志》卷十二《营伍志·屯堡》，道光九年刻本，第12页。

② 英秀等修、唐仁等纂《庆远府志》卷十二《营伍志·屯堡》，道光九年刻本，第15、17页。

③ 蔡迎恩修、甘东阳纂《太平府志》卷一《屯田》，书目文献出版社，1990年据万历刻本影印，第179页。

④ 金鉷修、钱元昌等纂《广西通志》卷二十六《屯田》，广西人民出版社，2009年据雍正十一年刻本影印，第501页。

田归并情况不详，估计在明代已经退给土民了。

综上史料可以发现，康熙初年以降，伴随卫所裁撤而来的屯田归并州县几乎涉及广西大部分州县。在相当长时间内，归并后的卫所屯田依然保持了相对独立的地位，其赋税科则与一般民田并不完全一致，大部分较民田高，在少数州县则低于民田。直到清末，才最终完成屯田与民田在赋税征收方面的完全同质化。

第五章

卫所移民与明代广西文化

卫所官军承担着繁重的征战任务，死亡率相当高，因此，史籍上有关卫所官军“故绝”的记载比比皆是。但以卫所为依托的军事移民无疑具有比一般形式的移民更加强大的生存能力，特别是随着卫所官军原籍亲属源源不断地进入广西各地从事屯种工作，不断实现与土地的结合，其家族人口也不断增加，经过明清时期数百年的繁衍，形成很多人口多、势力大的强宗大族，在经济和文化等方面发挥着越来越重要的作用。卫所移民大多来自文化比较发达的江淮、江浙、江西和湖广地区，他们的迁入，促进了广西文化的发展，对于明清时期广西文化变迁产生了深刻影响。

第一节　卫所移民与广西科举文化

据史料记载，明代实行户籍分类管理制度，军籍是仅次于民籍的户籍类型，包括军匠籍、弓兵籍、力士籍、勇士籍、校籍、军校籍、校尉籍、旗籍、总旗籍、军官籍、军灶籍、军盐籍、效籍、军民籍等14个不同种类。按照行政管理的不同，军籍又分为州县管辖和卫所管辖2种。一般而言，州县所管辖的军籍人员是为卫所提供后备军的准军事人员，卫所管辖的军籍人员则是离开原籍、驻守某一地区的正式军事人员，其中又分为军官、旗军、军舍、军余等不同身份的人群。但揆诸史料，这种区分并不非常严格，往往将州县所辖军户人口与卫所管辖人口相互混淆。因此，要对二者加以明确区分殊为不易。广西州县所辖军户人口数量不多，记载更少，因此，本书所讨论的广西卫籍进士主要就是离开原籍、隶属卫所的军籍人口，但也包括少数州县所辖军籍进士。明代，军籍人员享有与民籍人员同等的参加科举考试的权利，在历科考试中表现不俗。有明一代，先后举行了88科会试，89榜［其中洪武三十年（1397年）丁丑科分为春、夏两榜］，录取进士人数多达24586人[①]，其中军籍进士占有较大比例。根据孙经纬对明

① 陈长文：《明代科举文献研究》，山东大学出版社，2008年，第227-244页。

代77科进士榜人数进行的统计，军籍进士6506人，占明代进士总数的26.46%[①]。广西文化长期以来落后于中原和江南地区，来自文化发达地区的卫所移民对于促进广西文化发展产生了积极作用，其主要表现之一就是大量卫所科举人才的出现。

一、明代广西卫籍进士的出现

据《明史·选举志》记载，明代科举考试始于洪武三年（1370年）。为防止虚文应试，曾暂停10年，到洪武十五年（1382年），才“复设”。洪武十七年（1384年），“始定科举制式，命礼部颁行各省，后遂以为永制”。明代科举考试实行分省定额制度，各省之间差异较大。广西的额数在不同时期也不完全相同。洪熙元年（1425年），“定取士额数，广西为20名”。正统五年（1440年），“定广西三十名”。景泰四年（1453年），“复定取士额，广东、四川、陕西、山西、广西各增二十五名”[②]，广西录取人数达到55名。当然，这只是参加会试的人数，其考中进士的人数则完全根据考试水平而定，因此导致明代进士的地域分布严重不平衡。据嘉庆《广西通

① 孙经纬：《明代军籍进士研究》，辽宁师范大学硕士学位论文，2011年，第6页。

② 谢启昆修、胡虔纂《广西通志》卷六十三《选举表三》，广西师范大学历史系中国历史文献研究室点校，广西人民出版社，1988年，第1799页。

志·选举表四》和朱保炯、谢沛霖编《明清进士题名碑录索引》以及各地方志等资料统计，有明一代，广西士人参加常科（文科）考试考中进士的达232名（含恩赐），剔除时属广西、今属广东的怀集县，增加时属广东、今属广西的廉州府所属钦州、合浦县和灵山县，明代广西进士人数为239名。关于明代广西卫籍进士人数，孙经纬统计为51名[①]，但通过爬梳各种史料后统计，明代广西出身军籍的进士至少有62人。其详细科名如表5-1：

表5-1　明代广西卫籍进士科名统计表

序号	姓名	籍贯	科年、甲第、名次	资料来源
1	韩珠	广东石康（今广西合浦）军籍	永乐九年（1411年）三甲第20名	朱保炯、谢沛霖编《明清进士题名碑录索引》第1494页
2	闭悌	横州军籍	正统十三年（1448年）三甲第51名	朱保炯、谢沛霖编《明清进士题名碑录索引》第2243页
3	郭本	融县守御千户所军籍	景泰二年（1451年）三甲第30名	朱保炯、谢沛霖编《明清进士题名碑录索引》第149页
4	郑宏	临桂军籍	景泰二年（1451年）二甲第25名	朱保炯、谢沛霖编《明清进士题名碑录索引》第2375页

① 孙经纬：《明代军籍进士研究》，辽宁师范大学硕士学位论文，2011年，第9–10页。

续表

序号	姓名	籍贯	科年、甲第、名次	资料来源
5	邢正	庆远卫籍（广西宜山）	天顺元年（1457年）三甲第110名	朱保炯、谢沛霖编《明清进士题名碑录索引》第609页；屈万里主编《明代登科录汇编》（二）第572页
6	冯俊	庆远卫籍	天顺四年（1460年）三甲第59名	朱保炯、谢沛霖编《明清进士题名碑录索引》第1060页载其为宜山民籍
7	刘本	桂林中卫（顺天府大兴）	成化二年（1466年）二甲第73名	朱保炯、谢沛霖编《明清进士题名碑录索引》第2028页
8	刘策	桂林中卫	成化二年（1466年）二甲第66名	朱保炯、谢沛霖编《明清进士题名碑录索引》第2049页载其为临桂民籍；雍正《广西通志》卷七十《选举》：策，临桂人，刘本弟
9	任谷	驯象卫军籍（横州）	成化八年（1472年）三甲第45名	屈万里主编《明代登科录汇编》（三）第1211页
10	傅金	南丹卫官籍	成化八年（1472年）三甲第81名	屈万里主编《明代登科录汇编》（三）第1229页：贯浙江鄞县人，广西南丹卫官籍。国子生，治《诗经》。字汝砺。父牧之，南丹卫千户。弟相，南丹卫千户

续表

序号	姓名	籍贯	科年、甲第、名次	资料来源
11	包裕	桂林中卫	成化十四年（1478年）三甲第112名	朱保炯、谢沛霖编《明清进士题名碑录索引》第938页
12	冯良辅	庆远卫	成化十七年（1481年）二甲第53名	朱保炯、谢沛霖编《明清进士题名碑录索引》第1061页载其为宜山民籍。冯良辅为冯俊之子
13	李启	苍梧军籍	成化十七年（1481年）三甲第15名	朱保炯、谢沛霖编《明清进士题名碑录索引》第1270页
14	周琦	柳州卫	成化十七年（1481年）	乾隆《柳州府志》卷二十二《选举》第15页；朱保炯、谢沛霖编《明清进士题名碑录索引》第2196页载为马平民籍
15	包义民	合浦军籍	成化二十年（1484年）三甲第35名	朱保炯、谢沛霖编《明清进士题名碑录索引》第939页
16	吴廷举	梧州守御千户所	成化二十三年（1487年）三甲第47名	朱保炯、谢沛霖编《明清进士题名碑录索引》第827页
17	万祥	藤县军籍	成化二十三年（1487年）二甲第95名	朱保炯、谢沛霖编《明清进士题名碑录索引》第1481页

续表

序号	姓名	籍贯	科年、甲第、名次	资料来源
18	王时	桂林中卫	弘治六年（1493年）三甲第51名	朱保炯、谢沛霖编《明清进士题名碑录索引》第309页
19	傅乾	临桂县官籍	弘治九年（1496年）三甲第52名	屈万里主编《明代登科录汇编》（四）第1945页：傅乾，弘治九年三甲进士，贯广西临桂县官籍，浙江鄞县人，国子生。治《诗经》。曾祖雍，祖牧之，千户；父金，按察佥事
20	刘天麒	桂林右卫官籍	弘治十五年（1502年）二甲第63名	朱保炯、谢沛霖编《明清进士题名碑录索引》第1967页；屈万里主编《明代登科录汇编》（五）第2255页
21	苏时秀	奉议卫	弘治十五年（1502年）二甲第32名	朱保炯、谢沛霖编《明清进士题名碑录索引》第1473页
22	萧淮	桂林中卫	正德六年（1511年）三甲第161名	朱保炯、谢沛霖编《明清进士题名碑录索引》第1443页
23	简辅	马平军籍	正德六年（1511年）三甲第60名	朱保炯、谢沛霖编《明清进士题名碑录索引》第2395页
24	戴钦	柳州卫官籍	正德九年（1514年）三甲第251名	朱保炯、谢沛霖编《明清进士题名碑录索引》第1402页

续表

序号	姓名	籍贯	科年、甲第、名次	资料来源
25	张云	临桂军籍	正德九年（1514年）三甲第177名	朱保炯、谢沛霖编《明清进士题名碑录索引》第416页
26	张星	桂林中卫	正德十二年（1517年）三甲第49名	朱保炯、谢沛霖编《明清进士题名碑录索引》第506页
27	廖尋	南宁卫	正德十二年（1517年）三甲第51名	朱保炯、谢沛霖编《明清进士题名碑录索引》第10页：南宁卫籍，广西临桂人
28	张仝节	桂林右卫（广西临桂）	正德十二年（1517年）三甲第166名	朱保炯、谢沛霖编《明清进士题名碑录索引》第524页
29	杨鏊	桂林中卫	正德十二年（1517年）三甲第86名	朱保炯、谢沛霖编《明清进士题名碑录索引》第1699页
30	郑琬	广西仪卫司军校籍（浙江青田）	嘉靖二年（1523年）二甲第13名	朱保炯、谢沛霖编《明清进士题名碑录索引》第2367页
31	方策	桂林右卫（广西临桂）	嘉靖二年（1523年）三甲第51名	朱保炯、谢沛霖编《明清进士题名碑录索引》第27页
32	佘勉学	柳州卫官籍（湖广孝感）	嘉靖二年（1523年）三甲第232名	朱保炯、谢沛霖编《明清进士题名碑录索引》第2324页
33	冯承芳	桂林中卫官籍	嘉靖二年（1523年）二甲第69名	朱保炯、谢沛霖编《明清进士题名碑录索引》第1058页

续表

序号	姓名	籍贯	科年、甲第、名次	资料来源
34	李高	桂林右卫（广西灌阳）	嘉靖二年（1523年）三甲第185名	朱保炯、谢沛霖编《明清进士题名碑录索引》第1201页
35	屠楷	临桂军籍	嘉靖二年（1523年）三甲第174名	朱保炯、谢沛霖编《明清进士题名碑录索引》第2246页
36	拱廷臣	桂林右卫官籍	嘉靖五年（1526年）三甲第141名	朱保炯、谢沛霖编《明清进士题名碑录索引》第1837页
37	胡俸	广西仪卫司（浙江庆元）	嘉靖八年（1529年）三甲第58名	朱保炯、谢沛霖编《明清进士题名碑录索引》第1730页
38	钱璧	广西护卫	嘉靖八年（1529年）三甲第139名	朱保炯、谢沛霖编《明清进士题名碑录索引》第2355页
39	陈大伦	南宁军籍（直隶舒城）	嘉靖八年（1529年）三甲第182名	朱保炯、谢沛霖编《明清进士题名碑录索引》第2133–2134页
40	董德明	广西护卫中卫	嘉靖十一年（1532年）三甲第151名	朱保炯、谢沛霖编《明清进士题名碑录索引》第1408页
41	李文凤	庆远卫官籍	嘉靖十一年（1532年）三甲第70名	朱保炯、谢沛霖编《明清进士题名碑录索引》上册第1206页

续表

序号	姓名	籍贯	科年、甲第、名次	资料来源
42	罗大用	桂林右卫官籍	嘉靖十一年（1532年）三甲第205名	朱保炯、谢沛霖编《明清进士题名碑录索引》第1903页
43	徐养正	柳州卫	嘉靖二十年（1541年）二甲第9名	朱保炯、谢沛霖编《明清进士题名碑录索引》第987页：马平民籍（直隶青阳）。详见考证
44	殷从俭	桂林右卫军匠籍	嘉靖二十三年（1544年）三甲第194名	朱保炯、谢沛霖编《明清进士题名碑录索引》第913页；屈万里主编《明代登科录汇编》（十）第5404页：殷从俭，贯广西桂林右卫官籍。兄杰，百户
45	吕调阳	桂林中卫	嘉靖二十九年（1550年）一甲第2名	朱保炯、谢沛霖编《明清进士题名碑录索引》第1882页
46	周时中	桂林中卫官籍	嘉靖三十二年（1553年）二甲第79名	朱保炯、谢沛霖编《明清进士题名碑录索引》第2227页
47	张翀	柳州卫	嘉靖三十二年（1553年）三甲第292名	朱保炯、谢沛霖编《明清进士题名碑录索引》第426页

续表

序号	姓名	籍贯	科年、甲第、名次	资料来源
48	蒋应期	全州军籍	嘉靖三十二年三甲第14名	朱保炯、谢沛霖编《明清进士题名碑录索引》第1452页
49	徐濬	柳州卫	嘉靖三十八年（1559年）三甲第138名	朱保炯、谢沛霖编《明清进士题名碑录索引》第968页：柳州卫（直隶合肥）
50	邓洪震	宣化县军籍	嘉靖三十八年（1559年）三甲第70名	朱保炯、谢沛霖编《明清进士题名碑录索引》第598页：宣化军籍江西吉水人
51	舒应龙	全州民籍（南丹卫）	嘉靖四十一年（1562年）三甲第46名	考证详下
52	佘立	柳州卫官籍	嘉靖四十一年（1562年）二甲第4名	朱保炯、谢沛霖编《明清进士题名碑录索引》第2324页；屈万里主编《明代登科录汇编》（十五）第7717页；屈万里主编《明代登科录汇编》（二十）第10703页。万历十三年（1585年）山东乡试提调官：山东等处承宣布政使司右布政使佘立，广西柳州卫官籍、湖广孝感人
53	徐秋鹗	柳州卫（直隶青阳）	隆庆二年（1568年）三甲第106名	朱保炯、谢沛霖编《明清进士题名碑录索引》第983页

续表

序号	姓名	籍贯	科年、甲第、名次	资料来源
54	吕兴周	桂林中卫官籍（湖广大冶）	万历五年（1577年）二甲第88名	朱保炯、谢沛霖编《明清进士题名碑录索引》第1890页
55	洪敷浩	桂林中卫官籍（广西临桂）	万历十四年（1586年）二甲第37名	朱保炯、谢沛霖编《明清进士题名碑录索引》第1155页作“洪敷诰”；屈万里主编《明代登科录汇编》（二十）：洪敷浩，贯广西桂林府临桂县官籍，字关张，号钦所。兄敷文，丁卯解元
56	舒宏志	全州民籍（广西宾州）	万历十四年（1586年）一甲第3名	朱保炯、谢沛霖编《明清进士题名碑录索引》第2390页。考证详下
57	罗文纲	柳州卫官籍（广西马平）	万历十七年（1589年）三甲第274名	朱保炯、谢沛霖编《明清进士题名碑录索引》第1895页
58	陈原道	马平军籍	万历二十六年（1598年）三甲第38名	朱保炯、谢沛霖编《明清进士题名碑录索引》第2162页
59	文立缙	全州军籍（江西庐陵）	万历二十九年（1601年）三甲第117名	朱保炯、谢沛霖编《明清进士题名碑录索引》第74页
60	唐之奎	郁林州军籍	万历三十二年（1604年）三甲第166名	朱保炯、谢沛霖编《明清进士题名碑录索引》第66页

续表

序号	姓名	籍贯	科年、甲第、名次	资料来源
61	罗之鼎	柳州卫官籍（广西马平）	万历三十五年（1607年）二甲第26名	朱保炯、谢沛霖编《明清进士题名碑录索引》第1901页
62	盛兴唐	灌阳军籍	天启二年（1622年）三甲第192名	朱保炯、谢沛霖编《明清进士题名碑录索引》第1837页

由表5-1可知，有明一代，今广西出身卫所的卫籍进士人数多达62人，约占广西进士总人数的25.94%，远高于卫所人群在广西总人口中所占比例。有些年份，广西进士大多出自卫所移民群体，如嘉靖二年（1523年）广西共有6名进士，其中卫籍占了5人，郑琬出自广西仪卫司，冯承芳出自桂林中卫，李高出自桂林右卫，佘勉学出自柳州卫，方策出自桂林右卫，屠楷为临桂军籍；嘉靖十一年（1532年），广西的3名进士全部出自卫所，其中董德明出自广西护卫中卫，罗大用出自桂林右卫，李文凤出自庆远卫。这说明卫籍进士在明代广西教育和科举方面占有比较突出的优势地位。

表5-1所列进士名录中，需要特别加以说明是如下几位：

（1）徐养正、徐秋鹗。徐养正为嘉靖二十年（1541年）进士，朱保炯、谢沛霖编《明清进士题名碑录索引》记载其户籍为马平民籍，乡贯为直隶青阳。其子徐秋鹗为隆庆二年（1568年）进士，朱保炯、谢沛霖编《明清进士题名碑录索引》明确称其为柳州卫人。《粤西文载》、嘉庆《广西通志》均称其为柳州卫人。另据屈万里主编《明代登科录汇编》记载：徐秋鹗，贯广西柳州卫官籍，直隶青阳县人，马平县学生，父徐养正，官工部尚书；兄一鹗，贡士；兄横鹗，百户。由此可以确定，徐养正应该为卫籍进士，其祖籍为直隶青阳县。

（2）冯俊、冯良辅。冯俊为天顺四年（1460年）王一夔榜进士。朱保炯、谢沛霖编《明清进士题名碑录索引》记载其为宜山民籍，但明人吴廷举撰《右副都御史冯公神道碑》称："公姓冯，名俊，士彦其字也。其先世本庆远宜山人，后有仕于湖广江夏者，子孙因徙居于兴国州。洪武初，有福原者，公之曾祖也，代外氏补戎庆远，今复为宜山人。"尽管吴氏对冯俊先祖与宋代冯京之间渊源所作的勾连未必确有其事，但他明确指出冯俊先祖是明初从湖广兴国州迁至宜山的卫所移民，由此可知，冯俊亦应系卫籍进士。冯俊生前"尝便道兴国州，存问宗党，置义田若干，以赡其贫者"[①]。可见冯氏与原籍的联系并未断绝。冯俊历官刑部主事、员外郎、郎中、福建按察司副使、广东按察使，后以都察院右副都御史身份巡抚四川。冯俊"性严急，有才识，临事能断"，"录囚广东，多所平反"。弘治九年（1496年）卒于官，"赐祭葬如例"[②]。

① 汪森辑《粤西文载》卷七十三《墓志》，载《景印文渊阁四库全书》第1467册，台湾商务印书馆，1983年，第295页。

② 《明孝宗实录》卷一百一十五，弘治九年七月庚戌条，台湾"中央研究院"历史语言研究所，1962年校印本，第2079–2080页。

冯俊有五子，其中长子良辅，为成化十七年（1481年）进士，历官广东布政司左参议；次子良弼，举人，曾任广东香山县知县；三子良臣，授阴阳正科。其孙轨，“以武功授庆远千户”。由此可见，冯俊后裔仍为庆远卫籍。

（3）舒应龙、舒宏志。舒应龙为嘉靖四十一年（1562年）进士，舒宏志为万历十四年（1586年）探花。朱保炯、谢沛霖编《明清进士题名碑录索引》均载其籍贯为广西全州民籍宾州人。屈万里主编《明代登科录汇编》（十五）记载有舒应龙的籍贯资料：舒应龙，贯广西桂林府全州民籍，宾州人，全州州学增广生。曾祖纲，祖文奎，父烈。弟应元、应麟、应凤、应蕙。另据明人张弘道、张凝道撰《明三元考》记载，舒宏志“广西全州籍宾州人，字孺立，号心矩，治《礼记》，儒士，年十九，乙酉（万历十三年）乡试第六名。授编修，卒。高祖纲，宾州人，弘治辛酉举人，任海洋教谕，过全州，乐其风土，因家焉。曾祖文奎，嘉靖乙酉举人，知县；从曾祖文璧，甲午举人；父应龙，壬戌进士，太子少保、兵部尚书；叔应麟，庚午举人；应凤，乙卯举人”。另据万历《宾州志》记载，舒应龙、舒宏志均为南丹卫籍，“其先宣城人”，洪武年间，其先祖舒暹在太医院任职，因事“戍南丹卫，遂籍焉”。传至舒谧，“能悟医术秘传，活人最多，绝不责报纤毫”。舒谧有二子：长子经，成化十三年（1477年）举人；次子纲，为弘治十四年（1501年）举人。自舒纲，始占籍全州。舒纲之子文奎、文璧“俱登乡荐”。舒应龙为文奎之孙，舒宏志为舒应龙曾孙。万历《宾州志》记载有宣城籍南丹卫百户舒应蕙，是舒应龙的同辈兄弟。可见，宣城舒氏的卫籍身份一直未变，将舒应龙、舒宏志归于卫籍进士，并无不妥。至于为何舒氏能够由卫籍改为民籍，由于史料缺乏，无从得知。舒宏志定居全州，英年早逝，其妻蒋氏，为全州籍光禄卿蒋遵箴之女。

（4）傅金、傅乾。傅金，成化八年（1472年）进士，其子傅乾，为弘治九年（1496年）进士。关于傅金籍贯，屈万里主编《明代登科录汇编》收录的《成化八年进士登科录》显示：傅金，贯浙江鄞县人，广西南丹卫官籍。国子生，治《诗经》。父牧之，南丹卫千户。弟相，南丹卫千户。傅乾的籍贯则载为广西临桂县官籍，浙江鄞县人，国子生。治《诗经》。曾祖雍，祖牧之，千户；父金，按察佥事。父子两人所载籍贯不同，这应该与其调卫任职变化有关。

（5）刘策。成化二年（1466年），刘策与其兄刘本同时考中进士。据朱保炯、谢沛霖编《明清进士题名碑录索引》记载，刘本为桂林中卫籍顺天府大兴县人，刘策为临桂县民籍，故刘策亦为卫籍进士无疑。

总之，上述62名卫籍进士应该不是明代广西卫籍进士的全部。仅此已经可以看出，广西卫所移民群体在科举方面确有不俗表现。

如果将考察范围扩大至举人以下层面，这一比例应该更高。在拥有深厚科举文化传统的全州，卫所移民在进士、举人群体中依然占有较大比例。嘉庆《全州志》记载了部分明代全州守御千户所出身的科举人才：

正德二年丁卯科举人江榆，千户所人，连州提举。

正德五年庚午科举人张沛，千户所人，德庆学正。

正德八年癸酉科举人江桂，千户所人，历官不详。

正德十四年己卯科举人马才伦，千户所人，邵阳知县。

嘉靖元年壬午科举人钟銮，千户所人，武陵知县。

嘉靖四年乙酉科举人任良榦，千户所人，楚雄同知。

嘉靖十三年甲午科举人马才伟，千户所人，瑞安教谕。

嘉靖二十二年癸卯科举人任良材，千户所人，历官不详。

嘉靖二十八年己酉科举人钟倈秀，千户所人，嘛哈学正。

嘉靖三十四年乙卯科举人王世祥，千户所人，石平（屏）知州。

嘉靖四十年辛酉科举人马千乘，千户所人，青城知县；何才璞，千户所人，历官不详。

隆庆四年庚午科举人王章，千户所人，世祥子，西安同知。

万历四年丙子科举人马千官，千户所人，礼部司务；吴时晖，千户所人，化州训导。

万历七年己卯科举人胡天霞，千户所人，海丰知县。

万历十年壬午科举人，马千乘之子马元衮，九江通判。

万历十三年乙酉科举人董功懋，千户所人，万州知州。

万历十九年辛卯科举人江鲤化，千户所人，历官不详。

万历四十六年戊午科举人江三汲，千户所人，鲤化子，徽州同知。

崇祯九年丙子科举人许应秋，千户所人，历官不详。

屈万里主编《明代登科录汇编》中也记载有多人出自广西各卫所：毛凤，字仲鸣，桂林中卫籍，湖广益阳人，壬午贡士，直隶凤阳府怀远县儒学教谕，嘉靖七年（1528年）浙江乡试同考官；张邦学，字时敏，桂林中卫人，壬午贡士，湖广长沙府茶陵州知州，嘉靖二十年（1541年）会试弥封官；李仲僎，字士贤，桂林右卫官籍，直隶饶阳县人，贡士，嘉靖三十一年（1552年），以汀州府同知身份出任福建乡试受卷官；唐应鲸，字子鱼，柳州卫人，贡士，嘉靖三十七年（1558年），以广东廉州府钦州儒学学正身份出任江西乡试同考官。同时出任同考官的还有柳州卫官籍出身的直隶合肥县人徐濬（武昌府崇阳县儒学教谕）、全州守御千户所官籍出身的直隶当涂县人王世祥（时任福建漳州府诏安县儒学教谕）。

二、明代广西卫籍进士时空分布的不平衡性及成因

明代广西卫籍进士的时空分布具有明显的不平衡性。从时间分布来看，明代广西卫籍进士基本上都分布在正统至万历时期，正统以前只有1人，天启以后也只有1人。即使是在

明代中期，这种分布也是不均衡的，其中正统年间1人，景泰和天顺年间均只有2人，成化年间11人，弘治年间4人，正德年间8人，嘉靖年间23人，隆庆年间1人，万历年间8人。可见明代广西卫籍进士的分布高峰是在成化至嘉靖时期，万历以后已经急剧减少。这与明代军籍进士总体上以明前期最少、中期最多、后期居中的分布特点基本吻合。

之所以形成这种分布态势，与卫籍移民群体的特殊发展历程紧密相关。关于人才出现的原因，著名社会学家潘光旦曾提出了“人才产生三边形”模型，即“生物遗传”“文化遗产”“平生遭际”。就广西而言，明代广西卫籍移民绝大部分来自文化比较发达的湖广、江西、浙江和南直隶地区，在教育方面具有某些先天优势，对科举功名的追求应该说具有天然本性。明代广西卫籍人群在广西站稳脚跟殊为不易。立卫之初，他们首先面对比其他地区更为严峻的自然环境和作战任务，死伤惨重，卫所官军绝户的记载比比皆是，真正能够发达的家族并不多见。随着卫所军户逐渐在广西站稳脚跟，军户人口有所增加，除了继续承担卫所的军事职责外，部分卫所子弟逐渐进入学校，学习儒家经典。加上当时社会重文轻武风气的逐渐滋长，卫所军户子弟通过科举步入仕途的意愿日趋强烈，由此卫籍进士也逐渐增多。明代后期，随着卫所体制被逐渐破坏，“军户数量呈持续性下降趋势”[①]，卫所

---

① 万明：《晚明社会变迁问题与研究》，商务印书馆，2005年，第425页。

军户脱籍现象日益严重，也使得其在科举方面的表现大不如前。

从地域分布来说，这种不平衡性也很明显。广西全境在明代一共设有广西护卫、桂林中卫、桂林右卫、柳州卫、南宁卫、驯象卫、浔州卫、奉议卫、庆远卫、南丹卫和时属广东都司的廉州卫等11卫，以及直属广西都司的灌阳、全州、富川、平乐、容县、梧州、郁林、迁江、五屯、贺县、古田等11个千户所（广西都司所辖怀集千户所位于今广东怀集县，不计入）。广西卫籍进士主要集中分布在桂林中卫、桂林右卫、柳州卫等卫所中，广西护卫、南丹卫、庆远卫、奉议卫、梧州守御千户所、全州守御千户所、灌阳守御千户所、郁林守御千户所、融县守御千户所等也涌现出人数不等的进士，但浔州卫以及平乐、容县、贺县、富川、五屯、迁江、古田等千户所均是空白。如果以分府统计，则桂林府是卫籍进士分布的绝对中心，仅桂林府城中即有广西护卫、桂林右卫、桂林中卫驻守，拥有大量卫籍进士。加上桂林府所属全州、灌阳等地分布的卫籍进士，其进士总数多达27人，占广西卫籍进士总数的44.26%，与桂林府进士人数在广西进士总数中所占比重大致相当。其次为柳州卫，先后共有12名卫籍进士，占柳州府明代进士总数（37名）[①]的32.43%。

① 参见拙著：《广西通史》（明代卷），广西师范大学出版社，2019年，第2167页。

明代广西卫籍进士的地理分布与当时广西的政治、经济、文化发展水平尤其是教育资源的地理分布状况有着直接关系。

有明一代，今广西先后设立了69所府、州、县学，出现了“学校之盛，唐宋以来所不及”[①]的盛况。此外，还有数量众多的书院、社学和义学等教学机构，为人才培养和成长提供了良好条件。桂林府城是明代广西三司所在地，是广西的政治、军事和文化中心，教育发达，文化昌盛。桂林府共设有桂林府学、全州学、永宁州学、临桂县学、阳朔县学、灵川县学、兴安县学、永福县学、灌阳县学、义宁县学等10所官学。桂林府学办学历史悠久，生员素质较高，师资条件也好于其他地区，其培养的人才数量和质量均高于省内其他府、州、县学，号称“惟广西郡学有八，而桂林府学为冠”[②]。桂林府及其所辖州县也是明代广西书院教育最为发达的地区，仅桂林府城内就建有宣成、桂林、漓江、丽泽、阳明等5所书院。宣成书院始建于南宋景定年间，后毁；明朝正统五年（1440年），御史刘隽重建；弘治十七年（1504年），广西提学佥事姚镆改建，“大规聿构，视昔有加”；正德年间，广西右布政使翁茂南、参政黄衷等“各捐俸”，再次重修，巡按御

① 张廷玉等撰《明史》卷六十九《选举志》，中华书局，1974年，第1686页。有关明代广西教育发展情况，参见拙著：《广西通史》（明代卷）第七章，广西师范大学出版社，2019年，第2129–2160页。

② 谭寿海：《重修桂林府学记》，载林富修、黄佐纂《广西通志》卷二十四《学校上》，书目文献出版社，1998年据嘉靖刻本影印，第316页。

史谢天锡“欲推之久远，乃藉救荒谷羸余，置田一百一十亩，以岁之入而给其需”，使书院办学经费有了保障，“列郡生徒就学，悉有廪饩，贫不能存者亦赒赍”[①]。桂林书院始建于嘉靖三年（1524年），规模很大，“为间共九十有五，可容百余人”，从广西各府挑选“质可进者赴省会讲，以博闻见”[②]。来自桂林各卫所的进士大多出自桂林府学或上述书院。明代柳州府除了拥有柳州府学以外，其所辖12个州县均设有官学，其中柳州府学办学成绩显著，先后培养了一大批科举人才。尤其是正德、嘉靖年间，柳州卫籍进士激增。正德六年（1511年），简辅率先脱颖而出，戴钦为正德九年（1514年）进士，佘勉学为嘉靖二年（1523年）进士，徐养正为嘉靖二十年（1541年）进士，张翀为嘉靖三十二年（1553年）进士，徐濬为嘉靖三十八年（1559年）进士。他们各领风骚，成就斐然，其中“徐司空（徐养正）以文学名，佘司马（佘勉学）以清节著，张司寇（张翀）以忠谏显，皆府庠也”，徐、佘、张三人合称“府庠三大老”[③]。隆庆二年（1568年）进士佘立为佘勉学之子，为柳州府学增广生。可见桂林、柳

---

① 陈伯献：《重修宣成书院》，载谢启昆修、胡虔纂《广西通志》卷一百三十三《建置略八·学校一》，广西师范大学历史系中国历史文献研究室点校，广西人民出版社，1988年，第3825页。

② 汪渊：《宝贤亭记》，载谢启昆修、胡虔纂《广西通志》卷一百三十三《建置略八·学校一》，广西师范大学历史系中国历史文献研究室点校，广西人民出版社，1988年，第3827页。

③ 王启元：《重修柳州府儒学碑记》，载王锦修、吴光升纂《柳州府志》卷三十二《艺文志》，柳州市博物馆，1956年据乾隆刻本翻印，第12-13页。

州教育机构数量众多，教学水平相对较高，为桂林、柳州两地卫籍人才的成长提供了较好的条件。

此外，进士在卫所移民家庭中高度集中，出现很多科举家族，科甲连绵，人才辈出。如出自桂林中卫的刘本、刘策兄弟和吕调阳、吕兴周父子，出自柳州卫的佘勉学、佘立父子，出自南丹卫的傅金、傅乾父子和舒应龙、舒宏志父子等。吕调阳、舒宏志分别为嘉靖二十九年（1550年）唐汝楫榜榜眼、万历十四年（1586年）唐文献榜探花，成为广西科举史上的佼佼者。舒纲出自南丹卫，后落籍全州，子孙繁衍，科甲连绵。舒纲本人为弘治十四年（1501年）举人，官至海洋县学教谕；其长子文奎为嘉靖四年（1525年）举人，官至建宁知县；次子文璧为嘉靖十三年（1534年）举人，官至保县知县；文奎之孙舒应龙，嘉靖三十七年（1558年）举人。应麟，万历四年（1576年）举人，应龙弟；应凤，万历七年（1579年）举人，应龙弟，官至宁远教谕；应龙之子宏志，万历十三年（1585年）举人，次年成进士[①]。

在文化比较落后的地区，来自文化发达地区的卫所移民家族在科举方面的优势应该更加突出。限于篇幅，不再展开论述。

在武科方面，卫所移民后裔更占优势，而且这种优势一

① 温之诚修、曹文深等纂《全州志》卷六《选举上·历朝举人》，嘉庆四年刻本，第15、17、20、23、25、26页。

直延续至清代。在灌阳县，乾隆二十七年（1762年）武举人戴生珑、乾隆三十三年（1768年）武举人戴绍元、嘉庆三年（1798年）武举人戴绍陞、嘉庆九年（1804年）武举人戴衔均是三树村人，其始迁祖是明代来灌阳的卫所移民；乾隆四十五年（1780年）武举人刘良型、嘉庆二十一年（1816年）武举人刘良骅均是时官屯人；乾隆五十一年（1786年）武举人刘国彪是永兴村人，永兴村在明代为永兴所，也是卫所移民驻地。同样出自屯田点的武举人还有陈廷珍（黑石营人）、谢维煌（杉木屯人）、贺天鉴（杉木屯人）、蒋承注（秀江屯人）、曹占元（龚卫田人）、蒋承诏（秀江屯人）、熊运榜（黑石营人）、易华霖（秀江屯人）、孔麟书（秀江屯人）等[①]。

第二节　明代广西卫籍进士的政治、文化活动

明代广西卫所移民数量庞大，他们中的绝大多数人以作战、戍守、屯种为职业。但也有很多人通过科举走向仕途，或任职地方和朝廷，或投身教育，对广西地方社会产生了一定影响。通过对这些人物的政治、文化和社会活动进行勾勒，我们可以窥见明代广西卫所移民社会生活的样貌。

---

① 萧煊修、范光祺纂《灌阳县志》卷九《选举志》，道光二十四年刻本，第17–21页。

一、明代政坛上的广西卫籍官员

明代，很多广西卫籍科举人才在朝廷和地方担任各种官职，在明代政治生活中发挥了重要作用。

吕调阳是明代广西卫所移民群体中科名和官阶最高的科举人才。吕调阳，字和卿，号豫所，嘉靖二十九年（1550年）进士，榜眼，广西桂林中卫籍临桂人。据吕调阳同榜状元唐汝楫为吕调阳之父吕璋所撰墓志铭记载：吕璋，字秉之，别号古愚，“先世湖广大冶人，国初抽丁补伍，戍直隶天长卫，后改戍桂林，率易岁一更，不为常。至公祖鉴，婚于刘，是为公祖妣，遂占籍桂林焉”[①]。鉴生纲，“少以勾摄余丁，奋发业书，补邑庠廪生”。但天不假年，吕纲早卒，但却成为桂林吕氏科举之路的开启者，号称“吕氏文学自纲始”。吕璋为吕纲之子，少孤，由祖母刘氏抚养成人，“弱冠选隶郡庠，即声称蔚起，先后校文者辄优之首拔，乃诸生亦靡不推毂公矣”。但吕璋的科举之路并不顺利，“累上省试不第”，只有一个贡士头衔，嘉靖十七年（1538年），其以贡士身份“除徐闻令”，为官以“廉而节”著称，深得百姓爱戴，后调定远，徐闻百姓“遮留者以千百数，相与聚金以献，攀泣而送之出境”。吕璋生于成化二十三年（1487年），卒于嘉靖三十七年

① 唐汝楫：《赠大学士吕璋墓志铭》，载汪森辑《粤西文载》卷七十四《墓志》，台湾商务印书馆，1983年，第317页。

（1558年），享年71岁。据此推测，吕氏落籍桂林的时间应该在永乐至宣德年间。另据《明代进士登科录》记载，吕璋曾以应天府上元县主簿身份担任弘治五年（1492年）应天府乡试供给官，其籍贯为广西桂林中卫官籍。吕调阳为吕璋次子，生于正德十一年（1516年），嘉靖十三年（1534年），18岁的吕调阳“举于乡”，嘉靖二十九年（1550年），“赐及第进士第二人，授翰林编修”。历任国子司业、南京国子祭酒、南京礼部侍郎，后“改礼部，侍庄皇帝讲读”。万历帝即位之初，拜礼部尚书。后经张居正推荐，吕调阳被“召为文渊阁大学士，与机务”，“尚书如故”，兼太子太傅、吏部尚书，直建极殿。吕调阳“先后历官垂三十年，半守史局，三任成均，四历卿贰春坊，典内制詹府教习、庶吉士、少宗伯，日侍讲读，凡总修嘉、隆《实录》者再，分校丙辰，副辛未，典甲戌会试考者三，所事咸称”。“尝游国学，从祭酒永康程先生谈名理，后公为祭酒，遂以永康学教授诸生，先德而后艺，以其身为型范。为诗若文，古雅醇厚，不事模拟”，为人“沉密简重，人莫窥穷际”，“门无私谒”。吕调阳深得万历帝信任和倚重。万历八年（1580年），吕调阳卒于桂林，享年64岁，“讣闻，上辍朝一日，诏所司议恤典，谕祭十有一坛，遣官营葬，赠太保，谥文简，荫一子中书舍人，诸视常数有加”[①]。吕调阳

① 张居正：《光禄大夫柱国少傅太子太傅吏部尚书建极殿大学士赠太保谥文简豫所吕公墓志铭》，载汪森辑《粤西文载》卷七十四《墓志》，台湾商务印书馆，1983年，第321–322页。

历仕嘉靖、隆庆、万历三朝，两为帝师，在万历初年的改革中发挥了重要作用，也是隆庆至万历年间明代文坛上享有盛誉的学者。吕调阳生四子，其中长子兴周为万历五年（1577年）进士，次子兴齐举于乡。

同样出身桂林卫籍的还有屠楷和郑琬。屠楷，字良植，别号直斋，正德五年（1510年）广西乡试解元，嘉靖二年（1523年）进士。关于屠楷的籍贯，张弘道、张凝道撰《明三元考》卷九载其为籍贯临桂，朱保炯、谢沛霖编《明清进士题名碑录索引》载其户籍为广西临桂军籍。尽管屠楷具体属于哪个卫所目前无法确定，但其属于卫籍应该没有疑问。据明人徐养正作《资政大夫南京兵部尚书赠太子少保谥恭简屠公楷神道碑铭》记载，屠楷"其先为浙之鄞人，高祖德源，洪武初始徙桂林，因家焉。曾祖侃、祖仲华，俱隐德不仕，考谦，中天顺乡荐"。可见其祖籍为浙江鄞县，明洪武初年始迁居桂林，传到第四代屠谦，才在科举上崭露头角。屠楷"自少有闻于乡，立朝直亮，天下重之"，"自幼好学，甫九岁，提学彭公即录于学"，考中举人后，"卒业南雍"，时任南京兵部尚书，广西平南人张溁"见而奇之，妻以少女"。屠楷历任兵部车驾司主事、吏部验封司主事、南京太仆寺、太常寺卿、南京工部右侍郎、工部尚书等，"历官两京三十余年，独立无朋，而人未尝有一言非之者"，时人誉之"有古大臣风"；致仕家居期间，他"惟励志问学，杜门谢客，居第落落，仅足蔽风雨"。"为学以立心为本，实行为务，为政本之一忠，行之以恕”，被时任内阁大学士蒋冕誉为“远大器也”。“为诗文务求理明词顺，不事雕琢。”其著有《铨司赘录》《西隐漫稿》若干卷。

郑琬，字德甫，广西护卫仪卫司籍浙江青田人，正德八年（1513年）广西乡试解元，嘉靖二年（1523年）进士。郑琬“学博才高，为时辈所推”，为官廉直干练，长期主政兵部武选司，“典武选，汰武职之冗滥者千百人，著为式，名曰《武选条例》”。后升任镇江知府，“竟以直道忤时贤，谪和州同知”[①]。

史称“今天下文治休明，皇风遐被，楚粤之间，来任中朝者，柳州尤盛”[②]。其中出身柳州卫籍的徐养正、张翀、佘勉学、佘立均以“经济”见长。

徐养正为官正直，任户科给事中时，劾奸臣严嵩之子严世蕃，“嵩矫旨廷杖七十”，发配到云南通海，任典史；后升任贵州提学佥事、云南提学。在云南期间，“条规严肃，集诸生于五华书院，教以忠孝大节”。徐养正“深有得于主静之学，不以死生利害动其心，生平德性温然可亲，而直节劲气又浩然不可挫也”。著有《蛙鸣集》若干卷。[③]

---

① 汪森辑《粤西文载》卷七十《传·人物》，载《景印文渊阁四库全书》第1467册，台湾商务印书馆，1983年，第227页。

② 归有光：《柳州计先生寿序》，载汪森《粤西文载》卷五十二《序》，台湾商务印书馆，1983年，第587页。

③ 汪森辑《粤西文载》卷七十《传·人物》，载《景印文渊阁四库全书》第1467册，台湾商务印书馆，1983年，第231页。

张翀，字子仪，号鹤楼，柳州卫籍马平人。据张翀为父亲所撰《成都教授屏山府君行状》，张翀之父名全，字成之，“其先凤阳寿州人也，先祖□［讳］□［宗］，洪武初从龙南定广西，抵柳州郡，遂家焉”[①]。宗生翔，翔生善，善生深，“皆隐德不仕”。深生贵，贵生全。张翀为张全之子，为第七代移民，生于嘉靖四年（1525年），嘉靖二十八年（1549年）举人，嘉靖三十二年（1553年）进士，历任刑部主事、刑部右侍郎、南赣巡抚、湖广巡抚、凤阳巡抚、漕运总督等。张翀为官亢直，“气节才猷为海内所仰”[②]。嘉靖三十七年（1558年）三月二十七日，时任刑部主事的张翀上《奏为恳乞圣明亟处大奸巨恶辅臣以谢天下以靖虏患疏》，弹劾严嵩父子“恣行贪险，大坏政事”，与同时上疏弹劾严嵩父子的吴时来、董传策均被“逮下诏狱拷讯，谪戍都匀”，张翀谪居贵州都匀，直到隆庆初才复官[③]。

据嘉靖十七年（1538年）出任广西督学佥事的李义壮所撰《奉直大夫四川合州知州致仕佘公（崇凤）墓志铭》记载，柳州佘氏“其先洪都人”，后迁汴，元代，再“徙楚之孝感”，佘思诚仕于元，“官知事，封将仕郎，明兴，以诬谪

① 张翀：《成都教授屏山府君行状》，载张翀撰《鹤楼集》卷二，京华出版社，2005年影印本，第138页。

② 郭棐：《刑部侍郎张公翀传略》，载焦竑撰《国朝献徵录》卷四十七《刑部四》，台湾学生书局，1965年，第1957页。

③ 张廷玉等撰《明史》卷二百一十《张翀传》，中华书局，1974年，第5567页。

戍柳州，故遂为柳人”[1]。吕调阳撰《故明嘉议大夫福建按察使东台先生佘公墓志铭》称，佘勉学，字行甫，别号东台，“佘之先自新安徙汴，又自汴徙楚孝昌（感），五世祖仁佑，仕元为中书省丞。佑生思诚，官将仕郎，洪武初谪戍柳州卫，遂籍柳州。思诚生二子，长文英，次文杰。英以战功升本卫百户”[2]。另据明人龚用卿撰《龙城佘氏族谱序》记载，佘思诚戍柳州卫时间为洪武四年（1371 年），其孙佘贵，“以武弁立战功，世袭［百］户侯，而曾孙干以下，累叶以明经起家，科第趾美，项背相望，遂名于柳，为文武衣冠之鼎族矣”[3]。佘勉学为佘思诚第六代孙，嘉靖二年（1523 年）进士，历任连州判官、钱塘县知县、松江府同知、刑部员外郎、徽州知府、贵州按察司副使、福建布政司左参政、按察使，均有成就。任徽州知府期间，“岁大旱，发仓赈济，民赖全活甚众。徽俗健讼，每以理谕遣，囹圄几空”；出任贵州按察司副使，“视狱，多平反”。佘勉学“历官三十余年，清节著闻，不增田宅，柳人称乡先生可法者，必推勉学”[4]。佘勉学有五子，其中三人为举人，第五子佘立为嘉靖三十七年（1558 年）广西乡试解元，嘉靖四十一年（1562 年）进士，“由吏部主事督山东学政，历升兵部左侍郎，在官三十

---

① 刘忠汉：《柳州明代八贤编年》，方志出版社，2019 年，第 92 页。
② 刘忠汉：《柳州明代八贤编年》，方志出版社，2019，第 198、199 页。
③ 刘忠汉：《柳州明代八贤编年》，方志出版社，2019 年，第 151 页。
④ 舒启修、吴光升纂《马平县志》卷七《人物 · 乡贤》，光绪二十一年刻本，第 46–47 页。

余年，恬淡自持”；万历年间，为了驱除入侵朝鲜的日本，明军出征朝鲜，佘立为监军，“复朝鲜故地，叙功，赏赉甚厚”①。

出身梧州守御千户所的吴廷举是明代政治史上一个颇有争议的人物。吴廷举，字献臣，号东湖，其“先世湖广嘉鱼人，洪武间，遣戍九江；又调广西苍梧所，遂系籍焉”②。吴廷举生于苍梧县，成化二十三年（1487年）进士，历任广东顺德知县、广东参议、琼州兵备副使、江西参政、广东布政使，后以副都御史赈济湖广饥荒。正德十六年（1521年）五月，世宗即位之初，升吴廷举为工部右侍郎，六月又改为兵部右侍郎。吴廷举奉召入京，首次进入朝廷统治中心。但旋即调离北京，改任南京工部右侍郎、南京户部右侍郎，升南京工部尚书。由于与同为广西籍的内阁首府、全州人蒋冕不合，吴廷举多次称疾乞休，虽然曾得嘉靖皇帝慰留，但终因“词涉侮慢”，获准致仕。吴廷举性格刚正，为官直切，曾因弹劾宦官贪腐，“奏侵刘瑾”，被逮系诏狱。他长期出任地方官，“所至皆有治迹可纪”，“折豪强，植贫弱，禁私驿，止妄费，畿甸为肃”。吴廷举敢于任事，“治繁剧，理盘错，无不

---

① 舒启修、吴光升纂《马平县志》卷七《人物·乡贤》，光绪二十一年刻本，第51页。

② 汪森辑《粤西文载》卷七十三《墓志》：湛若水《南京工部尚书吴公神道碑》，载《景印文渊阁四库全书》第1467册，台湾商务印书馆，1983年，第296页。

迎刃而解，抚、巡、布、按诸公交重之”[1]。吴廷举生活于理学向心学转向的成化至嘉靖时期，深受陈献章、王守仁等人心学思想的影响。吴廷举在顺德任官期间，“公事暇，即见白沙陈先生，往返数载，得闻理学梗概，为治根本”[2]。弘治十年（1497年），吴廷举乡居期间，在梧州城东创建东湖书院，传播心学。吴廷举的学问、人品和为官之道深得时任两广总督王守仁赞许，称“公之才如干将莫邪，随其所试，皆迎刃而解；公之志如长川逝河，信其所趋，虽百折而不回；公之节如坚松古柏，必岁寒而后见；公之学如深林邃谷，必穷探而始知”，誉之为“一世之豪杰”[3]。《明史》称其“言行必自信，人莫能夺”。崇祯《梧州府志》称其“冰蘖自持，有强项风……官四十年，以刚正不旬月于朝”。《梧州府志》编纂者谢君惠更是感叹系之，谓“清惠（吴廷举谥号）劲节挺然，不惕势要，不阿权珰，真有古介臣之风哉……正气凌霄，清风绝世，至今凛凛有生气焉”。徐学谟指责吴廷举“卖友沽

① 汪森辑《粤西文载》卷七十三《墓志》：湛若水《南京工部尚书吴公神道碑》，载《景印文渊阁四库全书》第1467册，台湾商务印书馆，1983年，第296页。

② 汪森辑《粤西文载》卷七十三《墓志》：湛若水《南京工部尚书吴公神道碑》，载《景印文渊阁四库全书》第1467册，台湾商务印书馆，1983年，第296页。

③ 汪森辑《粤西文载》卷七十五《祭文》：王守仁《祭吴东湖文》，载《景印文渊阁四库全书》第1467册，台湾商务印书馆，1983年，第337页。

直”，属于“末世士大夫好名之过”[①]，未免责人太过。

二、广西卫籍士人的文化成就

明代广西文人辈出，在中国文化史上占有一定地位，其中很多人即出自卫所。

吴廷举青年时代即“俊颖超迈，书再读不忘，随意为文，亦合程度”。在出任广东顺德知县期间，吴廷举“公事暇，即见白沙陈先生，往返数载，得闻理学梗概”，深受陈献章理学思想的影响，“学为诗，亦就规矩”[②]。吴廷举著有《西巡类稿》8卷，所收录的均为在广东按察司副使任上“巡历省治以西诸郡所上奏疏及往来文牍、诗词之类”[③]。吴廷举诗作保留至今的并不多见，主要见于清代所编《三管英灵集》中，体裁既有律诗，也有古体，内容则多为酬唱赠别之作，其中既寄托了忧时愤世的情绪，也表达了对建功立业的渴望。明人张翰称吴廷举的诗“非饰章绘句争骛淫丽以炫观听”，而是于“忧国忧民、砥砺廉隅、敦笃信义三致意”[④]，评价可谓中的，

---

① 徐学谟撰《世庙识余录》卷一，全国图书馆文献缩微复制中心，1991年，第5–6页。

② 汪森辑《粤西文载》卷七十三《墓志》：湛若水《南京工部尚书吴公神道碑》，载《景印文渊阁四库全书》第1467册，台湾商务印书馆，1983年，第296页。

③ 纪昀撰《四库全书总目》卷一百七十五《集部二十八·集部类存目二》。

④ 王德明：《广西古代诗词史》，广西师范大学出版社，2009年，第40页。

体现了其强烈的忧时愤世情怀。

出自桂林中卫的包裕为成化十四年（1478年）进士，历任抚州推官、监察御史、云南副使，后辞官居家，“以诗酒自娱”。包裕所创作的诗歌大多反映底层百姓的苦难，揭露贪官污吏对百姓的压榨，具有强烈的民本主义色彩。其最著名的有《麦黄歌》：

大麦黄，小麦黄，家家男女登麦场。老者看家壮者出，旋挑野菜煮羹汤。

男䥽女刈不辞劳，麦场堆积如陵高。烹鸡打饼荐先祖，沽酒擎尊娱父母。

舞者舞兮歌者歌，胥言收获今颇多。忽闻官府里胥至，征讨夫钱征夏税。

须臾算尽无孑遗，老稚含悲欲诉谁。共夸今岁麦秋好，孰知反得一日饱。

好将民隐达圣朝，撙节财用宽征徭。古来民足君须足，莫使民有逃亡屋。[①]

柳州文人在明代广西乃至中国文化史上占有重要地位。地处广西中部的柳州，是岭南百越文化的重要发祥地之一。

① 金鉷修、钱元昌等纂《广西通志》卷一百二十一《艺文志》，广西人民出版社，2009年据雍正十一年刻本影印，第1984页。

早在距今7万年以前，这里即是柳江人的故乡。秦汉以降，柳州是一个多民族聚居之地。唐代，著名文人柳宗元谪居柳州，兴文教，禁陋俗，开启了柳州文化新的发展历程。到明代，“甲第尤盛”，出现了很多卫所移民科举世家。徐氏家族科第连绵：徐亨，成化乙酉（1465年）举人；徐钟淮，亨子，弘治戊午（1498年）举人，同知；徐养正，钟淮子，嘉靖辛丑（1541年）进士，工部尚书；徐一鹗，养正子，举人；徐秋鹗，养正子，隆庆戊辰（1568年）进士。佘氏也是人才辈出：佘干，成化甲午（1474年）举人；佘崇凤，干子，弘治壬子（1492年）举人，合州知州；佘勉学，崇凤子，嘉靖癸未（1523年）进士，按察使。佘勉学五子中先后有4人登科，其中佘立为广西乡试解元，嘉靖壬戌（1562年）进士，兵部侍郎；佘方，贡生；佘亶，推官；佘玄，通判。明代中期，柳州出现了以周琦、戴钦、佘勉学、徐养正、张翀、佘立、孙克恕和龙文光等8人为代表的文人群体，合称柳州八贤，“数君子者，或以理学称，或以忠节著，或以经济显，或以文章名。锄奸之志，壮于赵清献；捐躯之烈，勇于马伏波。真堪照耀史册，辉煌桑梓者矣”[①]。其中周琦、戴钦、佘勉学、徐养正、张翀、佘立、孙克恕等7人均为柳州卫籍。

戴钦、张翀是明代桂中诗人的代表。戴钦，字时亮，号

① 李光鼎：《柳州八贤祠碑记》，载刘汉忠、罗方贵辑校《柳州诗文征》，香港新世纪国际金融文化出版社，2000年，第486页。

鹿原，自署玉溪子，柳州卫官籍，“先世居江西之宁州，洪武初，乃戍于柳”[①]，遂世为柳州卫籍人。戴钦为第六代移民，生于弘治六年（1493年），正德九年（1514年）进士，历任刑部浙江司主事、刑部云南司郎中。戴钦“自幼聪颖绝人，读书过目辄成诵，为时文，下笔叠叠数千言，皆不经人道语。提学姚镆最爱之，尝置之左右，有就试者，辄命与同试，每曰：戴钦作文佳思如泉涌，不知从何处得来。既中乡试，乃为诗，即有佳句，远近传诵。登第后益有名，人咸仰之”[②]。在京师，戴钦与何景明以及马如骥、李濂、吴国信、方豪、张诗、王俊民、蒋山卿等人颇多交往，主张“学诗者当宪章汉魏，取裁六朝”[③]。其所作诗文甚多，后由同乡徐养正辑为《戴秋官集》2卷。嘉靖三十四年（1555年），柳州人佘勉学将其遗作以《玉溪存稿》为名刊刻面世，共8卷，其中收录戴钦创作的诗歌就达260多首。戴钦侄子戴希颢以徐、佘刻本为基础，刊刻《鹿原存稿》9卷。戴钦“为文及诗清新俊逸”，内容上多抒发忠君报国之情，或感慨人生，或伤时忧世，风格独特，有天然之趣，为时人推重。佘勉学在《玉溪存稿》“后序”中对戴钦的诗文创作有非常高的评价，称其成

① 戴希颢：《〈鹿原集〉跋》，载汪森辑《粤西文载》卷五十九《题跋》，载《景印文渊阁四库全书》第1466册，台湾商务印书馆，1983年，第731页。

② 汪森辑《粤西丛载》卷六《戴钦》，载《景印文渊阁四库全书》第1467册，台湾商务印书馆，1983年，第454页。

③ 佘勉学：《刻〈鹿原存稿〉后序》，载刘汉忠著《柳州明代八贤编年》，方志出版社，2019年，第13页。

就远超初唐诗人，可与中唐诗人相比肩，“若非天夺之速，其造诣虽与中唐诸诗人颉颃可也，岂直如王、杨、卢、骆而已”[①]；宜山人李文凤称赞戴钦“为诗即有佳句，远近传诵”；福建泉州人丘养浩称“顷见其诗文，天人也，清新丽则，有天然之趣，徐迪功（祯卿）以下不论也”[②]。道光年间，梁章钜编撰《三管英灵集》《三管诗话》，对戴钦推崇有加，称“在三管吟坛中，不得不推为巨擘矣”；晚清陈田著《明诗纪事》，对明代4000多位诗人进行点评，对戴钦也有很高评价，称“时亮诗音节浏亮，粤西诗在明中叶此为翘楚”。

张翀家族在柳州有着重要的影响力。其父张全，“家甚贫，未尝废学，博极群书，自秦汉以下诸史列传，无不熟记，尤长于诗词，每试辄居首选，一时门下从游者甚众，学者称为屏山先生”，以明经授广东廉州府学训导，“廉州诸生执经问难，无不随所问而答之，皆归旨趣义”，后迁四川成都府教授，未任而卒[③]。张翀长兄张翊，字的山，嘉靖十三年（1534年）举人，历官广东高州府同知，以张翀被谪，“辞宦归家，后诏起，不仕”[④]。张翀为嘉靖三十二年（1553年）进士，

① 佘勉学：《刻〈鹿原存稿〉后序》，载刘汉忠著《柳州明代八贤编年》，方志出版社，2019年，第13页。

② 汪森辑《粤西丛载》卷六《戴钦》，载《景印文渊阁四库全书》第1467册，台湾商务印书馆，1983年，第454页。

③ 《成都教授屏山府君行状》，载张翀撰《鹤楼集》卷三，京华出版社，2005年影印本，第139–141页。

④ 张秉忠：《张忠简公传》，载舒启修、吴光升纂《马平县志》卷九《艺文》，光绪二十一年刻本，第37页。

“幼倜傥，为文操觚立就”，谪居都匀期间，“旦夕荷殳从其长役”，“暇则逍遥图史，吟咏以自娱，都匀诸生群造其门，执经求从弟子列，则相与论古今忠孝事及吾儒性命之学”，当地士人建楼，“以居张子，而诸生从之者日录其所为诗文，次第成帙”[①]。张翀“文则根极性命，诗则止于礼义，又皆浑然天成，不事雕琢”[②]。张翀的诗作主要保存在《鹤楼集》中，体裁多样，既有五言、七言古诗、律诗，也有乐府、绝句，内容除了亲朋故旧之间的应酬往来外，更多的是反映当地山川地理、民情风俗以及其在谪戍地的生活、忧国思乡之情。如《除夕》一诗中写道：

十年俱作客，此夜倍伤神。边戍家何在，慈闱望独频。
寒灯妻共语，椒酒仆重申。为说穷冬尽，明朝是好春。

在其另一首同样表达思乡之情的《得家书偶成》中，张翀写道：

读罢平安泪转流，白云天外思悠悠。
半生功业投边戍，千里音书入播州。

---

① 吴维岳：《鹤楼集·序》，载张翀撰《鹤楼集》，京华出版社，2005年影印本，第2–3页。

② 王元春：《大中丞鹤楼先生文集序》，载张翀撰《鹤楼集》，京华出版社，2005年影印本，第15页。

兄在滇南频忆弟，亲居粤岭更添愁。
古来人事知谁尽，独坐黄昏两鬓秋。

张翀的文学成就受到时人的好评。祁清称张翀作诗“体裁雄浑，陈义广而寄兴深，不事绮错，然藻思横逸，多风云之气，骎骎乎秦汉间矣”[①]；吴维岳称张翀“文多超诣自得之见，理洽而机融，诗亦幽而不伤，敦厚而止乎义”[②]。

柳州八贤中也不乏儒学名家。其中最著名的是明代理学大家周琦。周琦，字廷玺，别号东溪，柳州卫籍马平人，成化十七年（1481年）进士，曾任南京户部员外郎等职。周琦与南宁人陆坚均出自明代理学大家薛瑄弟子阎禹锡门下，其所著《东溪日谈录》是广西第一部理学专著，全书共18卷，分为性道、理气、祭祀、学术、出处、物理、经传、著述、史系、儒正、文词、异端、辟异等十三类。周琦在继承薛瑄学说基础上加以发扬光大，形成以“复性”为主旨、重躬履践行的理学思想体系，开创了明代柳州一代学风。在周琦倡导和影响下，明代柳州地区理学家辈出。徐养正为嘉靖二十年（1541年）进士，改庶吉士，“深有得于主静之学，不以死生利害动其心，生平德性温然可亲，而直节劲气又浩然不可

① 祁清：《鹤楼集·序》，载张翀撰《鹤楼集》，京华出版社，2005年影印本，第7页。

② 吴维岳：《鹤楼集·序》，载张翀撰《鹤楼集》，京华出版社，2005年影印本，第3–4页。

挫也”[①]。张翀继承了周琦的理学思想，主张“性命非悬空者，离伦物谈性命，非真性命也”[②]。张翀的理学思想保存在其所著《浑然子》一书中，“是书凡十八篇，曰神游论，曰田说，曰樵问，曰将，曰明心，曰士贵，曰体用论，曰兴废，曰祸福，曰忠孝，曰变化，曰穷理，曰求知，曰弭盗，曰用材，曰强弱，曰臣道，曰高洁。皆设为主客问答，旁引曲证，以推明事物之理，大抵规仿刘基《郁离子》也”[③]。出自柳州卫籍的简辅兄弟也是著名学者。柳州简氏是明代著名的科甲世家：简辅之父简文，成化十三年（1477年）举人，曾任福建布政使。简辅与弟简弼自幼“颖悟过人”。简辅为弘治十四年（1501年）举人，正德六年（1511年）进士，历官池州知府；简弼为弘治十七年（1504年）举人，任肇庆府通判。兄弟二人“皆不乐仕进，任未满秩，先后告归，著书林下以自娱，教子义方，至今称为望族云”；简弼“尤粹于理学，起居语默，俱中程度，与同邑周琦齐名”[④]。

庆远府地处广西西北，是少数民族聚居之地，文化落后。洪武末年，在此设立庆远卫，大量来自江淮、湖广、江西等

① 汪森辑《粤西文载》卷七十《传·人物》，载《景印文渊阁四库全书》第1467册，台湾商务印书馆，1983年，第231页。

② 焦竑撰《国朝献征录》卷四十七《刑部四》，台湾学生书局，1984年影印本，第1957页。

③ 永瑢等撰《四库全书总目》卷一百二十五，台湾商务印书馆，1986年，第1074页。

④ 王锦修、吴光升纂《柳州府志》卷二十五《乡贤》，柳州市博物馆，1956年据乾隆刻本翻印，第10页。

地的卫所官军迁居此地，文风日盛，科第连绵，其中李文凤为其中的佼佼者。

李文凤，字廷仪，庆远卫籍人，嘉靖四年（1525年）乡试第一，嘉靖十一年（1532年）进士，授大理寺评事，后升大理寺少卿，嘉靖十七年（1538年）升为广东兵备佥事，后出任云南按察司佥事，不久即以足疾辞官，“归十余年，始捐馆舍”，卒于约嘉靖三十一年（1552年）。关于李文凤的籍贯，明人张弘道、张凝道撰《明三元考》称：“广西李文凤，庆远卫籍湖广桃源人。”[①]李文凤著述颇丰，主要有《越峤书》和《月山丛谈》等。

李文凤是嘉靖时期安南犯边事件的亲历者，他在广东任官期间，正是安南莫登庸父子抗兵反明之际，当时朝廷对此事十分重视，“幕府召集两广士大夫图上方略，先生（李文凤）是时身亦在中”[②]。他参考元代安南人黎崱所撰《安南志略》，结合当时材料，于嘉靖十九年（1540年）撰成《越峤书》。该书详细记载安南历史及其与中国关系的演变，记事始于唐虞，止于嘉靖庚子，除了介绍安南立国始末、历史地理沿革、山川物产、古迹、风俗等之外，还记载了自唐虞至明朝嘉靖期间的安南史事，收录了从汉代至明代历代中国皇帝

① 张弘道、张凝道撰《皇明三元考》卷十，载《四库存目丛书史部》第271册，齐鲁书社，1996年，第155页。

② 汪森辑《粤西文载》卷五十二，载《景印文渊阁四库全书》第1466册，台湾商务印书馆，1983年，第585页。

给安南的诏谕，各种奏疏、书表、移文，历代使臣及安南国人的文学作品等，对于研究安南历史和中越关系史具有重要史料价值，与元代黎崱所著《安南志略》、明代永乐年间的《交阯（趾）总志》同被誉为“研究安南史最重要之参考书”。清人朱彝尊的《曝书亭集》有《越峤书跋》，称赞《越峤书》“有伦有要”。

《月山丛谈》是李文凤退休乡居期间根据历年所见所闻和奇闻逸事编订而成。据《粤西文载》记载：“凤泛览博识，书传之外更勤咨访，从官京师及乘传所至，载笔自随，一有所得，欣然录记，归乃辑次成书，曰《月山丛谈》。”[①]另据李文凤《月山丛谈·序》，文凤“归家，家又在西南陲，非冠盖所经，过存者少，里人又亡可与语，乃出故所注记，征之前载，采之旁闻，总缀为《月山丛谈》一书”。对于该书，张鸣凤评价颇高：“书中诸所条列，其摭捃博，其究竟审，其于乡文献多裨益。子骏之杂记，孟坚之四夷，邹衍之谈天，齐谐之志怪，可谓兼之矣，岂比夫黄华使者，徒得闾里小知所称说哉！”该书当时并未刊刻，后临海人王士性出任广西布政使司参议分守右江道（驻柳州），曾与张鸣凤谈及此书，时第一、第二卷已佚，不能全本刊印，于是，王士性“檄宜山求全

① 汪森辑《粤西文载》卷七十八《人物传》，载《景印文渊阁四库全书》第1467册，台湾商务印书馆，1983年，第227页。

书”，亲自校勘，“授工刊之”[①]。王士性撰《广志绎》《广游记》，“凡涉滇事者，则多称引李氏之书”[②]，可见李氏著作影响之广。

第三节　官话与军话：作为族群标识的文化符号

官话和粤语在广西的广泛传播是明清时期广西文化变迁的重要表现之一，这是大量军事、政治和经济移民迁入广西，并凭借自身的政治、军事、经济和文化优势，对少数民族语言以及早期汉语方言进行渗透、覆盖、替换的结果[③]。广西是一个以壮族、汉族为主的多民族聚居地区，语言复杂，除回族外，广西的11个世居民族都有自己的语言。由于大量汉族移民迁居广西，汉语逐渐成为广西最主要的交际用语。广西的汉族移民来自不同地区，迁移时间也不同，因而广西汉语方言内部非常复杂，语言学界一般将广西的汉语方言分为官话（桂柳官话）、湘语、粤语、平话、闽语、客家话等6种。21世纪初期，民族学、人类学和社会史学界形成了一种重要的学术取向，强调从族群身份的文化建构过程来认识族群的

① 汪森辑《粤西文载》卷五十二，载《景印文渊阁四库全书》第1466册，台湾商务印书馆，1983年，第585页。

② 王士性：《黔志》，张新民点校，贵州人民出版社，2010年，第2页。

③ 参见拙文：《官话在广西传播的历史过程与分布研究》，载周长山、林强主编《历史环境与边疆》，广西师范大学出版社，2012年，第561–573页。

本质，认为族群身份是在特定地方背景和历史背景下同其他身份的关系与区别中形成的[①]。参与族群身份文化建构过程的既有这个人群本身，也有其周围的其他人群。在广西，族群身份标识有多种，既有以来源地为标识的，如土人、来人、客家人、广府人、湖广人、福建人等；也有以族群身份或文化认同来标识的，如汉人、壮人、瑶人；还有以职业或谋生方式相标识的，如蜑人。语言也是一种重要的族群身份标签，在很多时候，它更是一种族群界线，将自我与他者区别开来。在广西，官话和军话均是具备这种族群身份和族群边界意义的文化符号。

一、卫所移民人群通语的构建与军话的分布

官话在广西流行的原因很多，既与官员和学校教学活动的推动有关，也有军民杂处导致的超越各自地方语言、使用公共交际语言的现实需求。在某种程度上，后一因素的影响更加深刻。在这一过程中，以明代卫所为依托的军事移民的迁入发挥了重要的作用。

社会语言学认为，同一地区内两种甚至多种方言互相接触、交融，各自在语音或语法上的特点逐渐减少，方言之间

① 斯蒂文·郝瑞：《族群性，地方利益与国家：中国西南的彝族社区》，载《田野中的族群关系与民族认同——中国西南彝族社区考察研究》，巴莫阿依、曲木铁西译，广西人民出版社，2000年，第23-24页。

的差异越来越少，而共同点越来越多，形成一种方言趋同现象[①]。造成不同方言在同一地区内相互接触的机制当与移民的聚集有关。明代卫所官军来源非常复杂，但又相对集中，来自江淮地区的官军在广西各卫所中占有主导地位，其所操方言之间相互接触、交融和调适，其结果就是形成了一种既基于某种主体方言，又凌驾于某种具体方言之上的通用交际用语。在明代，这种通用语就是以南京话为代表的官话。在桂林、柳州等政治、军事中心，由于有持续的政治、军事和文化移民的迁入，加上学校教育的推动，官话得到进一步推广，从而形成了属于现代西南官话的桂柳官话；而在南宁、北海等粤语主导地区，官话的流通范围和使用人群则逐渐缩小，该地区成为被其他方言包围的方言岛，并逐渐受到其他方言的影响和渗透。由于其使用人群主要是卫所移民后裔，因此，这种既保留了官话特色，又具有其他语言色彩的汉语方言被称为"军话"，操"军话"的人群则被称为"军"，以区别于操壮语的壮族、操瑶语的瑶族、操客家话的客家人、操福建话的福建人、操湖广话的湖广人，军话成为一种重要的族群身份标识。

从语言的形成历史来看，广西官话和军话的形成均与卫所体制所导致的军事移民有关，其分布地区也与卫所的分布具有高度相关性。正是源于军事移民在广西官话传播过程中的重要

---

① 游汝杰：《方言接触论稿》，复旦大学出版社，2016年，第261页。

作用，时至今日，柳州、河池宜州以及南宁市邕宁、武鸣等地仍将汉族称为“军人”，将官话称为“军话”，把说官话称为“讲军”；在以宜州为中心的桂西北地区，将用壮语演唱的山歌称为“欢”，将用汉语西南官话演唱的山歌称为“军”[①]。

桂林“自宋为省道始，五方杂处，冠盖云集……其多数宋、明之间来自外省，湘、赣最多，闽、粤次之，其他各省又次之”[②]。明代，桂林是广西三司（布政使司、按察使司和都指挥使司）驻地，也是靖江王府所在地，朝廷在此设立了桂林右卫、桂林中卫和广西护卫，驻军连同家属人口众多，他们主要来自江淮、湖广和江浙等地。柳州卫除了驻守柳州府城外，其所辖各千户所分别驻守融县、象州、来宾、宾州、武宣等县，也导致大量来自江淮、湖广、江西、山东等地的军事移民迁居各地。官员和驻军在政治、军事上占有主导地位，其所操官话也因之成为强势方言，迅速取代原来流行在桂林、柳州等地的平话，造成了桂林、柳州方言的官话化。而在桂林、柳州府城周围乡村以及附近各县，平话依然占有主导地位。

平话是广西特有的汉语方言，是秦汉至唐宋时期大量中原汉族移民带来的中原汉语与南方世居民族语言相互影响而

① 陆天桥：《广西“军话”及“军人”考——明代卫所制在广西所凸显的军事地位》，《广西民族研究》2009年第3期，第139页。

② 蒙起鹏等修纂《广西通志稿·社会编》，广西人民出版社，2017年据民国三十八年油印本影印，第2321页。

形成的一种既具有鲜明的中古时期古代汉语方言特色，又吸收了大量南方世居民族语言因素的新方言[①]。一般认为，平话的得名与宋代狄青镇压侬智高起义有关，狄青所部号称“平南军”，战事结束后，“平南军”留驻广西，其所操语言即为“平话”。其实，“平话”应是一个与“官话”相对应的概念，其本义为“平人”语言。“平人”之称最早出现在唐代。据史料记载，唐代中期，中央政府派驻岭南的官员冯季康、何如瑛因刑罚苛刻被当地居民杀死，朝廷在安抚遗孤的同时，以尚书比部员外郎莫藏用前往岭南宣慰，“明申中旨，悬示大信，但能归附，即是平人，岂唯复业安居，当以随才命职”[②]。此“平人”即是“良民”之谓也。平话在广西的分布非常广泛，形成以南宁、柳州和桂林为中心的3个分布区。以柳州为中心的柳城、罗城、融县一带，既有卫所移民所操的官话，也有普通百姓所操的平话。为了与军话或官话相区别，当地人把平话称为“百姓话”，反映了平话人的平民身份；又称为“土拐话”，反映了平话与作为本地话与外来移民语言的对立。灵川属于桂北平话分布区，境内“汉族均客籍也，江西最多，山东次之，近则湘人占籍亦众”[③]。由于汉族

① 韦树关：《试论平话在汉语方言中的地位》，《语言研究》1996年第2期，第95–100页。

② 汪森辑《粤西文载》卷二《制敕》：常衮《宣慰岭南制》，载《景印文渊阁四库全书》第1465册，台湾商务印书馆，1983年，第448页。

③ 陈文美修、李繁滋纂《灵川县志》卷四《人民一·种族》，民国十八年石印本，第12页。

移民来源复杂，“语言之庞杂，即同为一里，亦有不相通者”[①]，语言面貌十分零碎，但其方言主体应为平话，官话只流行在县城；在县城以下地区，平话的强势地位依然得以维持，不仅未被官话同化，反而将明清以后迁居进来的外地移民方言纳入平话方言体系中，导致平话分布地区的扩大。位于桂柳运河沿岸地区的临桂、永福、鹿寨等地很多乡镇也以平话为主要交际方言。

柳州的方言格局与其居民族群身份及其来源高度吻合。柳州府城“附郭龙城，城厢内外，兵民杂处”[②]，“世居城市者，皆操官语”。“推其原因，柳州向为广西重镇，冠盖往来，五方杂处，南腔北调，语各不同，生于斯者朝夕与之相处，不觉同化，习之又久，遂成柳州之官语。”除了府城，“诸墟市及附近之村落”也有部分居民操官话[③]。柳州官话的形成应该与明清时期柳州府城官绅云集，商业发达，又是卫所重要分布地、移民来源复杂这一特殊背景有关。府城周围20多个操官话的村落正是明代卫所移民后裔的聚居地。柳州府城及附郭柳江县也有百姓人分布。据史料记载，百姓人“或来自柳城、融县两处，散居中区沿河两岸，皆务农，读书者颇乏

① 陈文美修、李繁滋纂《灵川县志》卷四《人民一·方言》，民国十八年石印本，第23页。

② 王锦：《马平县志序》，载王锦修、吴光升纂《柳州县志》卷首，民国二十一年铅印本，第1页。

③ 《柳江县志》卷二《民族·方言》，广西人民出版社，2016年据民国铅印本影印，第129–130、135页。

其人”[1]。其所操方言为百姓话。来自粤东的客家人迁居柳州历史悠久，但“乡音不改”，仍操客家话。城中商业移民主要来自广东和湖南，因此，粤语和湘语主要是在从事工商业的族群中流通。府城之外为壮族聚居地，壮语是当地居民的通用语。

民国《柳城县志》纂修者根据柳城县各民族语言、习尚的不同，将其分为壮人、百姓人、客家人与其他来人等4种，其中壮人为世代居住于此的人群，百姓人是指操百姓话的人群，“闻其先多迁自湖南，散居县境北部古砦、洛崖、大埔等区”，“其他来人”又分为官话人、白话人[2]。县内有6种语言（方言），其中官话“口音平正，与桂林、柳州话相同，俗称普通话，城乡颇通行”；百姓话“与官话略异”，“古寨乡及沿河说者颇多”；白话即粤语，“各墟市商号最通行”；壮话“系僮人土话”；客家话“一称麻介话，系客家人土话”；福建话“系福建人土话，最难了解”[3]。

融州是宋代广西的驻兵重地，设有澄海军、清远军，不仅在融州寨、王口寨等地驻扎重兵，还在王口寨设有博买务，实行“蕃汉互市”，北方移民数量也不少。明代，在此设有融

① 《柳江县志》卷二《民族·族派》，广西人民出版社，2016年据民国铅印本影印，第123页。

② 何其英修、谢嗣农纂《柳城县志》卷四《民事·民族》，民国二十九年铅印本，第34页。

③ 何其英修、谢嗣农纂《柳城县志》卷四《民事·语言》，民国二十九年铅印本，第35页。

县守御千户所，官军大多来自江淮、湖广和江浙地区；长安镇是桂西北的商业中心，外地移民更多，“民族之来自湖南、湖北、广东、江西、福建者日益众，或以官而家焉，或以商而家焉，或以从军戾止而家焉，或以垦殖生产而家焉”[①]。由于移民来源和迁入时间不同，融县的汉语方言也不一样。“平话称本地话，又称为百姓话”，“盖以示别于官话、军话也”；“官话、军话如现时称为普通话，县人因明清时代居官、驻军者皆他省之人，各省均有土语，居官或入伍，则舍其土语而操普通话，于是名其普通话曰官话，曰军语”[②]。可见，唐宋至明清时期移民来源的不同正是融县平话、官话、军话等方言形成的重要背景。

钦州的族群结构非常复杂，在各族群逐渐融合的过程中，其方言也发生了变化。尽管族群之间在进行交往的时候会使用一种相对比较普及的方言作为公共交际语言，但各族群内部的交流仍然使用其本族群的方言，并以此作为其族群身份的标志，族群界限非常明显。早在两宋时期，钦州的族群分类和方言差异就非常明显，“钦民有五种：一曰土人，自昔骆越种类也，居于村落，容貌鄙野，以唇舌杂为音声，殊不可晓，谓之蒌语；二曰北人，语言平易，而杂以南音，本西北

① 黄志勋修、龙泰任纂《融县志》第二编《社会》第一节《民族》，民国二十五年铅印本，第28页。

② 黄志勋修、龙泰任纂《融县志》第二编《社会》第五节《方言》，民国二十五年铅印本，第50–51页。

流民，自五代之乱，占籍于钦者也；三曰俚人，史称俚、僚者是也，此种自蛮峒出居，专事妖怪，若禽兽然，语音尤不可晓；四曰射耕人，本福建人，射地而耕，子孙尽闽音；五曰蜑人，以舟为室，浮海而生，语似福、广，杂以广东、西之音”[①]。明代，钦州城是钦州千户所驻地，官话在当地也有分布。自清代以来，钦州“城市人亦类官语，惟音稍直硬”，“至于山陬海澨，各有乡语，彼此不得了了，久于其地者，或揣摩于万一。其土人却绝不省官话，一堂之上，重译而后晓”[②]。当地人“称府县胥曰老官；称绅衿亦曰老官；称兵曰老将”[③]。所以，其所谓官话应该是官府衙役所操的语言。这种方言格局一直沿袭延续到当代。据梁猷刚在20世纪80年代的调查，汉语是广西沿海地区最主要的方言，除了上思县居民是以壮族为多、以壮语为主外，其他各市县均以汉族为主，说汉语方言，有粤语、客家话和闽语等3种。其中粤语内部小有差异，可以分为钦州白话、廉州话、灵山话、小江话和六万山话等5个小片；客家话分为4片；闽语则主要分布在合浦东部山口、白沙等乡镇以及合浦县西部瓦联、合浦县南部的福成以及涠洲岛上；钦州龙门岛上则有少数居民说官话；

---

① 周去非撰《岭外代答校注》卷三《五民》，杨武泉校注，中华书局，1999，第144–145页。

② 周硕勋修、王家宪纂《廉州府志》卷四《风俗》，乾隆二十一年刻本，第1–2页。

③ 周硕勋修、王家宪纂《廉州府志》卷四《风俗》，乾隆二十一年刻本，第3页。

北海市附近岛屿和沿海地区部分居民操蜑家话，其语言特点与粤语比较接近[①]。黄昭艳将钦州的汉语方言分为粤语、客家话、官话、闽语、平话等5种，其中粤语内部又分为钦州话、新立话、灵山话、小江话和犀牛脚话等5种；流行于钦州市钦北区小董、大垌、长滩、新棠、板城、那蒙、那香、青塘以及灵山县太平镇一带的新立话，其语言特征与桂南平话有较高相似度，与廉州话相似点不少，与钦州白话有很大差别[②]。钦州官话又名“钦州正话”或“钦州正”，简称为“正话”，属于广西军话的一种，主要分布在龙门镇。此外，黄屋屯、大寺、沙埠、久隆等乡镇也有分布。目前，操钦州官话的居民主要聚居于龙门镇，在九龙乡沙田村公所上东坝、下东坝村，高桥村公所李屋坪村，大寺镇天安村公所ease伦、松柏村，屯强村公所马岗村、屯公村，大寺村公所屯合村，大洞乡平辽村，黄屋屯镇金竹村公所大埠村，沙埠乡田寮村公所鹧鸪村等，也零星分布着官话。“钦州正”的阴声字母和舒声字调听起来像官话，实际上是杂有官、粤、客、闽等几种

① 梁猷刚：《广西钦州地区的语言分布》，《方言》1986年第3期，第219页。文中所指钦廉地区是对明清时期廉州所辖各州县的合称，包括今北海市及其所辖合浦县，钦州市区及其所辖浦北县、灵山县和防城港市区及其所辖上思县、防城区、东兴市。

② 黄昭艳：《钦州新立话语音比较研究》，广西大学硕士学位论文，2011年，第7页；黄昭艳：《广西沿海地区汉语方言及其研究概述》，《广西社会科学》2012年第4期。

方言成分的一种混合型方言[①]。这种分布态势应该与明代卫所移民后裔的分布呈现某种内在的关联性。钦州乡村还有一种坡地话，主要分布在钦江沿岸的山坡地带，是一种夹杂着部分闽语的粤语[②]。坡地话在与钦州相邻的广西岑溪、容县等地也有分布。这大概与明代以来福建移民迁居桂东南山区从事垦种有关。

地处湘桂交界之地的富川是一个多民族聚居地区，县内语言比较复杂，既有瑶语、土话，也有官话。富川县内官话的形成也与富川守御千户所有关。富川守御千户所设于洪武二十三年（1390年），富川县"城郭民戍杂居，语音最正"。富川守御千户所的武官来源非常复杂，光绪《富川县志》卷四记载了富川守御千户所13位总旗以上武官的籍贯信息，其中6人来自江南，2人来自湖广，2人来自顺天，1人来自广东，1人来自江西，1人来自河南。千户周文秀，湖广人，来富时间不详，传七代；副千户刘兴祖，江南人，传九代；副千户张先，江南人，传六代；百户汪云，定远人，以军功升为实授百户，汪云之子汪保于洪武末年"除校尉本所世袭百户"，传汪政、汪鉴、汪真、汪瑛、汪洪[③]。入清以后，"屯戍

① 黄昭艳：《钦州正同音字汇》，《桂林师范高等专科学校学报》2008年第4期，第1–2页。此外，该期栏目《主持人的话》对"钦州正"也有简要介绍。

② 黄昭艳：《钦州新立话语音比较研究》，广西大学硕士学位论文，2011，第7页。

③ 顾国诰等修、刘树贤等纂《富川县志》卷四《职官·武职》，光绪十六年刻本，第12–14页。

之制已更，而四方通道商贾辏集，市廛日以繁盛”，县城“无戍而多客居”[①]，商人多来自湖广、江西和粤东，导致其语言的多样化，但官话仍然占有重要地位。

在明代来宾千户所驻扎的来宾县，“桂林派之官话通行于县境”，“然自县城及各圩市外，尚有土话、客语、粤语、闽语、侬语五者之分，其中以土语为最多，县境殆遍；粤语、闽语最少，曾不及十分之一”[②]。容县守御千户所所在地容县也有一种近似官话的语言。据光绪《容县志》记载：“吾容土音以居城者为正，而思厢一、二、辛各里亦不甚悬殊。其余则界藤者习藤言，界岑者习岑言，界平南、北流、信宜者习平南、北流、信宜言。”[③]其原因也是容县守御千户所设立所导致的军事移民，“闽、楚、江、浙人多有迁寄此者”[④]。

此外，南宁市武鸣区的城厢镇、府城镇，马山县的金钗镇，宾阳县芦圩镇三联街和邹圩镇部分村落，河池市金城江城区、宜州城区、罗城，柳州融水，来宾合山等地居民皆操官话，均属于军话的范畴；上林县大丰镇老一辈人

---

① 顾国诰等修、刘树贤等纂《富川县志》卷二《风土·风俗》，光绪十六年刻本，第2页。

② 翟富文纂修《来宾县志》上编《县之人民二·方言》，民国二十六年铅印本，第205页。

③ 易绍德、王永贞修，封祝唐、黄玉年纂《容县志》卷四《舆地志四·方言》，民国十四年铅印本，第26页。

④ 易绍德、王永贞修，封祝唐、黄玉年纂《容县志》卷四《舆地志四·风俗》，民国十四年铅印本，第16页。

也说军话[①]。这些地方均是明代卫所官军的驻地[②]。笔者曾经多次前往合山市北泗镇屯山村进行田野考察，屯山是迁江屯田千户所第一百户所驻地。当地居民告诉我，他们以前也是讲官话的，跟周围讲壮话的当地人不一样，后来才逐渐讲壮话。

二、永安千户所的设立与永安军话的形成及其语言特征

与官话在广西日益流行不同的是，同样具有强烈军事移民背景的军话则逐渐被其他方言包围，形成岛状分布格局。目前，见诸报道的军话方言岛主要散布在福建、浙江、广东、海南、广西等省区，数量有20多个，使用人口共20多万[③]。由于卫所官军的籍贯构成具有多元性的特征，以此为基础形成的军话也具有混合的性质。总体上看，多数军话在语言特征上更加接近官话。由于卫所官军来源不一，加上受到清代各种移民所带来语言或方言的影响，各地军话的语言特征并不完全一致。永安军话的演变就是一个很好的例证。

永安村位于广西北海市合浦县山口镇，地处北部湾北岸，

---

① 陆天桥：《广西“军话”及“军人”考——明代卫所制在广西所凸显的军事地位》，《广西民族研究》2009年第3期，第139页。

② 详见本书第一章第一节。

③ 黄晓东：《汉语军话概述》，《语言教学与研究》2007年第3期，第21-22页。

既是明朝海防前线，又是明代珍珠生产的大本营所在地，因此成为明朝的驻军重地。

明初沿海防卫体系的建构出自方国珍之侄方鸣谦。元末，方鸣谦长期追随方国珍在沿海地区从事贩卖私盐等活动，后降附朱元璋，官至指挥使。朱元璋召见方鸣谦，说："尔家世出入海岛为生，今既归降，可历陈海防利弊，以效尔忠。"方鸣谦对曰："但于沿海六十里设一军卫，三十里设一守御千户所，又错间巡检司，以民兵策应，复于海洋三大山设水寨战船，兵无可虞。"朱元璋又问："兵于何取？"方鸣谦答："自兵兴以来，军强民弱，民皆乐于为兵，但于民间四丁抽一丁；倘有不足，则于旧时伪将原所报募兵访充，无不足者。"[①]在实际实施过程中，各地做法不一。福建沿海地区在洪武二十年（1387年）实行三丁抽一，广东沿海地区则采取垛集法，"凡民户三丁者，垛集一兵，其二丁、一丁者，辏为正、贴户，二户共垛一兵"[②]。平章廖永忠、参政朱亮祖平定广东后，朱元璋"遂命亮祖镇守，建置诸卫所，分布要害。十七年，复设沿海诸卫所，分筑墩台。每百户所正军百人，总旗二人，小旗一十人，十百户所为千户所，统以诸卫，卫必五

① 瞿汝说：《皇明臣略纂闻》卷二《筹》，书目文献出版社，1998年据崇祯八年刻本影印，第2页。

② 杨培娜：《濒海生计与王朝秩序：明清闽粤沿海地区地方社会变迁》，中山大学博士学位论文，2009年，第33-34页。

所，而又有都卫以总制之”[①]。洪武二十七年（1394年）前后，朝廷在广东沿海地区设置了大量卫所，自东而西形成了以潮州卫、碣石卫、南海卫、广海卫、神电卫、雷州卫、廉州卫、海南卫等8个沿海卫及其下辖千户所为中心的右路防御格局[②]。

永安千户所隶属于廉州卫，是明代沿海防御体系的重要一环。永安千户所始建于洪武中期，原驻守石康县安仁里，洪武二十七年（1394年），“为海寇出没，奏迁于合浦县海岸乡”。第一任千户牛铭始建城濠、窝铺、门楼，“城周围四百六十一丈，高一丈八尺，阔一丈五尺；窝铺一十八间，城楼四座，壕周环五百丈。岁久倾圮。成化五年，佥事林锦始凿外池，以便巡守。又造通盖串楼四百一十五间，其四门楼、敌楼各八座，角楼、月城楼各四座。有正厅，有吏目厅，有左右厢房，有重门，有鼓楼。嘉靖十九年，指挥耿一诗重修”[③]。

永安千户所的主要职责在于备倭。廉州卫“所辖永安、钦州二所，每所各官一员，督管军船三艘，旗军三百名，各

① 郝玉麟等修、鲁曾煜纂《广东通志》卷二十三《兵防·历代兵防》，雍正九年刻本，第5–9页。

② 《广东海防史》编委会编《广东海防史》，中山大学出版社，2010年，第154–155页。

③ 张国经修、郑抱素纂《廉州府志》卷六《经武志·军卫》，崇祯十年刻本，第2页。

分上下班出海巡哨，以防倭寇”[1]。其另一重要职能则是巡守珠池。永安千户所所在地区是珍珠的重要产地，为了防止沿海居民的盗珠活动，明初在沿海设置了很多水寨，“自西而东而北，凡十七处，分军巡哨，以防盗取之患”[2]，其中乌兔寨、凌禄寨、英罗寨、萧村寨、井村寨、对达寨、丰城寨、黄泥寨、川江寨等9个寨由永安千户所管辖。

永安千户所位于合浦县城东30公里，隶廉州卫。廉州卫所辖6个千户所“原额汉、达旗军共七千六百四十九名”[3]，“嘉靖以后，存者或十之五六，或十之二三，队伍空虚，军额不足”。永安千户所军额也不断下降，到万历年间，永安千户所只有官9员、旗军390名[4]。官军来源非常广泛，见于地方志记载的包括：

正千户：

於良辅，正德十三年以征广西功升授；於时雍，降副千户。

田安，六安州人，洪武二十九年调任；田杰，降副千户；

① 张国经修、郑抱素纂《廉州府志》卷六《经武志·备倭》，崇祯十年刻本，第24页。

② 张国经修、郑抱素纂《廉州府志》卷六《经武志·海寨》，崇祯十年刻本，第28–29页。

③ 张国经修、郑抱素纂《廉州府志》卷六《经武志·军额》，崇祯十年刻本，第12页。

④ 郝玉麟等修、鲁曾煜纂《广东通志》卷二十三《兵防·军额》，雍正九年刻本，第9、12页。

田育卿；田治；田有秋，治之侄；田圻。

副千户：

於义，河南项城县人，洪武二十九年调任；於璋；於整；於懋学；於懋文；於相朝。

康贵，昌平人，正统九年调任；康淳；康皓；康九皋，隆庆元年借袭，历升两广坐营司，复升江西都司佥事；康应隆；康九功。

张瑀，正德元年以征思恩府有功升；张云龙，瑀之子；张炜，降百户；张天经，任千户；张庆，降百户；张耀宗。

傅龙，正德七年以征程乡有功升；傅佐，降百户；傅大明；傅爵；傅继说。

杜谅，山东曲阜县人，成化元年调任；杜秀；杜钰；杜钺；杜学古，降百户；杜廉。

所镇抚：

刘政，直隶寿州人，宣德二年调任；刘金；刘朝举。

赵福，溧水人，正德九年调任；赵泮，降总旗；赵会龙，仍任镇抚；赵璧。

百户：

张敬，直隶迁安人，永乐十五年调任。

傅文亮，浙江义乌县人，永乐十五年调任；孙能，升副千户。

施佐，福建罗源人，以总旗征柳州、程乡升授；施大猷。

张舆，献县人，永乐十五年调任；张洪；张璘；张衡。

门旺，滦州人，正统九年调任；门世远；门大宾；门显；

门达，大宾次子；门耀。[①]

上述59位武官其实属于於、田、康、张（2个张姓家族）、傅、杜、刘、赵、施、门等11个世袭武官家族，他们分别来自今河南项城、安徽六安、北京昌平、河北献县、浙江义乌、河北迁安、山东曲阜、安徽寿州、江苏溧水、福建罗源、河北滦州等11个州、县，子孙世代在永安定居、繁衍。加上数量庞大的旗军，永安千户所官军的后裔成为今天永安居民的重要组成部分。据村民介绍，永安村人口鼎盛时期人口多达上万人，80多个姓氏，解放初期尚有50多个姓氏，目前仍有36个姓氏，其中大部分应该属于明代永安千户所移民的后裔。在上述10个姓氏武官中，杜、赵2姓子孙下落不明，田、施2姓子孙已移居同属山口镇的新圩和北界村，只有於、康、张、傅、刘、门等6姓后人一直居住在永安村。很多姓氏建有祠堂，其中千户於姓传十六代，有200多人，其祠堂为两进、三开间土木结构，整座建筑由26根铁木圆柱支撑，42条扁方格木条穿斗连接，青砖砌墙，上、下两进之间有天井、走廊连通[②]。

由于缺乏史料记载，我们无从得知永安千户所旗军的具

① 张国经修、郑抱素纂《廉州府志》卷六《经武志·军职》，崇祯十年刻本，第8–9页；徐成栋纂修《廉州府志》卷六《武备志·军职》，康熙六十一年刻本，第9–10页。

② 2018年1月、7月，笔者两次到永安村进行考察，得到当地人的大力帮助，在此特别致谢！

体籍贯构成。但根据史料，浙江、福建和广东沿海地区居民和疍户是沿海卫所军士的主要来源。“初，方国珍、张士诚分据温、台、宁、绍诸郡并濒海，及已降灭，而余党逋海上，辄纠岛倭入寇，以故洪武中濒海州郡数中倭。高皇帝业增置戍守，又命南雄侯赵庸招集疍户、渔丁之徒，自淮、浙暨闽、广，凡万人，悉籍为兵。于是海上群恶少皆仰给县官，而方、张余党亦以次老死，濒海因得息肩。”[①]洪武十五年（1382年）三月，朱元璋命正在广东剿灭山寇的南雄侯赵庸“籍广州蜑户万人为水军。时疍人附海岛，无定居，或为寇盗，故籍而用之”[②]。洪武二十五年（1392年）十二月，广东都指挥使花茂奏：“东莞、香山等县大溪山、横琴山逋逃疍户、犂夫凡一千余户，附居海岛，不习耕稼，止以操舟为业，会官军则称捕鱼，遇番贼则同为寇盗，隔绝海洋，殊难管辖，其守御官军冒山岚海瘴，多疾疫而死，请徙其人为兵，庶革前患。从之。”[③]洪武二十七年（1394年），花茂“上言，请徙广东沿海地方东莞、香山等县逋逃疍户兵为兵，又奏添设沿海依山□海碣石、神电等卫所二十四处，筑城浚城，集海岛隐科无籍

① 茅端征撰《皇明象胥录》卷二《日本》，载《四库禁毁书丛刊》史部第10册，北京出版社，2000年据崇祯刻本影印，第579页。

② 《明太祖实录》卷一百四十三，洪武十五年三月癸亥条，台湾“中央研究院”历史语言研究所，1962年校印本，第2252页。

③ 《明太祖实录》卷二百二十三，洪武二十五年十二月甲子条，台湾“中央研究院”历史语言研究所，1962年校印本，第3262页。

等军，仍于要害山口海汊立堡，拨军屯守。诏皆从之”[①]。这些旗军成为洪武中期新设沿海卫所旗军的主力。这在保存至今的部分族谱中也得到印证。福建古田县《瑞云姚氏族谱》记载了其祖先以卫所官军身份迁居廉州卫的经历：

> 姚氏子润，豪隽也。洪武九年，朝让防倭，携姚氏戍广廉州卫，润行当行，而弟子容幼，恋不忍割。润知父意，白父，携妻赴廉州之役。寻守珠池，以军功授指挥使，子孙蕃盛，为粤名家。然以远故，声闻绝不通。[②]

永安千户所属于沿海卫所，其旗军构成应该与廉州卫等其他沿海卫所大体相同，即主要来源于福建、浙江、广东等沿海地区，其中福建人占有较大比例。时至今日，永安村里很多老人都说他们的祖先来自福建，应该不是空穴来风。

这种官军来源既多元又相对集中的构成特点对永安方言的变化产生了深刻影响。

永安话是广西沿海地区军话的代表，主要流行于永安村及附近村落，如与永安同属山口镇的丹兜村、山南村、山东

① 焦竑撰《国朝献征录》卷一百一十《都指挥使花公茂传》，台湾学生书局，1984年影印本，第4881页。

② 福建古田县《瑞云姚氏族谱·瑞云世伍记》，转引自宋怡明《被统治的艺术》，中国华侨出版社，2019年，第103页。据该书同页注释，姚氏被编为军户时，并未登记在自己名下，而在一户郑姓人家名下。宋氏推测是“女婿军”或因收养关系继承了替补军役的义务。

村、山西村、高坡村、新圩村、山口村，沙田镇的沙田村、上新村、淡水村，白沙镇的沙尾村、和荣村、那潭村、东海村、良港村以及北海市铁山港区斑鸠冲村、营盘镇青山头村等，这些村的村民全部或部分操军话，人口达数万人[①]。上述村落中，除了铁山港区和营盘镇2个村外，其余村落均为永安千户所官军驻守范围。为了便于沟通，官军内部形成了一种超越各自方言的通语，应该属于明代官话。由于福建籍旗军占有较大比例，加上清代以后陆续有大量来自福建沿海地区移民迁入永安定居，永安方言具有浓厚的闽语特色，并受到周围居民所操的客家话和粤语的影响。

1994年版《合浦县志》首次记录了以永安话为代表的山口军话的声母、声调、韵母，对其语言特征进行了总结和归纳：山口军话残存了“古无轻唇音”的痕迹，其“非”组字保留了闽语白话音轻重唇不分、读书音读为［h］特点；全浊声母清化，以不送气为主，小半变为送气清音，与廉州话大半变为送气清音不同；“知”组部分字读成舌头音，保留“古无舌上音”的痕迹；等等[②]。丘学强通过实地调查，认为永安话具有明显的闽语特征[③]。这也得到了刘显钊2018年暑期实地调研的印证。刘显钊发现，作为曾经的卫所移民使用的语

---

① 据刘显钊调查，沙田村、斑鸠冲村的“军话”现已消失。

② 合浦县志编纂委员会编《合浦县志》，广西人民出版社，1994年，第761–763页。

③ 丘学强：《军话研究》，中国社会科学出版社，2005年，第103–107页。

言，永安军话中至今仍有北方方言的痕迹：从语音上看，中古遇摄合口一等字模韵部分浊声母字今读韵母为u，且声母不送气；止摄开口三等字脂韵的一些字今读韵母为i（前）；山摄开口一等寒韵见、晓两组字，今读韵母一般为an。在词汇方面，也保留了很多与北方方言接近而少见于粤、客、闽方言的词语[①]。永安军话中的官话成分，应该是明代卫所移民中通行官话的遗留。

① 刘显钊：《合浦县永安军话调查杂记》，《寻根》2021年第1期，第121页。

结　语

明代卫所体制并不仅仅作为一种军事体制而存在。由于卫所体制具有军户单独立籍、全家随迁、子孙世袭为军、屯守结合等特点，其对明代政局和地方社会产生的影响是深刻、持续而广泛的。尤其是以卫所体制为基础而形成的大规模人口迁移活动，对于明清时期地方社会的影响更加不容忽视。

本书在对明代广西卫所体制的沿革、地理分布、官军来源、籍贯构成与分布、官军数量变化，卫所屯田数量、分布及其来源等问题进行深入讨论的基础上，对卫所体制对明代甚至清代广西地方社会经济开发、文化发展、族群构成及其变化等问题展开探讨，为我们加深对广西历史发展脉络的认识提供了新的视角。

明代广西卫所的设立分为3个阶段，其中洪武前中期为广西卫所体制的基本奠定时期，明朝政府在直接控制的广西北部、东部、中部地区设置卫所，大致完成了在广西东部地区的军事部署。桂西和桂西南地区是土官控制范围，朝廷力量难以渗透。为了遏制龙州、南丹等地土官日益明显的离心倾向，从洪武后期开始，朝廷逐渐对卫所进行重新布局，相继增设了南丹、奉议等卫。在位于桂东流官统治地区比较偏远的灌阳等州县，也设立了由广西都司直辖的千户所，从而卫所官军再次大规模进入广西。永乐以后，以大藤峡为中心的桂中地区少数民族利用朝廷调集广西卫所官军远征安南的机会，纷纷起事，原有卫所官兵根本无法应对，朝廷急需加强在桂中地区的军事力量。与此同时，驻扎在桂西地区的外来官兵因无法适应当地恶劣的自然环境，死亡率较高，粮草供应也难以保障，迫切需要外迁到条件相对较好的桂东、桂中地区。在此背景下，南丹卫于永乐年间迁往上林县，正统年间再迁往宾州；奉议卫及其所辖向武州也在正统年间迁到贵县驻扎，从而导致明代中央政府力量在左右江地区的持续变弱，加剧了朝廷对土官的依赖。

随着卫所的逐渐设立，外来官军也逐渐迁居广西。从其身份上看，主要有从征军、归附军、垛集军、谪充军和调补军等五类。从进入广西卫所的时间上看，洪武年间以从征军、归附军为主，在靖难之役中立下战功的官军则多以调补军身份进入广西，而谪充军进入广西则贯穿有明一代，来自本地的垛集军人数不多。其中，从征军、调补军是广西各卫所武官的主要来源。

明朝政府对卫所的编制和人数均有严格的规定。但由于特殊的地理位置和繁重的工作，广西都司下辖各卫所大多超过每卫辖5个千户所、5600人的规定数额，很多卫管辖的千户所在6个以上，如南丹卫辖8个千户所、柳州卫辖9个千户所等。各卫所所辖官军数也远超定制，庆远卫、驯象卫、南丹卫、柳州卫等所辖官军数均超过1万人。高峰时期，广西卫所兵力超过12万人。但随着卫所体制的演变，兵员数量急剧减少，到万历时期，下降到不足1万人。其原因既有卫所官军水土不服造成的自然减员，更多的则是由于频繁征战造成的战斗减员，尤其是在永乐至宣德年间明朝对安南的战争中，大量广西卫所官军被征作战，造成了巨大人员损失。

明代广西卫所官军的籍贯构成比较复杂，但又相对集中，江淮、湖广和江西籍官军占有很大的比例，蒙古族人和回族人则以达官、达军身份进入广西。来自江淮地区的官军大多以从征军身份进入广西，时间也比较早，是广西卫所武官的主要来源，体现了明初淮西武官集团的重要地位。来自湖广、江西、江南地区的官军是明初归附军的主力，他们是明初南征广西的主要力量，战后成为广西卫所旗军和中下层武官的重要来源。永乐以后，为了弥补广西卫所严重减员带来的军力不足，同时安置在靖难之役和英宗南宫复辟中立下战功的富余武官，大量来自山东、河南和北直隶地区的官军以调补军身份进入广西。与此同时，以蒙古族人为主体的达官、达军也因安置、从征等原因进入广西卫所，最后落籍广西各地。

以卫所为依托的军事移民的地理分布并不仅限于卫所驻扎地，他们还通过屯田、驻守等方式，迁居到非卫所分布州县。灌阳县是灌阳守御千户所的驻地，同时又是桂林右卫、桂林中卫和广西护卫屯田的分布区，因此导致军事移民迁入灌阳。其分布地区除了县城外，灌江及其支流河谷和靠近湖南永明县、道州和兴安县瑶族聚居的山麓也是卫所移民的重要聚居地区；其籍贯构成则以湖广、江淮、江南为主。入清以后，裁撤卫所，灌阳守御千户所的官军和桂林中、右二卫和广西护卫在灌阳的屯兵转为民户，就地落籍，其屯田点成为居民聚落，从而奠定了灌阳县汉族移民构成及其地理分布的基本格局。灌阳县的个案能够大致反映明代广西军事移民的迁移过程、籍贯构成和地理分布的一般规律。

随着卫所体制逐渐崩溃，广西防御空虚，朝廷不得不征调桂西地区土司武装戍守广西东部、中部地区。从制度变迁角度来看，俍兵东调经历了从临时征调、更番戍守到授田以耕的演变过程，尤其是耕兵制度的确立，导致大量桂西壮族迁居广西东部和中部地区，在一定程度上改变了明代壮族的地理分布格局，促进了壮瑶、壮汉之间的民族融合。东迁俍兵族群特征的逐渐淡化乃至消失是明清时期广西民族融合的主要表现。随着时间的推移，东迁俍兵的身份和组织管理方式都发生了巨大改变，其谋生手段甚至文化习俗也逐渐发生了深刻变化，其族群特征日益淡化，从而对明清广西的族群结构变化产生了深刻影响。与此同时，耕兵制度的实行，客观上导致官府的武装占田愈演愈烈，加剧了广西地方社会的动荡。这为理解明代广西连绵不断的社会动乱提供了新的解释路径。

为了保证明卫所官军的粮饷供应，明政府促使大量广西卫所官兵及其家属分散到各地，从事屯田。这不仅促进了明代广西地方的经济开发，也在一定程度上构建了明清时期广西的人群结构及其地理分布格局。但由于广西山多田少，可开垦的荒地不多，卫所官兵往往凭借自己的优势地位，强占民田，抢夺其耕地。这一做法加剧了广西各地的社会矛盾，夺田和反夺田成为广西社会矛盾激化的主要表现。随着明清易代，营兵制和募兵制逐渐推行，营兵取代卫所官军成为主要的军事力量，卫所的军事职能逐渐消失，朝廷通过大量裁汰卫所军官并取消其世袭身份，采取屯丁改为民籍、屯地按民田起科等手段，将卫所人口和田地与州县行政系统完全合并，完成了军事移民的完全本地化。

进入广西的军事移民大多来自文化比较发达的江浙、湖广等地，他们的迁入，对促进广西文化发展的作用不容忽视。其主要表现之一就是来自卫所的军籍进士在明代广西籍进士中占有很大比例，广西出身卫所的卫籍进士人数多达62人，约占广西进士总人数的25.94%，远高于卫所人群在广西总人口中所占的比例；其时空分布特征也反映了卫所移民在广西站稳脚跟、逐渐发展壮大的过程。其中很多军籍进士通过科举走向仕途，或任职地方和朝廷，或投身教育，或钻研学术，对广西地方社会的发展产生了一定影响，很多人在明代文化史上占有一席之地。

官话和粤语在广西的广泛传播是明清时期广西文化变迁的重要表现之一，这是大量军事、政治和经济移民迁入广西，并凭借自身的政治、军事、经济和文化优势，对少数民族语言以及早期汉语方言进行渗透、覆盖、替换的结果。在广西，族群身份标识有多种，既有以来源地为标识的，如土人、来人、客家人、广府人、湖广人、福建人等；也有以族群身份或文化认同为标识的，如汉人、壮人、瑶人等；还有以职业或谋生方式为标识的，如蜑人等。在广西，官话和军话的流通地区和使用人群均具有强烈的区隔作用，成为具备族群身份和族群边界意义的文化符号。源于永安千户所的合浦永安军话是广西沿海地区军话的代表，其语言特色的演变轨迹正好反映了军事移民通语构建及其与周边人群语言接触和相互影响、渗透的历史过程。

广西地处西南边疆，又是少数民族聚居区，兼具“边疆”和“民族地区”的双重特性，明朝对广西地方社会治理策略的主要特点就是在不断完善行政控制体系的同时，通过设立大量卫所等手段，将军事力量渗透到广大地区，实现了对广西地方控制的军事化，也由此造成了数量庞大的军事移民。军事移民镇压者的身份以及强占少数民族田地用于屯田的做法，激化了移民与本地居民之间的矛盾，导致终明一代广西社会动乱不绝，严重影响了明朝政府对广西地方的治理效果。

本书通过揭示明代广西卫所体制变迁所体现的明代治理策略及军事移民与本地居民之间的矛盾冲突对明代广西动乱局势的影响，在一定程度上突破了以往的阶级斗争、朝贡体系等分析框架，从国家—地方、族群关系的立场出发，对明代广西地方社会的变迁进行解读，具有一定的学术创新意义。

中华民族共同体的形成和建构是一个漫长、复杂的过程。本书通过研究明代广西卫所体制下外来移民在广西的本地化过程与族群关系的演变历程，从文化认同变化与族群边界渗透的角度，研究广西多民族和谐共处、共同发展格局的形成，对于揭示各民族之间交往、交流、交融的过程及其规律具有重要的示范意义。

参考资料

一、史料

[1] 张廷玉等撰《明史》，中华书局，1974年。

[2]《明实录》，台湾“中央研究院”历史语言研究所，1962年，校印本。

[3] 李东阳等纂修《明会典》，《四库全书》本。

[4] 申时行等重修《明会典》，商务印书馆，1936年。

[5]《南丹卫武官选簿》，载《中国明代档案总汇》第58册，广西师范大学出版社，2001年。

[6]《桂林右卫武官选簿》，载《中国明代档案总汇》第58册，广西师范大学出版社，2001年。

[7]《柳州卫武官选簿》，载《中国明代档案总汇》第58册，广西师范大学出版社，2001年。

[8] 徐学聚编《国朝典汇》，台湾学生书局，1965年。

[9] 王圻撰《续文献通考》，现代出版社，1986年。

[10] 焦竑撰《国朝献征录》，台湾学生书局，1984年影印本。

[11] 王守仁撰《王阳明全集》，吴光、钱明、董平、姚延福编校，上海古籍出版社，2012年。

[12] 王士性撰《广志绎》，中华书局，1981年。

[13] 张翀撰《鹤楼集》，京华出版社，2005年影印本。

[14] 周琦撰《东溪日谈录》，广西民族出版社，2012年影印本。

[15] 叶盛撰《叶文庄公奏议》，载《续修四库全书》第473册，上海古籍出版社，2002年影印本。

[16] 陈子龙等选辑《明经世文编》，中华书局，1962年。

[17] 张弘道、张凝道撰《明三元考》，载《四库存目丛书史部》第171册，齐鲁书社，1996年。

[18] 汪森辑《粤西文载》，载《景印文渊阁四库全书》第1465-1467册，台湾商务印书馆，1983年。

[19] 应槚初辑、凌云翼嗣作、刘尧诲重修《苍梧总督军门志》，全国图书馆文献缩微复制中心，1991年。

[20] 杨芳纂《殿粤要纂》，范宏贵点校，广西民族出版社，1993年。

[21] 林富修、黄佐纂《广西通志》，书目文献出版社，1998年据嘉靖刻本影印。

[22] 戴耀修、苏濬纂《广西通志》，广西人民出版社，2013年据天启二年补刻本影印。

[23] 郝浴修、王如辰等纂《广西通志》，康熙二十二年刻本。

[24] 金鉷修、钱元昌等纂《广西通志》，广西人民出版社，

2009年据雍正十一年刻本影印。

[25] 谢启昆修、胡虔纂《广西通志》，广西师范大学历史系中国历史文献研究室点校，广西人民出版社，1988年。

[26] 蒙起鹏等纂修《广西通志稿》，广西人民出版社，2017年据民国三十八年油印本影印。

[27] 陈琏纂修、吴惠增修《桂林郡志》，天津古籍出版社，2016年据景泰元年吴惠增补重刻本影印。

[28] 林希元纂修《钦州志》，嘉靖十八年刻本。

[29] 蔡迎恩修、甘东阳纂《太平府志》，书目文献出版社，1990年据万历刻本影印。

[30] 郭楠纂修《南宁府志》，广西人民出版社，2008年据嘉靖十七年刻本影印。

[31] 方瑜纂修《南宁府志》，广西人民出版社，2008年据嘉靖四十三年刻本影印。

[32] 郭棐纂修《宾州志》，书目文献出版社，1990年据万历十五年刻本影印。

[33] 谢君惠修，王尚贤、马神征纂《梧州府志》，广西人民出版社，2013年据崇祯四年刻本影印。

[34] 张国经修、郑抱素纂《廉州府志》，崇祯十年刻本。

[35] 程可则等纂修《桂林府志》，广西壮族自治区图书馆据清康熙十二年刻本抄。

[36] 陈洪畴修，权汝骏、徐元达纂《阳朔县志》，民国二十一年据康熙十二年刻本抄。

[37] 黄志璋纂修《全州志》，康熙二十八年刻本。

[38] 单此藩修、蒋学元纂《灌阳县志》，民国十九年据康熙四十七年刻本抄。

[39] 许之豫纂修《荔浦县志》，据康熙四十八年刻本抄，年代不详。

[40] 黄大成纂修《平乐府志》，康熙五十六年刻本。

[41] 徐成栋纂修《廉州府志》，康熙六十一年刻本，

[42] 郑采宣、陈昭虞修，崔达纂《灵川县志》，雍正三年刻本。

[43] 胡醇仁纂修《平乐府志》，雍正四年刻本。

[44] 徐化民等纂、林长存等修《灵山县志》，书目文献出版社，1992年据雍正八年刻本影印。

[45] 苏士俊纂修《南宁府志》，广西人民出版社，2008年据乾隆八年刻本影印。

[46] 何梦瑶纂修、刘廷栋续纂《岑溪县志》，乾隆九年刻本。

[47] 李文琰修、何天祥纂《庆远府志》，乾隆十九年刻本。

[48] 李仲良修、玉星烛纂《平南县志》，广西人民出版社，2016年据乾隆二十一年刻本影印。

[49] 周硕勋修、王家宪纂《廉州府志》，乾隆二十一年刻本。

[50] 叶承立纂修《富川县志》，乾隆二十二年刻本。

[51] 吴志绾修、黄国显纂《桂平县志》，乾隆二十三年刻本。

[52] 苏勒通阿等修、王巡泰等续修《兴业县志》，台湾成文出版社，1967年据乾隆四十三年修、嘉庆十六年续修抄本影印。

[53] 王巡泰纂修《兴业县志》，乾隆四十六年刻本。

[54] 王锦修、吴光升纂《柳州府志》，柳州市博物馆，1956年据清乾隆刻本翻印。

[55] 温之诚修、曹文深等纂《全州志》，嘉庆四年刻本。

[56] 高攀桂修、梁士彦纂《武宣县志》，嘉庆十三年刻本。

[57] 李炘纂修《永安州志》，嘉庆十八年刻本。

[58] 世纶、余思诏修，詹作述纂《武缘县志》，民国年间据道光刻本抄。

[59] 孙世昌修、光昭纂《浔州府志》，道光六年刻本。

[60] 英秀等修、唐仁等纂《庆远府志》，道光九年刻本。

[61] 任士谦等修、朱德华等纂《博白县志》，道光十二年刻本。

[62] 张埥春修、陈治昌纂《廉州府志》，道光十三年刻本。

[63] 张运昭修、蒋方正纂《兴安县志》，广西师范大学出版社，2018年据道光十四年刻本影印。

[64] 张显相修、黎士华纂《平南县志》，广西人民出版社，2015年据道光十五年刻本影印。

[65] 袁湛业修，黄体正、王维新纂《桂平县志》，道光二十三年刻本。

[66] 萧煊修、范光祺纂《灌阳县志》，道光二十四年刻本。

[67] 吴九龄修、史鸣皋等纂《梧州府志》，同治十二年刻本。

[68] 魏笃修、王俊臣纂《浔州府志》，同治十三年刻本。

[69] 蒯光焕、李百龄修，罗勋等纂《苍梧县志》，同治十三年刻本。

[70] 清柱、王人作等纂修《平乐府志》，广西人民出版社，2014年据清光绪三年刻本影印。

[71] 徐作梅修、李士琨纂《北流县志》，清光绪六年刻本。

[72] 全文炳修，伍嘉猷、罗正宗纂《平乐县志》，光绪十年刻本。

[73] 陶尊修，陆履中、常静仁纂《恭城县志》，光绪十五年刻本。

[74] 全文炳修、苏煜坡等纂《贺县志》，光绪十六年刻本。

[75] 顾国诰等修、刘树贤等纂《富川县志》，光绪十六年刻本。

[76] 陆焞纂修《昭平县志》，光绪十七年刻本。

[77] 颜嗣徽等纂修《迁江县志》，光绪十七年刻本。

[78] 蔡呈诏、金毓奇修，胡虔、朱依真纂《临桂县志》，光绪十八年刻本。

[79] 冯德材等修、文德馨等纂《郁林州志》，光绪二十年刻本。

[80] 舒启修、吴光升纂《马平县志》，光绪二十一年刻本。

[81] 易绍德、王永贞修，封祝唐、黄玉年纂《容县志》，光绪二十三年刻本。

[82] 李常霔、邓文渊修，吴缵周等纂《永安州志》，光绪二十四年刻本。

[83] 谢钟龄等修、朱秀等纂《横州志》，光绪二十五年刻本。

[84] 吴征鳌修，黄泌、曹驯纂《临桂县志》，广西人民出版社，2013年据光绪三十一年刻本影印。

[85] 纪堪谨等续修《南宁府志》，广西人民出版社，2008年据宣统元年重刻本影印。

[86] 石崇先纂修《北流县志》，民国抄本。

[87] 张邵振纂修《上林县志》，民国抄本。

[88] 高日华、联丰修，刘汉镇纂《永宁州志》，民国石印本。

[89] 郝玉麟修、鲁曾煜纂《广东通志》，《四库全书》本。

[90] 黄占梅等修、程大璋等纂《桂平县志》，民国九年铅印本。

[91] 陈文美修、李繁滋纂《灵川县志》，民国十八年石印本。

[92] 李树枏修、吴寿崧等纂《昭平县志》，民国二十三年铅印本。

[93] 欧仰羲修、梁崇鼎等纂《贵县志》，民国二十三年铅印本。

[94] 韦可德等修、刘宗尧纂《迁江县志》，民国二十四年铅印本。

[95] 翟富文纂修《来宾县志》，民国二十五年石印本。

[96] 黄志勋修、龙泰任纂《融县志》，民国二十五年铅印本。

[97] 何其英修、谢嗣农纂《柳城县志》，民国二十九年铅印本。

[98]《柳江县志》，广西人民出版社，2016年据民国铅印本影印。

[99] 胡学林、朱昌奎纂修《宾阳县志》，广西壮族自治区档案馆铅印本，1961年。

[100] 屈万里主编《明代登科录汇编》，台湾学生书局，1969年。

二、近人著作

[1] 王毓铨:《明代的军屯》,中华书局,2009年。

[2] 顾诚:《隐匿的疆土:卫所制度与明帝国》,光明日报出版社,2012年。

[3] 于志嘉:《卫所、军户与军役:以江西地区为中心的研究》,北京大学出版社,2010年。

[4] 张金奎:《明代卫所军户研究》,线装书局,2007年。

[5] 梁志胜:《明代卫所武官世袭制度研究》,中国社会科学出版社,2011年。

[6] 赵世瑜:《说不尽的大槐树:祖先记忆、家园象征与族群历史》,北京师范大学出版社,2018年。

[7] 张鸿翔:《明代各民族人士入仕中原考》,中央民族大学出版社,1999年。

[8] 奇文瑛:《明代卫所归附人研究——以辽东和京畿地区卫所达官为中心》,中央民族大学出版社,2011年。

[9] 毛亦可:《清代卫所归并州县研究》,社会科学文献出版社,2018年。

[10] 郭红:《明代卫所与"民化":法律·区域》,上海大学出版社,2019年。

[11] 斯蒂文·郝瑞：《田野中的族群关系与民族认同——中国西南彝族社区考察研究》，巴莫阿依、曲木铁西译，广西人民出版社，2000年。

[12] 张显清、林金树主编《明代政治史》，广西师范大学出版社，2003年。

[13] 汪维真：《明代乡试解额制度研究》，社会科学文献出版社，2009年。

[14] 钟文典主编《广西通史》第1卷，广西人民出版社，1999年。

[15] 范玉春：《广西通史》（明代卷），广西师范大学出版社，2019年。

[16] 张声震主编《壮族通史》，民族出版社，1997年。

[17] 奉恒高主编《瑶族通史》，民族出版社，2007年。

[18] 唐晓涛：《俍傜何在——明清时期广西浔州府的族群变迁》，民族出版社，2011年。

[19] 蓝武：《从设土到改流——元明时期广西土司制度研究》，广西师范大学出版社，2011年。

[20] 郑维宽：《历代王朝治理广西的策略研究——基于地缘政治的考察》，中国社会科学出版社，2014年。

[21] 郑维宽:《从制度化到内地化：历代王朝治理广西的时空过程研究》，广西师范大学出版社，2016年。

[22] 游汝杰:《方言接触论稿》，复旦大学出版社，2016年。

[23] 谢建猷:《广西汉语方言研究》，广西人民出版社，2007年。

[24] 丘学强:《军话研究》，中国社会科学出版社，2005年。

[25] 刘汉忠:《柳州明代八贤编年》，方志出版社，2019年。

[26] 朱宝炯、谢沛霖编《明清进士题名碑索引》，上海古籍出版社，1980年。

三、论文

[1] 赵明:《明代兵制研究六十年之回顾》，《中国史研究动态》1993年第8期。

[2] 张金奎:《二十年来明代军制研究回顾》，《中国史研究动态》2002年第10期。

[3] 邓庆平:《明清卫所制度研究述评》，《中国史研究动态》2008年第4期。

[4] 杜志明:《20世纪以来明代民兵研究综述》，《中国史研究

动态》2013年第1期。

[5] 陈宝良：《明代乡村的防御体制》，《齐鲁学刊》1993年第6期。

[6] 赵世瑜：《卫所军户制度与明代中国社会——社会史的视角》，《清华大学学报（哲学社会科学版）》，2015年第3期。

[7] 彭勇：《明代“达官”在内地卫所的分布及其社会生活》，《内蒙古社会科学（汉文版）》2003年第1期。

[8] 张金奎：《明末屯军自耕农化浅析》，载中国社会科学院历史研究所明史研究室编《明史研究论丛》第6辑，黄山书社，2004年。

[9] 欧阳琳浩、谢湜、梁育填：《明清时期军屯制度对南岭山地乡村聚落变迁的影响——以蓝山县南部村落为例》，《中国历史地理论丛》2020年第3期。

[10] 谢湜：《“以屯易民”：明清南岭卫所军屯的演变与社会建构》，《文史》2014年第4期。

[11] 刘祥学：《明代驯象卫考论》，《历史研究》2011年第1期。

[12] 范植清：《明代广西卫所的设置与迁徙》，《中南民族学院学报》1993年第2期。

[13] 唐晓涛：《明代中期广西“俍兵”、“俍人”的历史考察》，《民族研究》2012年第3期。

[14] 郑维宽:《明代广西人口数量考证》,《广西民族学院学报(哲学社会科学版)》2004年第5期。

[15] 覃延欢:《明代广西的“田土之争”》,《中国社会经济史研究》1986年第3期。

[16] 刘祥学:《明清时期桂东北地区壮族的分布、迁徙及与其他各民族的相互影响》,《民族研究》1999年第5期。

[17] 刘祥学:《明清时期桂东北地区回族的分布、迁徙及与其他各民族的相互影响》,《广西民族研究》2000年第3期。

[18] 马介文、许欢科:《土司统治时期广西的“俍人”与“俍兵”》,《南宁高等师范学校学报》1995年第2期。

[19] 唐晓涛:《狼兵的“消失”——大藤峡地区武靖州被裁撤后“俍”的身份变化》,《广西民族研究》2007年第2期。

[20] 范玉春:《明代广西的军事移民》,《中国边疆史地研究》1998年第2期。

[21] 范玉春:《明清时期湖南移民徙居广西及其地理特征》,《广西师范大学学报(哲学社会科学版)》2010年第6期。

[22] 彭勇:《明代广西班军制度研究——兼论班军的非军事移民性质》,《中国边疆史地研究》2004年第3期。

[23] 麦思杰:《“古田乱僮”与府江流域社会变迁》,《桂林师

范高等专科学校学报》2008年第2期。

[24] 麦思杰:《开户立籍与田产之争——以明清时期黄姚社会变迁为中心》,《中国农史》2008年第3期。

[25] 麦思杰:《土民、客人与乡绅:万历至乾隆时期的黄姚社会》,《民族研究》2010年第2期。

[26] 麦思杰:《地方志的纂修与明清时期府江流域的民僮田产案——以乾隆〈昭平县志〉为中心》,《中国经济史研究》2015年第4期。

[27] 陆天桥:《广西“军话”及“军人”考——明代卫所制在广西所凸显的军事地位》,《广西民族研究》2009年第3期。

[28] 罗远道:《清雍正初年卫所制度的大变革》,《中国历史博物馆馆刊》1996年第1期。

[29] 马明达:《明代广州的“达官兵”》,《回族研究》2005年第3期。

[30] 杨园章:《明代府志对当地卫所武官群体的记载及其设置体例》,《中国地方志》2017年第6期。

[31] 任建敏:《明初广西卫所的建立与“壮兵”的身份转变》,《中国边疆史地研究》2017年第4期。

[32] 陈福山:《明代广西屯田制度探析》,《广西地方志》2011

年第6期。

[33] 梁猷刚：《广西钦州地区的语言分布》，《方言》1986年第3期。

[34] 刘显钊：《广西合浦永安军话调查杂记》，《寻根》2021年第1期。

[35] 韦树关：《试论平话在汉语方言中的地位》，《语言研究》1996年第2期。

[36] 黄昭艳：《广西沿海地区汉语方言及其研究概述》，《广西社会科学》2012年第4期。

[37] 黄晓东：《汉语军话概述》，《语言教学与研究》2007年第3期。

[38] 韦浩明：《明代广西瑶族地区屯田"俍兵"的认同及演变》，《广西民族研究》2019年第4期。

[39] 韦浩明：《历史上南岭走廊中段壮族俍兵的转型》，《广西社会科学》2015年第1期。

[40] 韦浩明：《明代广西瑶族地区的屯田》，《贺州学院学报》2020年第3期。

[41] 孙经纬：《明代军籍进士研究》，辽宁师范大学硕士学位论文，2011年。

[42] 张丽红：《广西合浦县廉州方言语音研究》，暨南大学硕士学位论文，2012年。

[43] 韦胜辉：《明代广西土兵征调制度论略》，广西师范大学硕士学位论文，2013年。

[44] 王子茂：《明代桂东北地区军事防御体系研究》，广西师范大学硕士学位论文，2015年。

[45] 彭毅：《洪武永乐时期达官研究》，西北师范大学硕士论文，2015年。

[46] 方容兰：《明代广西南丹卫研究》，广西师范大学硕士学位论文，2016年。

[47] 葛夏：《明代广西班军制度探析》，广西师范大学硕士学位论文，2017年。

[48] 郑榕：《14—18世纪闽南的卫所、户籍与宗族》，闽南师范大学博士论文，2017年。

[49] 陈清清：《嘉靖时期福建卫所军屯研究》，福建师范大学硕士论文，2018年。

[50] 李奥运：《明代卫所与边疆治理》，广西民族大学硕士学位论文，2018年。